Grundstudium Sozialwissenschaftliche
Methoden und Arbeitsweisen

Peter R. Wellhöfer

# Grundstudium Sozialwissenschaftliche Methoden und Arbeitsweisen

Eine Einführung für Sozialwissenschaftler und Sozialarbeiter/-pädagogen

2., überarbeitete und erweiterte Auflage

38 Abbildungen, 22 Tabellen, 13 Tafeln

Ferdinand Enke Verlag Stuttgart 1997

Prof. Peter R. Wellhöfer, Diplom-Psychologe
Georg-Simon-Ohm-Fachhochschule
Fachbereich Sozialwesen
Bogenstraße 31
D-90459 Nürnberg

**Die Deutsche Bibliothek – CIP-Einheitsaufnahme**

**Wellhöfer, Peter R.:**
Grundstudium Sozialwissenschaftliche Methoden und Arbeitsweisen :
eine Einführung für Sozialwissenschaftler und Sozialarbeiter/
-pädagogen / Peter R. Wellhöfer. – 2., überarb. und erw. Auflage
– Stuttgart : Enke, 1997
  ISBN 3-432-93722-9

Das Werk, einschließlich aller seiner Teile, ist urheberrechtlich geschützt. Jede Verwertung ist ohne Zustimmung des Verlages außerhalb der engen Grenzen des Urheberrechtsgesetzes unzulässig und strafbar. Das gilt insbesondere für Vervielfältigungen, Übersetzungen, Mikroverfilmungen und die Einspeicherung und Verarbeitung in elektronischen Systemen.

© 1984, 1997 Ferdinand Enke Verlag, P.O. Box 30 03 66, D-70443 Stuttgart
– Printed in Germany

Satz: Photocomposition Jung, F-67420 Diespach/Plaine
Schrift: 3,45/3,65 mm Times, TypoScript
Druck: Druckhaus Götz GmbH, D-71636 Ludwigsburg

# Vorwort zur zweiten Auflage

Das Interesse an der vorliegenden Arbeit blieb konstant und hat sich in den letzten Jahren sogar noch erhöht. Dies liegt sicher auch daran, daß Themen wie Qualitätssicherung und -entwicklung (endlich) auch im Bereich der Sozialen Arbeit bedeutsam wurden. Dadurch wurde der Enke Verlag zu einer neuen Auflage ermutigt. Bei dieser Gelegenheit konnten einige Leserwünsche berücksichtigt, Unklarheiten und Fehler beseitigt sowie einzelne Beispiele aktualisiert werden. Das Gesamtkonzept hat sich bewährt, so daß zentrale inhaltliche Veränderungen nicht nötig wurden.

Allerdings wurde es durch die rasante Entwicklung im Bereich der elektronischen Datenverarbeitung erforderlich, neben der Beschreibung der einschlägigen statistischen Techniken und der manuellen Berechnung (die ich weiterhin sehr schätze) auch kurz eine Einführung in das weltweit verbreitete Software-Programm SPSS/PC+ (Version 6.1.3) für Windows (3.x und höher) zu geben. Im Kapitel 6.4 findet der/die LeserIn, wie die beschriebenen statistischen Verfahren schnell und elegant am PC durchgeführt werden können.

Uttenreuth, Sommer 1997 *Peter R. Wellhöfer*

# Vorwort zur ersten Auflage

Die Bedeutung sozialwissenschaftlicher Theorien und die damit verbundenen empirischen Untersuchungsergebnisse gewinnen einen immer stärkeren Einfluß auf die Arbeitsweisen in den qualifizierten sozialen Berufen. In die Ausbildung von Psychologen und Soziologen ist seit etwa zwei Jahrzehnten eine detaillierte Einführung in empirische Forschungsmethoden voll integriert, so daß sie durch ihr Studium befähigt sind, Forschungsergebnisse kritisch zu beurteilen, die Ergebnisse der eigenen Arbeit systematisch darzustellen und empirisch zu kontrollieren sowie wissenschaftliche Forschungsvorhaben mit den einschlägigen Methoden zu planen und auszuwerten. In weiten Bereichen der Sozialarbeit und Sozialpädagogik ist diese Fähigkeit und berufliche Arbeitshaltung allerdings wenig verbreitet und stößt auch bei Studenten und Praktikern auf eine große Skepsis, da man wenig geneigt ist, das eigene Arbeitsverhalten und methodische Vorgehen kritisch zu überprüfen und mit den Gegebenheiten in der Realität zu konfrontieren.

Man kann diese Abneigung einerseits durch die geringe Liebe vieler Studenten sozialer Berufsrichtungen zum Fach Mathematik und Statistik begründen; andererseits besteht aber bei vielen Praktikern auch eine große Unsicherheit hinsichtlich der Möglichkeiten, welche Methoden der empirischen Sozialforschung existieren und wie sie in ihrem speziellen Berufsfeld angewendet werden können. Die Neuordnung der Rahmenlehrpläne für die sozialwissenschaftlichen Fachbereiche an den Fachhochschulen der meisten Bundesländer hat diese Ausbildungslücke geschlossen und ein Pflichtfach, das sich zentral mit den Inhalten der empirischen Sozialforschung beschäftigt, geschaffen. Laut den Ausbildungsrichtlinien in Bayern – andere Länder haben ähnliche Ziele – sollen die Studenten in diesem Fach „die Fähigkeit erwerben, die Ergebnisse der eigenen Arbeit systematisch darzustellen, den Erfolg des eigenen Handelns selbständig zu kontrollieren, den Aussagewert empirischer Daten kritisch zu beurteilen und kleinere, praxisrelevante Erhebungen mit einschlägigen Techniken eigenverantwortlich durchzuführen". Es ist demnach nicht daran gedacht, die Studenten zu praxisfremden Forscherpersönlichkeiten auszubilden, sondern das bisher weitgehend intuitive Vorgehen im sozialpädagogischen Bereich soll schrittweise auf eine empirisch besser gesicherte Basis gestellt werden.

Das Konzept der vorliegenden Arbeit orientiert sich an diesen Ausbildungsrichtlinien. Es dürfte aber sicher auch für Studenten und Praktiker anderer qualifizierter, praxisorientierter Berufe im sozialen Feld (z. B. Pädagogen, Erzieher, Heilpädagogen, Mediziner, psychologisch-technische Assistenten u.ä.) lesenswert sein, sofern sie daran interessiert sind, die Auswirkungen ihrer beruflichen Aktivitäten an den Erfolgen in der Realität zu überprüfen.

Nun gibt es zweifellos ein großes Angebot qualifizierter Lehrbücher zum Thema „Empirische Sozialforschung". Nach meiner Erfahrung finden die meisten Studenten aber keinen Zugang zu diesen meist sehr abstrakten und wenig praxisnah geschriebenen Arbeiten. Die vorliegende Veröffentlichung versteht sich deshalb auch nicht als Konkurrenzangebot zu den einschlägigen Arbeiten, sondern als Vorbereitung auf das Studium dieser Lehrbücher. Damit ist sie auch als eine erste Einführung für andere sozialwissenschaftliche und stärker wissenschaftlich-theoretisch orientierte Studienrichtungen (Soziologie, Psychologie) geeignet. Um der Gefahr der Theorielastigkeit zu entgehen, werden die entsprechenden Untersuchungsmethoden und deren statistische Auswertungsmethoden an konkreten Beispielen aus den sozialpädagogischen Arbeitsfeldern demonstriert und durch zusätzliche Übungsaufgaben ergänzt. Die entsprechenden Literaturhinweise am Ende jedes Kapitels ermöglichen ein gezieltes, vertieftes Studium der angesprochenen Themenkreise.

Mein abschließender Dank gebührt allen, die an dieser Arbeit diskutierend, ermutigend und korrigierend mitgewirkt haben. Dieser Dank gilt auch den Mitarbeitern des Enke Verlags, deren Unterstützung diese Veröffentlichung erst möglich machte.

Weiher, Winter 1983 *Peter R. Wellhöfer*

# Inhalt

| | | |
|---|---|---|
| **1** | **Einleitung** | 1 |
| **2** | **Erkenntniswege und Forschungsstrategien der Sozialwissenschaften** | 3 |
| *2.1* | *Individueller und wissenschaftlicher Erkenntnisprozeß* | 3 |
| 2.1.1 | Der dogmatische oder deduktive Erkenntnisweg | 5 |
| 2.1.2 | Der induktive, empirische Erkenntnisweg | 6 |
| 2.1.3 | Der Erkenntnisweg des „kritischen Rationalismus" | 8 |
| 2.1.4 | Einige Aspekte der „kritischen Theorie" | 12 |
| 2.1.5 | Der dialektisch-materialistische Erkenntnisweg | 13 |
| 2.1.6 | Eine weitere Forschungsalternative: Die Aktionsforschung | 14 |
| *2.2* | *Das normale Ablaufschema einer empirischen, sozialwissenschaftlichen Untersuchung* | 17 |
| 2.2.1 | Vorbereitung der Untersuchung | 17 |
| 2.2.2 | Planung der Untersuchung | 18 |
| 2.2.3 | Durchführung und Auswertung | 19 |
| 2.2.4 | Interpretation und Konsequenzen | 20 |
| 2.2.5 | Veröffentlichung und Verarbeitung | 22 |
| *2.3* | *Arbeitsteil: Fragen zum Inhalt des zweiten Kapitels* | 22 |
| **3** | **Das ungeliebte Handwerkszeug der empirischen Sozialforschung: Die statistischen Techniken** | 24 |
| *3.1* | *Die unterschiedlichen Ebenen des Messens in den Sozialwissenschaften* | 25 |
| *3.2* | *Verfahren der beschreibenden Statistik für „univariable" Verteilungen* | 31 |
| 3.2.1 | Techniken der beschreibenden Statistik für das Nominalskalenniveau | 33 |
| 3.2.1.1 | Häufigkeitstabellen | 33 |
| 3.2.1.2 | Graphische Darstellungen | 34 |
| 3.2.1.3 | Statistische Kennwerte | 37 |
| 3.2.2 | Techniken der beschreibenden Statistik für das Rangskalenniveau | 37 |
| 3.2.2.1 | Häufigkeitstabellen | 37 |

| | | |
|---|---|---|
| 3.2.2.2 | Graphische Darstellungen | 38 |
| 3.2.2.3 | Statistische Kennwerte | 40 |
| 3.2.3 | Techniken der beschreibenden Statistik für das Intervallskalenniveau | 43 |
| 3.2.3.1 | Häufigkeitstabellen | 44 |
| 3.2.3.2 | Graphische Darstellungen | 45 |
| 3.2.3.3 | Statistische Kennwerte | 46 |
| 3.2.3.4 | Exkurs: Die Gaußsche Normalverteilung | 50 |
| 3.2.3.5 | Abschließender Vergleich der statistischen Kennwerte | 54 |
| *3.3* | *Beschreibung von Merkmalszusammenhängen: Die Korrelationsstatistik* | 55 |
| 3.3.1 | Nominalskalenniveau: Der Vierfelderkorrelationskoeffizient $r_\phi$ | 57 |
| 3.3.2 | Rangskalenniveau: Der Rangkorrelationskoeffizient R | 59 |
| 3.3.3 | Intervallskala: Der Maßkorrelationskoeffizient r | 60 |
| 3.3.4 | Abschließende Bemerkungen zur Korrelationsstatistik | 63 |
| *3.4* | *Verfahren der Prüfstatistik* | 64 |
| 3.4.1 | Grundbegriffe und generelle Überlegungen | 64 |
| 3.4.2 | Prüfverfahren für das Nominalskalenniveau | 67 |
| 3.4.2.1 | Der Chi-Quadrat-Test bei unabhängigen Stichproben | 67 |
| 3.4.2.2 | Abhängige Stichproben: Der $\chi^2$-Test nach McNemar | 77 |
| 3.4.3 | Prüfverfahren für das Rangskalenniveau | 80 |
| 3.4.3.1 | Unabhängige Stichproben: Der Wilcoxon-White-Test | 80 |
| 3.4.3.2 | Abhängige Stichproben | 84 |
| 3.4.4 | Prüfverfahren für das Intervallskalenniveau | 88 |
| 3.4.4.1 | Unabhängige Stichproben | 88 |
| 3.4.4.2 | Abhängige Stichproben: Der A-Test | 90 |
| 3.4.5 | Abschließende Bemerkungen zur Prüfstatistik | 91 |
| *3.5* | *Möglichkeiten der Einzelfallstatistik* | 91 |
| 3.5.1 | Planung und graphische Darstellung von Einzelfallanalysen | 92 |
| 3.5.2 | Statistische Auswertung von Einzelfallanalysen | 96 |
| *3.6* | *Arbeitsteil: Übungsaufgaben und Fragen zum Inhalt des dritten Kapitels* | 99 |

| | | |
|---|---|---|
| **4** | **Auswahl einschlägiger Erhebungsmethoden für sozialwissenschaftliche und sozialpädagogische Arbeitsfelder** ............................... | 104 |
| *4.1* | *Die Gestaltung der Untersuchungsstichprobe* ...... | 106 |
| 4.1.1 | Die Zufallsstichprobe ....................... | 107 |
| 4.1.2 | Das Quoten-Verfahren ...................... | 108 |
| 4.1.3 | Willkürliche und bewußte Auswahlverfahren ...... | 109 |
| *4.2* | *Die Beobachtung* .......................... | 110 |
| 4.2.1 | Formen der Beobachtung .................... | 110 |
| 4.2.2 | Fehlerquellen ............................. | 111 |
| 4.2.3 | Die Konstruktion der Kategorien .............. | 112 |
| 4.2.4 | Auswertung .............................. | 115 |
| *4.3* | *Die Inhaltsanalyse* ......................... | 115 |
| 4.3.1 | Inhaltsanalyse und Kommunikation ............. | 116 |
| 4.3.2 | Das Kategoriensystem ...................... | 118 |
| 4.3.3 | Die Auswertung ........................... | 120 |
| *4.4* | *Die Befragung* ............................ | 123 |
| 4.4.1 | Formen der Befragung ...................... | 123 |
| 4.4.2 | Die Exploration ........................... | 124 |
| 4.4.3 | Die vollstrukturierte, standardisierte Befragung ..... | 127 |
| 4.4.3.1 | Die strukturierte Befragung als Kommunikationsprozeß ...................... | 128 |
| 4.4.3.2 | Konstruktion eines strukturierten Fragebogens ..... | 129 |
| 4.4.3.3 | Die Wissenschaftlichkeit der Befragung ......... | 133 |
| *4.5* | *Die Soziometrie* ........................... | 134 |
| *4.6* | *Skalierungsverfahren* ....................... | 139 |
| 4.6.1 | Das Polaritätsprofil ........................ | 140 |
| 4.6.2 | Die Q-Sort-Technik ........................ | 144 |
| *4.7* | *Psychologische Testverfahren* ................. | 147 |
| *4.8* | *Sonstige Erhebungsmethoden* ................. | 150 |
| *4.9* | *Arbeitsteil: Fragen zum Inhalt des vierten Kapitels* .. | 152 |
| **5** | **Gestaltung und Beurteilung eines sozialwissenschaftlichen Untersuchungsberichtes** ...... | 155 |

| | | |
|---|---|---|
| **6** | **Anhang** | 161 |
| *6.1* | *Lösung der Übungsaufgaben aus Kapitel 3.6* | 161 |
| *6.2* | *Formelsammlung* | 167 |
| *6.3* | *Statistische Tafeln* | 170 |
| *6.4* | *Arbeitsanleitung für SPSS/PC+ (6.1.3) für Windows (3.x)* | 182 |
| 6.4.1 | Wie arbeite ich mit SPSS/PC+? | 182 |
| 6.4.2 | Eingabe eines Übungsbeispiels | 184 |
| 6.4.2.1 | Dateneingabe | 185 |
| 6.4.2.2 | Erste statistische Bearbeitung | 187 |
| 6.4.2.3 | Abspeichern, Drucken, Programm beenden | 190 |
| 6.4.2.4 | Ändern der vorgegebenen Variablenbezeichnung | 191 |
| 6.4.2.5 | Variablen und Werte-Labels | 192 |
| 6.4.3 | Statistische Auswertung mit SPSS/PC+ | 193 |
| 6.4.3.1 | Nominalskala | 193 |
| 6.4.3.1.1 | Beschreibende Statistik | 193 |
| 6.4.3.1.2 | Prüfstatistik auf Nominalskalenniveau | 194 |
| 6.4.3.2 | Rangskala | 196 |
| 6.4.3.2.1 | Beschreibende Statistik | 196 |
| 6.4.3.2.2 | Prüfstatistik auf Rangskalenniveau | 197 |
| 6.4.3.3 | Intervallskala | 198 |
| 6.4.3.3.1 | Beschreibende Statistik | 198 |
| 6.4.3.3.2 | Prüfstatistik auf Intervallskalenniveau | 198 |
| 6.4.4 | Was tun, wenn ...? | 199 |
| *6.5* | *Literaturverzeichnis* | 202 |
| *6.6* | *Namenregister* | 208 |
| *6.7* | *Sachregister* | 209 |

# 1 Einleitung

Im Vergleich zu den relativ abgeschlossenen Wissenschaften wie Physik, Chemie, Biologie oder Mathematik stellt die empirische Sozialwissenschaft einen recht jungen Wissenschaftsbereich dar, der keinesfalls als in sich geschlossen bezeichnet werden kann. Eigentlich gibt es die empirische Sozialwissenschaft noch gar nicht, sondern es existieren mehrere Richtungen, die sich den zentralen Forschungsbereich – die Regelmäßigkeiten des menschlichen Verhaltens in sozialen Beziehungen und Systemen aufzuzeigen – gegenseitig streitig machen. Beispielhaft seien hier Sozialpsychologie, Soziologie, Kulturanthropologie, Sozialpädagogik, Politologie, aber auch Volks- und Betriebswirtschaft genannt. Alle diese wissenschaftlichen Richtungen versuchen aus unterschiedlicher Perspektive mit teilweise verschiedenen Methoden ihre Ziele zu erreichen. Diese Ziele bestehen darin, ein System empirisch gesicherter Aussagen über das menschliche Sozialverhalten in bestimmten Bereichen der Realität zu erstellen.

Die Theorien über das menschliche Sozialverhalten werden nun nicht zum Selbstzweck der Sozialwissenschaftler konstruiert, sondern dienen in den einzelnen Disziplinen stets auch zur Vorhersage zukünftiger sozialer Verhaltensweisen. Solche Prognosen können sich auf die zukünftige wirtschaftliche Entwicklung, das Schicksal bestimmter politischer Parteien in einer gegebenen Situation, die konkreten Auswirkungen sozialpädagogischer Interventionen in bestimmten Problemfällen oder auf die Schwierigkeiten richten, die zu erwarten sind, wenn in einer bestimmten Problemlage (z. B. Jugendarbeitslosigkeit, Ausländerfeindlichkeit) diese gezielten Eingriffe unterbleiben. Die Theorien in den einzelnen Sozialwissenschaften sind jedoch noch keinesfalls so ausgereift und gesichert, daß die aus ihnen abgeleiteten Prognosen 100%ig zutreffen. Es gibt zwar „nichts Praktischeres als eine gute Theorie", aber leider sind die bestehenden Theorien noch nicht sehr praktisch! Die aus ihnen entwickelten Prognosen für ein und denselben Sachverhalt sind häufig recht widersprüchlich.

Die Gemeinsamkeit der verschiedenen sozialwissenschaftlichen Richtungen besteht nun darin, daß sie sich als Erfahrungswissenschaften verstehen. Sie versuchen ihre Aussagen über die Verhältnisse in der Realität mit belegbaren, nachvollziehbaren Fakten abzusichern. Dies entspricht auch dem Begriff der Empirie, der aus der griechischen Philosophie entlehnt ist und beinhaltet, daß alle menschliche

Erkenntnis auf den Sinneserfahrungen beruht. Neben dieser gemeinsamen Grundhaltung – der erfahrungsgebundenen Kontrolle aller Aussagen über die Regeln und Zusammenhänge in der sozialen Realität – bestehen allerdings größere Differenzen, wie man diese Regeln erkennen und zu einem System von Aussagen, also einer Theorie, zusammenfassen kann. Der heutige Stand der wissenschaftlichen Erkenntnistheorie ist keinesfalls abgeklärt. In einzelnen sozialwissenschaftlichen Teilbereichen, wie z. B. in der Soziologie, werden die unterschiedlichen Wege zur wissenschaftlichen Erkenntnis sehr engagiert diskutiert (z. B. *Adorno* u.a. 1980). Im folgenden Kapitel werden einige der aktuellen Positionen kurz dargestellt.

In den letzten Jahren wurde die Diskussion in den Sozialwissenschaften (wieder einmal) durch die Auseinandersetzung zwischen den Anhängern der qualitativen bzw. der quantitativen Methoden bestimmt. Ich möchte nicht näher auf diesen Streit eingehen, der auch in der Psychologie seit Beginn dieses Jahrhunderts (nomothetische gegen ideographische Methode) immer wieder aufflackerte. Das Vorurteil, daß es „bei quantifizierenden Verfahren nicht um Qualitäten gehe, scheint durch Argumentation nicht ausrottbar zu sein" (*Roth* 1995, S. 17).

Gerade bei der empirischen Forschung im Bereich der Sozialen Arbeit benötigen wir qualitative und quantitative Erhebungsverfahren, um die anstehenden Fragen nach Qualitätssicherung und Evaluation erfolgreich bearbeiten zu können.

# 2 Erkenntniswege und Forschungsstrategien der Sozialwissenschaften

> *Lernziele:*
> Die Lektüre dieses Kapitels soll den Leser dazu anregen und befähigen,
>
> - die unterschiedlichen Konzepte zur wissenschaftlichen Erkenntnisgewinnung klarer zu sehen;
> - die Frage nach der endgültigen Wahrheit wissenschaftlicher Theorien in ihrer Abhängigkeit von den einzelnen Wissenschaftskonzepten zu sehen;
> - die wesentlichen Unterschiede zwischen den Konzepten des kritischen Rationalismus und der Aktionsforschung zu verstehen;
> - den schematischen und konkreten Ablauf einer sozialwissenschaftlichen Untersuchung zu verstehen und nachvollziehen zu können sowie
> - die grundlegende statistische Strategie, mit der über das Schicksal von Untersuchungshypothesen (Beibehaltung oder Verwerfung) entschieden wird, zu verstehen.

Bevor wir uns den konkreten Erhebungs- und Auswertungsmethoden zuwenden, ist es erforderlich, auf einige unterschiedliche Einstellungen gegenüber wissenschaftlichen Erkenntniswegen und Forschungsstrategien einzugehen. Die dabei notwendige Standortbestimmung des Autors ist zwar subjektiv, sollte dem Leser aber zu Beginn deutlich gemacht werden, damit er sich mit anderen, alternativen Ansätzen bei Bedarf ausführlicher beschäftigen kann.

## 2.1 Individueller und wissenschaftlicher Erkenntnisprozeß

Eigentlich sollte man annehmen, daß es zwischen den individuellen und den wissenschaftlichen Erkenntniswegen fundamentale Unterschiede gibt. Die individuelle Erkenntnis besteht zum Großteil aus Meinungen und subjektiven Ansichten über die Gegebenheiten und Vorgänge in der Realität, während sich die wissenschaftliche Erkenntnis aus Gesetzen und objektiven Wahrheiten zusammensetzt. Betrachtet man allerdings die Wege und Möglichkeiten, mit denen die einzelnen Wissenschaften zu ihren „Wahrheiten" gelangen, dann findet man im Vergleich zur individuellen Erkenntnis nur wenige graduelle und eigentlich nur einen wesentlichen Unterschied.

Unser alltägliches, individuelles Verhalten wird weitgehend von unseren Erwartungen über die gewohnten, regelmäßigen und gesicherten Vorgänge in der Wirklichkeit bestimmt. Diese Erwartungen (oder Hypothesen) entstehen einerseits durch gesellschaftliche, kulturelle Überlieferungen und andererseits durch unsere eigenen Erfahrungen. Durch den Erfahrungsaustausch mit anderen und durch unsere eigenen Lernprozesse entwickeln wir ganz bestimmte Auffassungen/Theorien über die bestehenden Verhältnisse in der Wirklichkeit. Auf diese Weise entsteht bei jedem einzelnen ein Modell der sachlichen und sozialen, häufig auch eines der metaphysischen Realität. Diese individuellen Erklärungsmodelle unterscheiden sich allerdings mehr oder weniger stark von Mensch zu Mensch oder von Kultur zu Kultur. So werden z. B. in den westlichen Zivilisationen die Ursachen von Psychosen anders erklärt als bei den Naturvölkern; auch das Modell der Wirklichkeit, wie es bei Kindern und Erwachsenen in einer Familie besteht, zeigt sehr große Unterschiede, weil es durch die verschiedenartige Auseinandersetzung und Interaktion mit der komplexen, nicht statisch erstarrten Realität aufgebaut und verändert wird. Wir sind bei unseren Lernprozessen mit einer Realität konfrontiert, die selten in einzelnen Bereichen konstant bleibt, sondern uns in immer neuen Zusammensetzungen begegnet, aus denen wir versuchen, die Regelmäßigkeiten zu entdecken, damit wir unser Verhalten für die nähere und weitere Zukunft planen können.

Diese Schwierigkeit, zeitlich unbegrenzte Gesetzmäßigkeiten zu entdecken, hat schon vor Jahrtausenden *Heraklit* (540–480 v. Chr.) betont. Nach ihm kann kein Mensch zweimal in den gleichen Fluß steigen, da sich in der Zwischenzeit sowohl der Mensch als auch der Fluß verändert habe. Die soziale Realität stellt ebenfalls einen Strom von Ereignissen dar, in dem jeder einzelne mitschwimmt bzw. mitgetrieben wird. Diese Betrachtungsweise veranschaulicht die Schwierigkeiten, mit denen die Sozialwissenschaften zu kämpfen haben, wenn sie in diesem Ereignisstrom gesicherte Gesetzmäßigkeiten entdecken wollen.

Ein Wissenschaftsgläubiger wird hier einwenden, daß diese Schwierigkeiten wohl nur für die subjektive, individuelle Erkenntnisfindung zutreffen dürften, die wissenschaftliche Forschung müßte mit ihren Methoden diese Probleme doch gemeistert haben. Können wir aber nun wirklich von den Wissenschaften, speziell den Sozialwissenschaften, solche zuverlässigen, endgültigen Theorien und Wahrheiten erwarten? Können Soziologie, Sozialpsychologie, Sozialpädagogik, Ökonomie, Kulturanthropologie usw. die Gesetzmäßigkeiten des menschlichen Verhaltens in sozialen Systemen zuverlässig beschreiben und erklären? Um dies zu können, müßte sich der wissenschaftliche Erkenntnisweg grundsätzlich vom individuellen unterscheiden. Dies ist aber nicht der Fall! Die vorhandenen Unterschiede sind nur graduell und bestehen im wesentlichen in der *Systematik*, mit welcher die beobachteten Daten erhoben, verarbeitet, interpretiert und mit anderen diskutiert werden. Die wissenschaftliche Erkenntnisgewinnung ist eindeutig charakterisiert durch das systematische, methodische Vorgehen. Die Denkmuster, mit denen die wissenschaftlichen Theorien konstruiert werden, sind hingegen identisch mit denen des alltäglichen Wissensaufbaus: Schluß von einzelnen Erfahrungen auf eine allgemeine Gesetzmäßigkeit (Induktion) und Ableitung spezifischer Aussagen aus schon bestehenden, allgemein akzeptierten, generellen Ansichten über die Realität (Deduktion). Mit den Denkmethoden der Induktion und Deduktion versuchen wir sowohl im alltäglichen als auch im wissenschaftlichen Erkenntnisprozeß zu gesicherten, „endgültigen Wahrheiten" zu gelangen.

Ziel der empirischen Wissenschaften ist es, eine gesicherte Theorie über die Gegebenheiten des jeweiligen Forschungsgegenstandes zu erstellen. Wir verstehen demnach unter einer **empirischen Theorie** ein System eindeutig formulierter und logisch widerspruchsfrei ableitbarer Aussagen, die so klar formuliert sind, daß sie auf ihren Realitätsgehalt hin überprüft werden können.

Betrachten wir nun im folgenden „den" wissenschaftlichen Erkenntnisprozeß etwas genauer, so zeigt sich kein einheitliches Bild. Es existieren verschiedene Strategien, deren Auswirkungen die Art der entsprechenden Theorien und die mit ihnen verbundenen Geltungsansprüche beeinflußt haben und noch beeinflussen. Die einzelnen Ansätze können im Rahmen des vorliegenden „Grundstudiums" nur knapp skizziert werden, wobei der Verfasser sich eng an die zusammenfassenden Darstellungen von *Eberhard* (1988), *Friedrichs* (1990) und *Kromrey* (1980) anlehnt.

### 2.1.1 Der dogmatische oder deduktive Erkenntnisweg

Grundlage für die Aussagen, die mit diesem Erkenntnisweg formuliert werden, ist eine Theorie, von deren Richtigkeit ihre Anhänger überzeugt sind. Auftauchende Fragestellungen werden dadurch gelöst, daß man ihre Antworten aus der Theorie logisch ableitet und beweist, wie das z. B. in der Mathematik oder auch in der Rechtswissenschaft üblich ist. Weitere Beispiele für solche dogmatischen Theorien, die ihre Erkenntnisse (fast) ausschließlich durch Deduktion gewinnen, sind das mittelalterliche Weltbild der Kirche, in dem die Vorgänge in der Natur aus der Wahrheit der Bibel erklärt wurden, die heutige katholische Moraltheologie mit ihren deduktiv gewonnenen Erkenntnissen über Empfängnisverhütung, Ehescheidung und Mischehe oder auch zum Teil das Theoriengebäude der Psychoanalyse *Freuds*, der von dessen Wahrheitsgehalt so überzeugt war, daß er andere Interpretationen seiner Mitarbeiter (z. B. *Adler, Jung*) intensiv bekämpfte.

Die Aussagen dieser Theorien werden aus ganz bestimmten Grundannahmen (Postulaten) logisch entwickelt und können durch die Logik als richtig oder falsch bewertet werden, ohne daß dabei ein Bezug zur Realität hergestellt werden muß. Das Paradebeispiel für eine aktuelle dogmatische Wissenschaft ist die Mathematik oder in der Politik die marxistisch-leninistische Gesellschaftstheorie, wie sie in den kommunistischen Ländern praktiziert wird bzw. wurde.

Für die empirisch orientierten Sozialwissenschaften ist dieser Erkenntnisweg sehr problematisch, weil es für die sozialen Phänomene noch keine empirisch gesicherte Theorie gibt, aus der zuverlässige Handlungsanweisungen zu konkreten Fragestellungen abgeleitet werden können. Von diesem Idealzustand, den die Mathematik und teilweise auch die exakten Naturwissenschaften (Physik, Chemie u.ä.) erreicht haben, sind die Sozialwissenschaften noch weit entfernt. Die Vertreter einer dogmatisch orientierten sozialwissenschaftlichen Theorie müssen sich den Vorwurf gefallen lassen, daß sie ihre Aussagen von einer empirisch nicht gesicherten Ideologie bzw. Glaubenslehre beziehen.

### 2.1.2 Der induktive, empirische Erkenntnisweg

Bei diesem Forschungsprinzip versucht man zuerst alle empirischen Daten zu erheben, die in irgendeiner Weise mit dem zu untersuchenden Phänomen zusammenhängen könnten. Dann bestimmt man mit statistischen Techniken die Zusammenhänge zwischen den erhobenen Daten, versucht diese zu interpretieren und bestimmte theoretische Aussagen zu formulieren. Da der Ausgangspunkt bei dieser Forschungshaltung in den konkret beobachtbaren Tatsachen, die „positiv" gegeben sind, besteht, werden ihre Anhänger auch als **Positivisten** bezeichnet, da sie Erklärungsansätze mit metaphysischen Inhalten strikt ablehnen.

Dieser Ausgangspunkt erscheint recht vernünftig: Man will erst einmal das Gegebene in aller Ruhe beobachten und in seiner Gesamtheit analysieren, bevor man zu Aussagen über bestehende Zusammenhänge/Gesetzmäßigkeiten gelangt. Überträgt man diesen Ansatz auf die konkrete Forschungsarbeit, dann zeigen sich allerdings einige Schwierigkeiten: Die umfangreichen, komplexen Daten können je nach der Perspektive des einzelnen Forschers unterschiedlich interpretiert werden, ihre Interpretation bereitet oft Schwierigkeiten und überfordert die Fähigkeiten eines Forscherteams, das trotz aller Bemühungen nicht sicher sein kann, ob wirklich alle wichtigen Aspekte, die mit dem Forschungsgegenstand zusammenhängen können, auch erfaßt wurden. Der rein induktive Erkenntnisweg kann aber auf seine Weise zu erfahrungswissenschaftlich gesicherten, wenn auch nur vorläufigen Hypothesen führen.

Der induktive Erkenntnisweg versucht mit einem „theoriefreien" Bezugssystem Daten zu erheben, um mit ihnen anschließend eine Theorie zu entwickeln. Je nach vorherrschendem Forschungsstand und -interesse kann man dabei (nach *Eberhard* 1977) drei verschiedene Fragestellungen unterscheiden: beschreibende, kausale und strategische.

Bei der *beschreibenden* oder phänomenologischen Fragestellung geht es darum, das interessierende soziale Phänomen abzugrenzen und umfassend durch empirische Daten zu charakterisieren. Beispiele dafür sind Untersuchungen über Persönlichkeitseigenschaften delinquenter Jugendlicher (s. *Glueck* und *Glueck* 1963), sexuelle Verhaltensweisen von Mann und Frau (*Kinsey* 1954, *Masters* und *Johnson* 1970) oder soziologische Merkmale von suizidalen Personen (*Hallich* 1960). So stellte man bei Selbstmördern fest, daß sie häufiger männlichen Geschlechts waren, aus geschiedenen Ehen stammten, meistens an einer reaktiven oder endogenen Depression litten, vorwiegend in Großstädten lebten und ihren Suizid in direkter oder indirekter Form vorher angekündigt hatten (detaillierte Ergebnisse: *Wellhöfer* 1981). Wenn die erhobenen Daten das interessierende soziale Phänomen detailliert und umfassend beschreiben, dann liefert uns diese Erhebung eine gute Möglichkeit, die Problemsituation zu erfassen und zu charakterisieren.

Wer entscheidet nun aber, welche Daten beim anstehenden Problem bedeutsam und erhebenswert sind? Es besteht hier zweifellos die Gefahr, daß subjektive Auswahlkriterien und versteckte („implizite") Theorien bei der Auswahl eine große Fehlerquelle bilden, daß sich der „dogmatische" Erkenntnisweg hier unbemerkt einschleicht und wir nur die Daten erheben, die nach unserer Meinung bedeutsam sind und unser Vorurteil unterstützen. Da wir niemals die soziale Realität in ihrer Komplexität photographisch abbilden können, bleibt jede Beobachtung selektiv.

Die beschreibende Fragestellung führt in der Regel zu Hinweisen über bestehende, ursächliche Zusammenhänge zwischen den gewonnenen Daten; diese werden nun gezielt bei der *kausalen* Fragestellung untersucht. Man konzentriert sich nun nicht mehr auf die Beschreibung und Abgrenzung, sondern darauf, welche Ursachen gegeben sein müssen, damit ein ganz bestimmtes soziales Phänomen beobachtet wird. So konnte *Durkheim* (1897) in seiner klassischen Untersuchung zum Phänomen Selbstmord zeigen, daß die Integration des einzelnen in die Gesellschaft und die Art der sozialen Regulation durch die Gesellschaft einen Einfluß sowohl auf die Höhe der Selbstmordziffer als auch auf die vorherrschende Motivation besitzt. Im Zustand der gesellschaftlichen Regellosigkeit, der Anomie, sah *Durkheim* die wesentliche Ursache der Selbstmordrate in wirtschaftlich differenzierten Ländern.

Bei der *strategischen* Fragestellung konzentriert man sich darauf, wie gegebene Phänomene verändert werden können bzw. wie man es verhindern kann, daß sie überhaupt erst entstehen. Übertragen auf unser Beispiel könnte die Fragestellung der Untersuchung lauten: Wie kann ich einen selbstmordgefährdeten Menschen therapieren oder wie kann ich eine effektive Selbstmordprophylaxe betreiben? Auch bei dieser Fragestellung würde man beim empirischen Erkenntnisweg zuerst „vorurteilsfrei" alle möglichen Daten erheben, auf ihre Zusammenhänge hin untersuchen und erst dann die Erklärung, das theoretische Modell, präsentieren.

Der zentrale Einwand gegenüber dem rein positivistischen Vorgehen besteht in der praktischen Unmöglichkeit, alle möglicherweise bedeutsamen Daten zu erfassen, zu gewichten und realitätsgerecht zu interpretieren. Die Gefahr dieses Erkenntnisweges besteht darin, daß die schon bestehenden „sozialen Datenfriedhöfe" weiter vergrößert werden. Die wissenschaftlichen Erhebungsmethoden sind stets Beobachtungen (im weitesten Sinne dieses Begriffes) und dadurch immer selektiv und abhängig von unausgesprochenen Theorien, Annahmen oder Vorurteilen des Beobachters. Dieser generelle Einwand führt zu einem anderen Erkenntnisweg, der heute in der Sozialforschung – von ihren Gegnern als „bürgerliche" oder „traditionelle Sozialforschung" bezeichnet – allgemein akzeptiert wird.

### 2.1.3 Der Erkenntnisweg des „kritischen Rationalismus"

Der von *Popper* (1971, 1980) und *Albert* (1971) ausgehende kritische Rationalismus betont die Bedeutung der Theorie und die kontrollierende Kraft der Empirie. Dieses Forschungskonzept gilt für die Mehrheit der Sozialwissenschaftler heute als verbindlich und stellt die grundlegende Forderung: „Alle Aussagen einer empirischen Wissen-

## 2.1 Individueller und wissenschaftlicher Erkenntnisprozeß

schaft müssen prinzipiell an der Erfahrung scheitern können" (*Popper* 1971, S. 15). Die Theorie einer Erfahrungswissenschaft muß demnach so formuliert sein, daß alle ihre Aussagen an der empirischen Realität überprüft werden können. Das bedeutet für die Theorie, daß in ihr nur Begriffe verwendet werden dürfen, die sich (1) auf die erfahrbare Realität beziehen, (2) deren Aussagen über Zusammenhänge sich auf empirische Gegebenheiten beziehen und (3) damit prinzipiell widerlegbar sind. So ist die alte Bauernregeln „Wenn der Hahn kräht auf dem Mist, ändert sich's Wetter oder es bleibt wie's ist" zwar auf die erfahrbare Realität bezogen, dennoch keine theoretische Aussage, weil sie nicht widerlegbar ist.

Vorrangig bei diesem Erkenntnisweg ist die gegebene Theorie über Zusammenhänge in der sozialen Realität. Die aus ihr abgeleiteten Hypothesen müssen an dem Ausschnitt der Realität, für den sie Geltung beanspruchen, überprüft und widerlegt werden können. Fällt dabei die Überprüfung in der Realität positiv aus, so bedeutet dies aber noch keinesfalls den endgültigen Beweis der Aussage, sondern sie wird dann lediglich als „vorläufig bestätigt" betrachtet. Hat sich hingegen eine Hypothese bei der Untersuchung nicht bestätigen lassen, dann gilt sie als falsifiziert; sie muß nun umformuliert werden, damit sie den Gegebenheiten in der Realität besser entsprechen kann. Diese umformulierte Hypothese muß nun wieder den Gang durch die empirische Überprüfung gehen, um entweder wieder verworfen/falsifiziert oder als vorläufig bestätigt angesehen zu werden.

Theorien, die nun auch von anderen Forschern kritisch überprüft und in ihrer empirischen Aussage bestätigt wurden, gelten nun als „bewährte Aussagen", keinesfalls aber als endgültige wissenschaftliche Wahrheit oder als „bewiesen". Man betrachtet sie als das Beste, was die Wissenschaft an Erklärungsversuchen zum jeweiligen Phänomen zu bieten hat, als einen vorläufigen Punkt auf dem langen Weg zur wissenschaftlichen Wahrheit. Auf diesem mühsamen Weg versucht man schrittweise die unbrauchbaren Hypothesen durch realitätsbezogenere und umfassendere Aussagen zu eliminieren, den anfangs eng gefaßten Erklärungsbereich langsam zu erweitern, um damit den Geltungsbereich der Theorie zu vergrößern.

Das Kriterium für die Wahrheit besteht beim kritischen Rationalismus nicht in der Berufung auf dogmatische Quellen (z. B. die Bibel oder *Marx/Lenin*), sondern es besteht allein in der laufenden Konfrontation zwischen den theoretischen Aussagen und der empirisch gegebenen Realität.

Obwohl die Existenz von Hypothesen bei dieser Erkenntnistheorie von zentraler Bedeutung ist, kommt nach *Popper* dem Weg oder dem Grund, der den einzelnen Forscher zu seinen Aussagen bringt, keine

Bedeutung zu. Wichtig ist nur, daß die Aussagen so klar und systematisch formuliert sind, daß sie eindeutig überprüft werden können. Diese strenge Forderung bringt aber schon genügend Zündstoff für bestehende sozialwissenschaftliche Theorien: Eine der großen etablierten Theorien, die Psychoanalyse, gerät in Bedrängnis, da sie in vielen Bereichen sehr vage formuliert ist, und einige ihrer wesentlichen Begriffe (z. B. Regression, Fixierung, Libidodepot, Es-Motive) sind nicht oder nur unter großen Schwierigkeiten und Fehlerquellen in konkrete Beobachtungseinheiten übertragbar und damit einer Messung zugänglich.

Der Bereich der empirischen Wissenschaften wird von den kritischen Rationalisten demnach recht eng gefaßt und bezieht sich nur auf Theorien/Hypothesen, die an der Realität überprüft werden können. Die Ausage der „reinen" Geisteswissenschaften, wie Philosophie, Theologie u.a. können nur durch die Gesetze der Logik überprüft werden, sofern sie den Bereich der erfahrbaren Wirklichkeit verlassen. So ist die Aussage von der Unsterblichkeit der Seele zwar logisch aus einer Anzahl von Postulaten ableitbar; sie fällt aber nicht in den Bereich, der empirisch überprüft und falsifiziert werden kann. Solche Hypothesen gehören nicht in das Umfeld der empirischen Wissenschaften.

Die Forschungsstrategie der kritischen Rationalisten erscheint recht vernünftig. Bei näherer Auseinandersetzung finden sich aber auch hier einige Probleme: So wird eine Hypothese zurückgewiesen/falsifiziert, sobald ein Untersuchungsergebnis ihr widerspricht. Diese Konsequenz ist in den Wissenschaften angebracht, die uneingeschränkte Naturgesetze formulieren wollen, wie z. B. Physik oder Chemie. So kann das physikalische Gesetz „Alle Gase dehnen sich bei Erwärmung aus" nur solange Gültigkeit beanspruchen, bis ein Gas gefunden wird, das diesem Gesetz nicht folgt. Damit wäre die Hypothese eindeutig falsifiziert.

In den Sozialwissenschaften werden solche absoluten allgemeinen (nomologischen) Aussagen allerdings nicht gemacht, sondern hier werden die Hypothesen nach statistischen, wahrscheinlichkeitstheoretischen Überlegungen formuliert; also nicht in der Form: Wenn Phänomen A (z. B. Scheidung der Eltern in der frühen Kindheit des Klienten) gegeben, dann folgt stets auch Phänomen B (z. B. späteres kriminelles Verhalten), sondern „die Wahrscheinlichkeit für späteres kriminelles Verhalten ist größer, wenn die Kinder aus geschiedenen Ehen stammen". Der beobachtete Einzelfall kann in den Sozialwissenschaften also keinesfalls eine Hypothese falsifizieren. Man entscheidet hier mit Hilfe statistischer Prüfverfahren (ausführlich dargestellt in Kap. 3) über das Schicksal der Untersuchungshypothese.

Ein weiteres Problem besteht darin, daß eine Hypothese nur bei gegenteiligen Beobachtungsergebnissen abgelehnt werden kann. Die sozialwissenschaftlichen Beobachtungsinstrumente sind leider nicht vollkommen, so daß ihre Aussagen über die Realität auch falsch und ungenau sein können. Wie kann man die erhobenen Untersuchungsdaten auf ihre Aussagekraft und Gültigkeit hin untersuchen, damit wir mit ihnen auch gerechtfertigterweise eine Aussage ablehnen? Wenn man schon die Wahrheit einer Hypothese nicht endgültig beweisen kann, wie kann man dann bei widersprüchlichen empirischen Ergebnissen eine Hypothese endgültig falsifizieren?

Diese Schwierigkeit ist nur in der gemeinsamen Zusammenarbeit aller Wissenschaftler, die an dem jeweiligen sozialen Phänomen interessiert sind, zu lösen. Man fordert, daß alle Forschungsprozesse für andere Forscher nachvollziehbar und wiederholbar sein müssen. Derjenige Forscher, der an der Richtigkeit eines Untersuchungsergebnisses zweifelt, muß in der Lage sein können, die vorgelegte Untersuchung in der gleichen Art wiederholen und kritisch überprüfen zu können. Das ganze Forschungskonzept muß demnach so dargestellt werden, daß auch ein uneingeweihter Kollege die schwachen Stellen erkennen kann. Der empirisch orientierte Forscher muß sich demnach der Kritik anderer Wissenschaftler offen stellen und sich mit ihr auseinandersetzen. Nur in der Übereinkunft und kritischen Auseinandersetzung mit konkurrierenden Forschungsergebnissen kann über die Bestätigung oder Ablehnung einer Hypothese entschieden werden. Der Einfluß von Gruppennormen einzelner wissenschaftlicher Schulen kann aber auch hier zum Hemmschuh auf dem Weg zu „wahren", empirisch fundierten Theorien werden. Dieser unbequemen Forderung nach Kritik durch die Fachkollegen und die Öffentlichkeit geht man in der Forschungspraxis gerne aus dem Weg; sie ist aber ein zentrales Anliegen der „kritischen" Rationalisten.

Trotz der dargestellten Einwände stellt der kritische Rationalismus das Bezugssystem dar, dem der Verfasser sich am ehesten verbunden fühlt. Die sozialwissenschaftlichen Theorien stehen noch am Anfang ihrer Entwicklung; sie sind in den meisten Bereichen noch sehr unscharf formuliert und empirisch wenig gesichert, so daß die aus ihnen entwickelten Handlungsanweisungen nur wenig zuverlässig sein können. Sie können keinesfalls unkritisch auf reale Probleme übertragen, sondern müssen bei ihrer realen Anwendung laufend überprüft werden.

Der kritische Rationalismus hat im Bereich der empirischen Wissenschaften viele Anhänger. In der Soziologie entwickelten sich zwischen 1960 und 1970 andere Forschungsstrategien, die mit dem „Neopositivismus" *Popper*scher Prägung – so bezeichnen sie den kritischen Rationalismus – nicht vereinbar sind. So findet dort – und teilweise auch in anderen sozialwissenschaftlichen Forschungsbereichen – eine engagierte Auseinandersetzung zwischen der „kritischen Theorie", dem „dialektischen Materialismus" der marxistisch-leninistisch orientierten Sozialwissenschaftler und dem kritischen Rationalismus statt. Einige Aspekte dieser unterschiedlichen Auffassungen werden im folgenden kurz skizziert. Da der Verfasser diesen beiden konkurrierenden Richtungen eher distanziert gegenübersteht, sei ausdrücklich auf die weiterführende Literatur verwiesen.

### 2.1.4 Einige Aspekte der „kritischen Theorie"

Besteht das Ziel des kritischen Rationalismus darin, die sozialen Phänomene zu beschreiben, zu erklären und bestehende Hypothesen/Theorien schrittweise in der andauernden Auseinandersetzung mit der Realität zu verbessern und zu erweitern, dann gibt es einen deutlichen Unterschied zur „kritischen Theorie" in den Sozialwissenschaften, wie sie von *Adorno* (1957, 1980) gefordert wird. Die Anhänger dieser „Frankfurter Schule" fordern nicht nur eine exakte Analyse und Diagnose der gesellschaftlichen Situationen, sondern beziehen das Eigenschaftswort „kritisch" auf den Vergleich des sozialen „Ist-Zustandes" mit dem subjektiv definierten Idealzustand in einer Gesellschaft. Man will die sozialen Tatbestände nicht nur beschreiben und erklären, sondern sie kritisch beurteilen und aktiv verändern. Diese Betrachtungsweise führt in ihrer extremen Form dazu, daß die Sozialwissenschaften zu einem Studium der Notwendigkeit gesellschaftlicher Veränderungen werden, wie es sich u.a. in den Forderungen der APO widerspiegelte.

Die so verstandene, kritische Sozialwissenschaft ist allerdings stark an subjektive Wertvorstellungen gebunden und unterscheidet sich dadurch deutlich vom Erkenntnisweg des kritischen Rationalismus, der fordert, daß die kritischen Einwände intersubjektiv überprüft werden müssen. Bei der „kritischen Theorie" haben die empirischen Ergebnisse eine relativ nachgeordnete Bedeutung; man betrachtet sie als Diagnose und verordnet der Gesellschaft anschließend eine Therapie in Richtung auf ein Ziel, das deren Mitglieder vielleicht gar nicht anstreben, obwohl es vom Standpunkt des (dogmatischen) Forschers sinnvoll erscheint.

Die dabei vom Forscher angestrebten Ziele und Werte sind empirisch nicht überprüfbar und auch einer intersubjektiven Kontrolle durch andere Forscher nicht zugänglich. Ein „bürgerlicher" Sozialwissenschaftler hat bei den subjektiven Zieldefinitionen gewisse

Schwierigkeiten. Er überläßt die Folgerungen aus den keinesfalls endgültigen Wahrheiten seiner Analysen und Untersuchungen den vom betreffenden Volk gewählten Politikern, die allerdings deutlich – wie auch die betroffene Öffentlichkeit – mit den Ergebnissen konfrontiert werden müssen. Dies bedeutet allerdings nicht, daß der Anhänger des kritisch-rationalen Erkenntnisweges eine gesellschaftliche, politische Interpretation vorliegender Untersuchungsergebnisse vermeidet oder sogar fürchtet, sondern er wird diese klar als subjektiv und „unwissenschaftlich" darstellen.

Die Diskussion an den Hochschulen bewegt sich allerdings nicht nur innerhalb des „Positivismusstreits" (*Adorno* u.a. 1980), sondern auch zwischen den beschriebenen Positionen und der dialektisch-materialistischen Forschungsperspektive, die sich aus der marxistisch-leninistischen Gesellschaftstheorie entwickelte.

### 2.1.5 Der dialektisch-materialistische Erkenntnisweg

Die Auseinandersetzung zwischen dem kritischen Rationalismus, der kritischen Theorie und dem dialektisch-materialistischen Forschungskonzept verläuft meist sehr polemisch. Damit wird häufig vernachlässigt, daß der theoriekritische Erkenntnisweg *Poppers* weder an die positivistische Denktradition *Comtes* (1798–1857) noch an *Popper* selbst gebunden ist, daß die Grundgedanken des dialektischen Materialismus schon im antiken Griechenland aufgestellt wurden und daß die gesellschaftstheoretischen Deutungen von *Marx* nicht unbedingt voll akzeptiert werden müssen. Da die kritischen Rationalisten der Entstehungsgeschichte von Hypothesen keine Bedeutung beimessen, sondern lediglich ihre empirische Überprüfbarkeit in der Realität fordern, können beide Erkennntniswege ohne große Widersprüche nebeneinander existieren; der dialektische Materialismus könnte sogar die Methoden des kritischen Rationalismus in seine Forschungsrichtung integrieren.

Der wesentliche Unterschied liegt in der Frage, wie der einzelne Wissenschaftler zu seinen Fragestellungen kommt und wie die Untersuchungsergebnisse weiterverwertet werden. In der marxistisch-leninistisch orientierten Sozialforschung (z. B. *Friedrich* und *Henning* 1980) besteht lediglich ein anderes Forschungsinteresse, das darauf abzielt, „neues Wissen zu erlangen, mit dem die wesentlichen Probleme des gesellschaftlichen Lebens gelöst werden sollen" (zit. nach *Kromrey* 1980, S. 25, 26). Die dabei zur Anwendung kommenden Erhebungs- und Auswertungsmethoden sind mit denen des kritischen Rationalismus weitestgehend identisch. Der Unterschied besteht im klar festgelegten Verwertungszusammenhang innerhalb einer gesamtgesellschaftlichen Theorie, d.h. darin, was als bedeutsam für die gesellschaftliche Praxis (als „praxisrelevant" angesehen wird. Der Entscheidungsvorgang, welche Probleme, Themenbereiche oder soziale Phänomene als praxisrelevant angesehen werden, wird dabei einer empirischen Kontrolle entzogen. Damit wird die Gefahr einer dogmatischen Haltung sehr groß, man konzentriert sich auf die Fragestellungen und Phänomene, mit denen die eigene Theorie bestätigt werden kann und vernachlässigt und verleugnet andere, die zu einer Überprüfung und Revision der grundlegenden Hypothesen führen müßten.

### 2.1.6 Eine weitere Forschungsalternative: Die Aktionsforschung

Die ersten Ansätze der Aktionsforschung gehen auf den Sozialpsychologen *Lewin* (1953) zurück. Sein Mitarbeiter *Lippitt* (1980) sieht bei dieser Bezeichnung drei verschiedene Bedeutungsgehalte. Man kann unter Aktionsforschung die klassischen Forschungsdiagnosen und -erhebungen verstehen, mit denen die traditionelle Sozialwissenschaft arbeitet: Die Handlungen und Ereignisse in sozialen Bereichen werden analysiert, beschrieben und kommentiert. Mit dieser klassischen Vorgehensweise hat aber die Aktions- oder Handlungsforschung im engeren Sinn wenig gemeinsam. Bei ihr findet eine wesentlich stärkere Rückkoppelung der Untersuchungsergebnisse auf die untersuchte Gruppe statt, um den weiteren Gruppenprozeß positiv zu beeinflussen. So dient z. B. die Analyse von Einstellungsstrukturen in einer Gemeinde dazu, diese mit den Ergebnissen zu konfrontieren, deren Bedeutung für bestehende soziale Probleme zu diskutieren, um über diesen Rückkopplungsprozeß eine Veränderung herbeizuführen. Der nächste, konsequente Schritt bei der Aktionsforschung besteht nun darin, daß man nicht mehr zwischen Forschung und Praxis trennt, sondern daß die Forschung in die Praxis bzw. die Praxis in die Forschung voll integriert wird. Der Forscher ist mit seinen Mitarbeitern in das Problemfeld eingeschlossen, seine Versuche, die ablaufenden Aktivitäten zu beobachten, zu beschreiben und zu analysieren werden von den Personen im jeweiligen Praxisfeld mitgetragen, mitausgewertet und reflektiert. Bei der Aktionsforschung i.e.S. werden die eigenen Verhaltensweisen, die Reaktionen der Umwelt und die Folgen durchgeführter Aktionen laufend beobachtet und diskutiert. Das Ziel dieses Forschungsansatzes besteht nicht mehr darin, abstrakte, wissenschaftliche Erkenntnisse zu gewinnen, Hypothesen zu formulieren und zu überprüfen, sondern aus dem weit verbreiteten Monolog zu einem Dialog mit den wirklichen sozialen Gegebenheiten zu kommen. Der

Forscher gibt seine Distanz als Experte auf, bringt sich selbst in den Forschungsprozeß ein und steht in enger Interaktion mit den Personen des untersuchten Feldes.

Dies erfordert, daß der Forscher Teil der Untersuchungsgruppe werden muß, vielleicht sogar längere Zeit mit ihr leben muß, damit es wirklich zu einem Dialog und besseren Verhaltensmustern kommen kann. Die Unterscheidung zwischen der Produktion von Wissen als Forschungsziel und der Veränderung der realen Gegebenheiten durch politische Aktivitäten ist dabei aufgehoben, ein Aspekt, der auch von den Vertretern der „kritischen Theorie" gefordert wird.

Bei der Aktionsforschung wird allerdings das zu erreichende Ziel nicht durch irgendwelche „letzte Wahrheiten", Theorien oder Ideologien bestimmt, sondern es bildet sich in der Diskussion und Argumentation der am Forschungsprozeß beteiligten Personen („Diskurs"). Wir haben hier demnach ein relatives Wahrheitskriterium, ein Forschungsziel, das durch Gruppenprozesse erstellt wird. Damit bezieht die Aktionsforschung eine subjektive Einstellung, die eindeutig dargelegt und begründet wird. Ihre Themenstellungen sind im Vergleich zu denen der traditionellen Sozialforschung stärker eingeengt, da sie durch die als veränderungswürdig angesehenen, sozialen Probleme bestimmt werden. Eine wertfreie Forschung im wissenschaftlichen Elfenbeinturm findet dabei nicht statt.

Die sozialwissenschaftlichen Methoden der Aktionsforschung entsprechen voll denen der traditionellen Sozialforschung, allerdings ändert sich bei diesem Konzept ihr Stellenwert: Die Untersuchungsergebnisse werden erst in der Diskussion mit den Beteiligten bedeutsam. Sie werden zu einem zentralen Bestandteil des Kommunikationsprozesses, in dem über ihre Aussagekraft und die damit verbundenen Konsequenzen entschieden wird. Der Forschungsverlauf schreitet dabei zyklisch voran: Zuerst werden Informationen gesammelt, gemeinsam die zu erreichenden Ziele gesteckt, die erforderlichen Aktivitäten werden diskutiert, beschlossen und durchgeführt. Der Erfolg der durchgeführten Aktivitäten wird gemessen – wobei hier die gängigen sozialwissenschaftlichen Erhebungsmethoden Anwendung finden –, die Ergebnisse werden wieder mit den Betroffenen diskutiert und auf neue Ziele oder effektivere Aktivitäten hin untersucht.

Die meisten Projektberichte über Aktionsforschungen (z. B. *Heckmann* u.a. 1981, *Moser* 1977, 1995) zeigen, daß diese Forschungsstrategie sehr hohe Anforderungen an das Engagement aller Beteiligten stellt. Die dabei unternommenen Versuche, soziale Probleme wie Obdachlosigkeit, Armut, Integration von Gastarbeitern usw. zu lösen, werden häufig sehr stark durch politische, ökonomische und gesellschaftliche Widerstände bedroht, so daß sich die gesetzten Aktionsziele oft nicht in der angestrebten Form verwirklichen lassen. Auch bei engagierten Forschern ist das Resignieren vor den gegebenen Fakten meist vorprogrammiert.

Aktionsforschung und traditionelle Sozialforschung unterscheiden sich grundlegend in ihrer Konzeption; dies heißt keinesfalls, daß sie sich deshalb ausschließen. So gibt es sicher eine Reihe spezifischer Forschungs- und Dokumentationsaufgaben für die Aktionsforschung: Sie ist immer dann anzuwenden, wenn man in der Praxis handeln muß, ohne auf eine gesicherte Theorie zurückgreifen zu können, oder wenn ein gesichertes Wissen unter dem akuten Handlungszwang nicht gewonnen werden kann. Ist unter diesen Umständen trotzdem ein zielorientiertes, methodisches Handeln erforderlich, dann kann dies durch sozialwissenschaftliche Methoden beschrieben und auf seinen Handlungserfolg hin bewertet (evaluiert) werden. In dieser Situation befinden sich sehr häufig die Praktiker in den sozialen Berufen, und sie sollten deshalb fähig sein, ihre berufliche Tätigkeit zum eigenen Forschungsfeld zu machen und ihr methodisches Handeln selbstkritisch zu prüfen. Dies entspricht auch den Anforderungen nach Qualitätssicherung und -entwicklung im Bereich der Sozialen Arbeit (*Heiner* 1995).

Die traditionelle Sozialforschung hat hingegen weiter ihre Berechtigung, indem sie versucht, die soziale Realität zu beschreiben, Hypothesen auf ihre Gültigkeit hin zu prüfen, bestehende Theorien schrittweise zu erweitern, die falschen Hypothesen auszusondern, um so zu einer immer detaillierteren und umfassenderen Theorie über die soziale Wirklichkeit zu gelangen. Die Tatsache, daß der Weg zu einer gesicherten, umfassenden sozialwissenschaftlichen Theorie noch sehr weit ist, spricht für die Anwendung konkurrierender Forschungskonzepte.

Bei der Betrachtung einiger aktueller Erkenntniswege und Forschungsstrategien sind wir auf beachtliche Unterschiede gestoßen, über deren Berechtigung wir zum momentanen Zeitpunkt nur subjektiv entscheiden können. Mit Ausnahme des dogmatischen Erkenntnisweges verwenden aber die Vertreter der „bürgerlichen" und der „alternativen" Richtungen das gleiche Methodeninventar, um empirische Daten zu erheben und auszuwerten. Aus diesem Grunde können wir die Erhebungsmethoden und die statistischen Auswertungsverfahren in den folgenden Kapiteln ohne spezifischen Bezug zu den einzelnen Erkenntniswegen darstellen.

Zuvor wollen wir aber noch das umfassendere Thema der Untersuchungsplanung betrachten, damit der Stellenwert der Methodenauswahl und der Auswertungsprozesse innerhalb des gesamten Untersuchungsablaufes deutlich erkennbar wird. Das dabei zugrundeliegende Forschungskonzept des Verfassers orientiert sich am kritischen Rationalismus.

## 2.2 Das normale Ablaufschema einer empirischen, sozialwissenschaftlichen Untersuchung

In der sozialwissenschaftlichen Forschungspraxis hat sich ein grobes, bewährtes Raster herauskristallisiert, nach welchem die meisten Forschungsvorhaben ablaufen. Dieses Ablaufschema soll das „Gerippe" liefern, das durch die späteren Kapitel mit „Fleisch" versehen wird. Bei dem beschriebenen Schema kann es sich natürlich nur um eine idealtypische Darstellung handeln; in der konkreten Forschungspraxis kommt es zu Überschneidungen zwischen den einzelnen Phasen, zu Sprüngen, aber auch zu Rückschritten. Generell gilt dabei der Satz, daß man nach jeder empirischen Untersuchung an Erfahrung gewonnen hat und nun weiß, wie man sie besser hätte planen und durchführen können. Im allgemeinen kann man bei einer sozialwissenschaftlichen Untersuchung die folgenden Phasen unterscheiden:

### 2.2.1 Vorbereitung der Untersuchung

Am Anfang jeder empirischen Untersuchung steht ein Problem, dessen Lösungsmöglichkeiten unsicher sind; die erhobenen Daten sollen helfen, die optimale Lösung zu finden. Das Problem kann aus verschiedenen Richtungen an den Wissenschaftler herangetragen werden. So kann es sich darum handeln, Hypothesen, die aus bestehenden Theorien abgeleitet wurden, auf ihre empirische Gültigkeit hin zu untersuchen, oder das persönliche Interesse des Forschers führt zu einer bestimmten Fragestellung, oder ein gesellschaftliches Problem rückt in das Bewußtsein der Öffentlichkeit (z. B. Jugendarbeitslosigkeit, Obdachlosigkeit, Resozialisierung von Straftätern) und drängt nach einer Lösung, oder der Wissenschaftler führt die Untersuchung im Auftrag einer Institution oder eines Unternehmens durch.

Bevor man nun die Untersuchung startet, ist es wichtig, das zu untersuchende Phänomen möglichst konkret zu formulieren und zu definieren. Wir müssen uns in der Vorbereitungsphase klar darüber werden, welche Fragestellungen wir vor welchem theoretischen Bezugssystem mit der Untersuchung beantworten wollen. Dazu gehört es auch, daß wir uns mit dem vorhandenen Wissen über den

Untersuchungsgegenstand vertraut machen, die bestehenden Untersuchungen durcharbeiten und daraufhin betrachten, ob die aktuelle Fragestellung nicht schon durch vorhandene Untersuchungsergebnisse beantwortet werden kann, ob wir sie vielleicht präzisieren müssen und ob wir teilweise oder ganz die schon früher entwickelten und erprobten Untersuchungsmethoden übernehmen können. Auch findet man bei diesem Literaturstudium die Definitionen der einschlägigen Begriffe, die man für die eigene Untersuchung verwenden oder entsprechend abändern kann.

Eine weitere wichtige Überlegung gilt dem empirischen Bezug der zentralen Begriffe, mit denen sich die Fragestellung befaßt, also deren direkte oder indirekte Meßbarkeit. So ist z. B. aggressives Verhalten bei entsprechender Definition direkt beobachtbar, während affektive Verhaltensweisen (z. B. Wut, Angst) erst aus definierten Indikatoren erschlossen werden müssen.

### 2.2.2 Planung der Untersuchung

Sind die vorbereiteten Arbeiten abgeschlossen, dann müßten der aktuelle theoretische Hintergrund des Untersuchungsthemas, die konkreten Hypothesen und das Untersuchungsziel dem Forscher klar vor Augen liegen. Dies ist eigentlich einleuchtend, wird aber bei nicht wenigen Untersuchungen aus Zeitdruck oder Nachlässigkeit nicht erreicht. Bei der konkreten Planung muß nun entschieden werden, mit welchen Erhebungsmethoden die Hypothesen realitätsgerecht untersucht werden sollen und können. Dabei ist es möglich, daß zeitliche, personelle und finanzielle Faktoren einen Einfluß auf die Auswahl und den Umfang der Erhebungs- und Auswertungstechniken nehmen. So wird häufig eine schriftliche Befragung durchgeführt, obwohl die Hypothesen besser mit einer systematischen Beobachtung oder einer anderen Technik überprüft worden wären. Wir müssen ferner abklären, wieviele Personen (Merkmalsträger) bei der Untersuchung erfaßt werden müssen, um eine möglichst sichere Entscheidung treffen zu können. Daneben müssen wir uns in der Planungsphase auch schon darüber klar werden, wie die anfallenden Daten weiter statistisch verarbeitet werden (Skalenniveau des Messens, Kennwerte, Signifikanzniveau, statistische Prüfverfahren), um nicht zu einem späteren Zeitpunkt in Schwierigkeiten zu kommen.

Am Ende der Planungsphase ist es auch oft günstig, das Vorgehen bei der geplanten Untersuchung an einer kleinen Stichprobe auszuprobieren („Pretest"), um es auf seine Brauchbarkeit zu überprüfen und gegebenenfalls zu korrigieren.

Je exakter und intensiver die Untersuchung geplant wird, um so leichter wird später die Auswertung und Interpretation. Die Fehler, die bis zum Planungsende nicht ausgemerzt werden konnten, bleiben der Untersuchung bis zu ihrem Abschluß erhalten.

### 2.2.3 Durchführung und Auswertung

In dieser Phase wird es „ernst"; die Datensammlung mit dem geplanten Methodeninventar beginnt, und die Einflußmöglichkeiten des Forschers auf den weiteren Ablauf sind eingeengt. Die Auswertung der Ergebnisse orientiert sich an den Fragestellungen der Untersuchung, muß also kein zeitaufwendiger Suchprozeß sein, bei dem alle denkbaren Zusammenhänge überlegt und berechnet werden. Hier zeigt sich, je besser die Planung gestaltet wurde, desto leichter wird die Auswertung. Bei größeren, umfassenden Forschungsvorhaben erfolgt die statistische Auswertung vorwiegend mit Hilfe der elektronischen Datenverarbeitung, bei kleineren Untersuchungen kann man sie aber auch heute noch gut in „Handarbeit" leisten.

Bei der statistischen Auswertung geht es einerseits darum, die Vielzahl der Ergebnisse anhand von Tabellen, Graphiken und Kennwerten übersichtlich aufzuarbeiten und komprimiert darzustellen („beschreibende Statistik"); andererseits muß aber auch entschieden werden, ob die Untersuchungshypothese durch die Ergebnisse unterstützt oder widerlegt wird. Dabei ist immer die Frage zu beantworten, ob beobachtete Unterschiede zwischen Gruppen als „echt" oder zufallsbedingt angesehen werden müssen. Veranschaulichen wir uns dies an einem konkreten Beispiel: Eine Untersuchung soll dazu dienen, die Arbeitshypothese zu untersuchen, daß der personenbezogene, „demokratische" Führungsstil dem sachbezogenen, „autoritären" hinsichtlich der Produktivität der betreuten Gruppen überlegen ist. Nach intensiver Vorbereitung, ausgiebigem Literaturstudium und detaillierter Planung wird die Untersuchung vorgenommen. Sie führt zu folgendem Ergebnis: Die demokratisch geführten Gruppen produzieren während der Beobachtungszeit durchschnittlich 40 Einheiten, die vergleichbaren, autoritär geleiteten Kontrollgruppen dagegen nur 36. Die beobachtete Differenz entspricht der Untersuchungshypothese; allerdings sind die Unterschiede gering. Die Entscheidung über das Schicksal der Untersuchungshypothese (auch Arbeitshypothese $H_1$ genannt) wird nun mit Hilfe der Wahrscheinlichkeitstheorie gefällt. Die Methoden der Prüfstatistik – sie bauen auf dem wahrscheinlichkeitstheoretischen Modell auf – erlauben eine Aussage darüber zu machen, wie die

Zufälligkeit beobachteter Unterschiede unter den vorliegenden Umständen anzusehen ist.

Eine Arbeitshypothese wird bei empirischen Untersuchungen nur dann als bestätigt betrachtet, wenn der Zufall mit einer Sicherheit von mindestens 95 Prozent als Ursache des Unterschieds ausgeschlossen werden kann. Man geht dabei grundsätzlich davon aus, daß alle empirisch beobachteten Unterschiede allein auf den Zufall zurückgeführt werden müssen (**Nullhypothese $H_0$**). Wir lehnen die Nullhypothese erst ab, wenn der Zufall mit hoher Sicherheit/Wahrscheinlichkeit ausgeschlossen werden kann. Erst dann betrachten wir die beobachteten Unterschiede als „echt", bezeichnen sie als „**signifikant**" und akzeptieren zu ihrer Erklärung die Arbeitshypothese.

Ein signifikantes Ergebnis bedeutet allerdings noch keinesfalls den Beweis der Arbeitshypothese, da bei einer Entscheidung, die mit 95-prozentiger Sicherheit gefällt wurde, immer noch eine (Irrtums-)-Wahrscheinlichkeit von 5 Prozent verbleibt. Außerdem beinhaltet die Ablehnung der Nullhypothese nicht, daß die Arbeitshypothese die beste, wirkliche Erklärung der beobachteten Differenzen darstellt. So könnte bei unserem Beispiel der beobachtete Unterschied – wir nehmen einmal an, er sei signifikant – vielleicht in Wirklichkeit auf nicht beachtete Faktoren bei der Zusammensetzung der Experimentier- und Kontrollgruppen (z. B. Alter, Geschlecht, soziale Schicht, Leistungsmotivation, Erwartungshaltung gegenüber dem Experiment, bisherige Erfahrungen mit Führungsstilen usw.) oder bei der Erhebung der Daten (Erwartungshaltung der Beobachter, persönliche Ausstrahlung des Versuchsleiters, individuelle Realisierung des Führungsstils usw.) entstanden sein.

Auch bei einer noch so exakten Planung und Durchführung einer Untersuchung wird es uns nie gelingen, alle Fehlerquellen und Einflußgrößen auszuschalten und so zu isolieren, daß die Messung nur den Einfluß der unabhängigen Variablen auf die abhängige erfaßt. Um so wichtiger ist es deshalb, bei der Interpretation und Darstellung der Untersuchung so detailliert vorzugehen, daß der Leser auf mögliche Fehlerquellen und alternative Interpretationsmöglichkeiten hingewiesen wird.

### 2.2.4 Interpretation und Konsequenzen

Bei der Interpretation der Daten konzentriert man sich auf die Beantwortung der Untersuchungshypothesen und der Folgen, welche die Ergebnisse für Theorie und/oder Praxis beinhalten. Dabei ist auch zu diskutieren, inwiefern die Befunde verallgemeinert werden können,

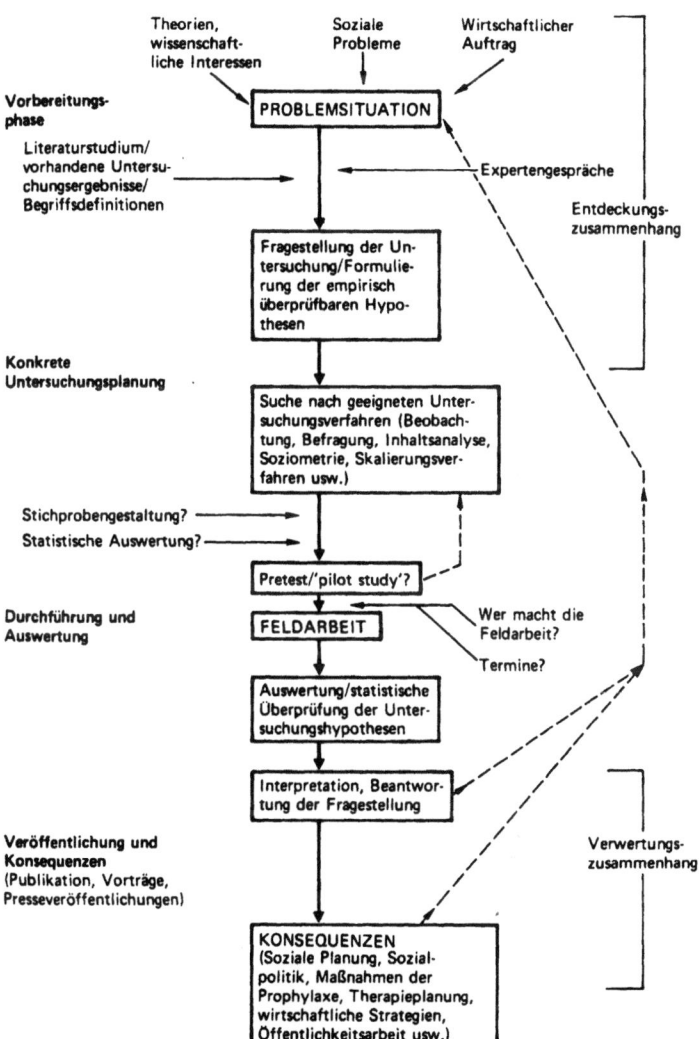

**Abb. 1** Ablaufschema einer empirischen, sozialwissenschaftlichen Untersuchung (nach *Friedrichs* 1990).

welche kritischen Einwände bestehen und welche neuen Fragestellungen durch die Untersuchung aufgeworfen werden.

### 2.2.5 Veröffentlichung und Verarbeitung

Eine Untersuchung wird in der Regel durch die Veröffentlichung der Ergebnisse abgeschlossen. Diese muß so gestaltet sein, daß die interessierten und kritischen Leser die Untersuchung in ihren einzelnen Details gedanklich und auch praktisch nachvollziehen können. Dabei ist auch die Information aufschlußreich, aus welchem Anlaß und mit welchem Ziel („Entdeckungs- und Verwertungszusammenhang" nach *Friedrichs* (1990) die Untersuchung durchgeführt wurde, um auch ihren sozialen Bezugspunkt mit berücksichtigen zu können. Auf einzelne formale Aspekte bei der Publikation von Untersuchungsergebnissen werden wir gesondert in Kap. 5 eingehen. Abb. 1 stellt den schematischen Untersuchungsablauf zusammenfassend dar.

**Weiterführende Literatur**

*Adorno* u.a. (1980), *Albert* (1971), *Eberhard* (1977, 1988), *Friedrich* und *Henning* (1980), *Friedrichs* (1990), *Topitsch* (1972), *Kromrey* (1980), *Popper* (1971, 1980), *Moser* (1975, 1977, 1995), *Horkheimer* (1970)

## 2.3 Arbeitsteil: Fragen zum Inhalt des zweiten Kapitels

1. Welche Unterschiede bestehen zwischen dem alltäglichen und dem wissenschaftlichen Erkenntnisprozeß? Welche Gemeinsamkeiten sehen Sie?
2. Was versteht man unter einer empirischen Theorie?
3. Aus welchen Gründen ist der deduktive, dogmatische Erkenntnisweg innerhalb der Sozialwissenschaften unangebracht?
4. An welchen Grundprinzipien orientiert sich ein „positivistisch" orientierter Wissenschaftler?
5. Welche Unterschiede bestehen zwischen dem induktiven, empirischen Erkenntnisweg und dem des „kritischen Rationalismus"?
6. Warum lassen sich empirische Theorien in den Sozialwissenschaften nie als endgültig richtig beweisen?
7. Wieso betrachten „kritische Rationalisten" die psychoanalytische Theorie in weiten Teilen nicht als wissenschaftlich?

8. Worauf bezieht sich das Eigenschaftswort „kritisch" beim kritischen Rationalismus?
9. Welchen zentralen Aspekt verfolgt die „kritische Theorie" im Unterschied zum „kritischen Rationalismus"?
10. Kann die Strategie des „kritischen Rationalismus" in den dialektisch-materialistischen Erkenntnisweg integriert werden? Ist dies auch umgekehrt möglich? Bitte begründen Sie Ihre Antwort.
11. Welche neuen Schwerpunkte setzt die Aktionsforschung und welche Ansatzmöglichkeiten sehen Sie dafür in der sozialpädagogischen/sozialwissenschaftlichen Praxis?
12. Welche Möglichkeiten/Grenzen sehen Sie für eine wertneutrale empirische Forschung?
13. In welche groben Phasen kann man den Ablauf einer empirischen Untersuchung einteilen und welche Bedeutung besitzt die Planungsphase im Vergleich zu den weiteren Abschnitten?
14. Wie entscheidet man bei der Auswertung, ob beobachtete Gruppenunterschiede als „echt" interpretiert werden können?
15. Was versteht man unter der Nullhypothese?
16. Wie würden Sie bei der Untersuchung der folgenden Hypothese vorgehen? „Die längere Arbeitslosigkeit führt bei Jugendlichen zu psychischen Auffälligkeiten und abweichenden Verhaltensweisen. Skizzieren Sie den (theoretischen) Ablauf der Untersuchung, ohne auf die entsprechenden Erhebungsmethoden einzugehen.

# 3 Das ungeliebte Handwerkszeug der empirischen Sozialforschung: Die statistischen Techniken

> *Lernziele:*
> Die Auseinandersetzung mit dem folgenden Kapitel soll dem Leser
>
> - die unterschiedlichen Ebenen des Messens in den Sozialwissenschaften im Vergleich zu den exakten Naturwissenschaften verständlich machen;
> - ihm eine (knappe) Auswahl der einschlägigen statistischen Verfahren vorstellen;
> - ihn befähigen, diese Techniken bei entsprechenden Daten sinnvoll anzuwenden, sowie
> - einige Anwendungsmöglichkeiten der Statistik bei der Betrachtung von Einzelfallstudien darstellen.

Im Zusammenhang mit dem Begriff Statistik verbinden viele Menschen die Steigerungsformen „Lüge – unverschämte Lüge – Statistik" oder die Aussage, daß man mit der Statistik alles beweisen könne – auch das Gegenteil! Der Kern dieser meist scherzhaften Äußerungen liegt darin, daß mit den statistischen Verfahren für viele Personen in einer undurchschaubaren Weise über soziale Phänomene berichtet wird. Man denkt in diesem Zusammenhang an Inflationsraten, Wahlprognosen, Bevölkerungsstatistiken oder die Entwicklung auf dem Arbeitsmarkt, ohne oft von diesen Zahlen direkt berührt zu sein. Zweifellos existieren nicht selten auch praktische Beispiele, bei denen soziale Fragestellungen durch das fehlerhafte Anwenden statistischer Modellvorstellungen unsinnig bearbeitet und beantwortet wurden. Man darf nicht einfach die erhobenen Zahlenwerte durch die „statistische Mühle" drehen und hoffen, daß schon etwas Sinnvolles dabei entstehen wird, sondern man kann bei bestimmten Daten nur bestimmte statistische Verfahren sinnvoll anwenden.

Vor dem 19. Jahrhundert war die Anwendung statistischer Verfahren auf soziale Fragestellungen kaum üblich. Im Alten Testament befindet sich sogar der Hinweis, daß eine statistische Tätigkeit, die sich auf den Menschen konzentriere, bedenklich sei. So wird berichtet, daß Gott die Durchführung einer Volkszählung durch König David mit einer Pest, die 70 000 Todesopfer forderte, bestrafte (*Noelle*

1963, S. 13). Auch aus dem Islam liegen Aussagen vor, nach denen es verwerflich sei, Gläubige und Ungläubige, Glückliche und Unglückliche in Statistiken zusammenzufassen, da dann das Unglück der einen auf das Glück der anderen Gruppe ausstrahlen könne. Noch im Jahre 1753 wurde in England der Plan einer Volkszählung abgelehnt, da man der Meinung war, eine solches Verfahren sei gottlos und würde die persönliche Freiheit untergraben.

Diese Haltung ist heute in der sozialwissenschaftlichen Praxis überwunden; man kann sogar behaupten, daß ein erfolgreiches wissenschaftliches Arbeiten ohne eine gewisse Beherrschung des Handwerkszeugs „Statistik" nicht mehr möglich ist. Die Kenntnis der statistischen Verfahren ist einerseits nötig, um sich mit den Ergebnissen, Interpretationen und Folgerungen aus empirischen Untersuchungen kritisch auseinanderzusetzen, andererseits natürlich auch erforderlich, um solche Arbeiten sinnvoll zu planen, auszuwerten und zu interpretieren.

In diesem Zusammenhang wird häufig eingewandt, daß man psychische Phänomene, „qualitative Ereignisse", doch nicht messen könne. Dieser Einwand ist bei näherer Betrachtung aber nicht haltbar. Der Mensch als Forschungsgegenstand von Sozialpädagogik, Psychologie oder Psychiatrie kann trotz seiner Individualität gemessen, d.h. mit Hilfe von Zahlen beschrieben werden. Hier gilt der Grundsatz, daß jedes existierende Objekt in einer ganz bestimmten Menge vorhanden und damit meßbar ist. Man kann allen beobachtbaren Ereignissen und Dingen entsprechend ihrer Ausdehnung/Intensität bestimmte Zahlen zuordnen. Diese Auffassung entspricht der Forderung *Galilei*s (1564–1642): „Alles messen, was meßbar ist, und versuchen, meßbar zu machen, was es noch nicht ist" (zit. aus *Bartel* 1971, S. 5).

## 3.1 Die unterschiedlichen Ebenen des Messens in den Sozialwissenschaften

Der Begriff des Messens wird in der Statistik nicht so eng definiert wie in den exakten Naturwissenschaften. Dies liegt daran, daß die dort gemessenen Zahlenwerte sehr exakt sind, d.h. die Messungen werden auf einem Meßniveau durchgeführt, bei welchem die Zahlen mehrere Voraussetzungen/Postulate erfüllen. In der Physik hat man beispielsweise das „Glück", daß die einfachsten Messungen, wie das Anlegen eines Längenmaßes an eine Strecke, auf einem Skalenniveau stattfinden, bei dem die Zahlen die Eigenschaften besitzen, daß sie über eine

Ordnung informieren, daß die Abstände zwischen ihnen konstant sind, so daß man sie auch addieren kann, daß sie mit sich selbst identisch sind und auf einen absoluten Nullpunkt bezogen werden können. Die Zahlen, welche wir bei den Messungen im sozialen Bereich erhalten, besitzen diese Eigenschaften nur teilweise.

Unter „messen" verstehen wir in unserem Zusammenhang eine nach Regeln ablaufende Tätigkeit, „in deren Rahmen bestimmten Eigenschaften oder Aspekten von Individuen, Dingen oder Ereignissen den individuellen Fall kennzeichnende Symbole, Bezeichnungen, Ziffern oder Zahlen zugeordnet werden. Durch die Regeln ist eine eindeutige Beziehung oder Bestimmung einer Quantität möglich, wie sie dem individuellen Fall entspricht" (*Fröhlich* und *Becker* 1971, S. 15).

Dies klingt recht verwirrend, weil wir auch der Meinung sind, daß die Zahlen, mit denen wir arbeiten, eine Art Naturgesetz darstellen, das der Mensch irgendwann einmal entdeckte. Die Zahlen sind allerdings ein Produkt des menschlichen Denkens; sie wurden erfunden und gehorchen den Postulaten, die der Mensch ihnen zugeschrieben hat. Je nachdem, welche Eigenschaften/Postulate von den Zahlen erfüllt werden, bewegen wir uns bei den Messungen auf verschiedenen Ebenen. Die Art des Meßniveaus schreibt uns deshalb auch vor, welche statistischen Techniken diese Zahlen sinnvoll verarbeiten können.

In den Sozialwissenschaften können wir vier unterschiedliche Meßebenen (Skalenniveaus) unterscheiden:

**Nominalskala**

Diese Skala stellt die „niedrigste", elementarste Ebene des Messens dar, eigentlich ist sie die Vorform einer Skala. Den dabei verwendeten Zahlen kommt nur die Eigenschaft zu, daß sie mit sich selbst identisch sind und für bestimmte Kategorien oder Sachverhalte gelten. Beispiele für Erhebungen auf diesem Skalenniveau sind etwa Volkszählungen mit der Einteilung (1) männlich / (2) weiblich /, (1) verheiratet / (2) ledig / (3) verwitwet / (4) geschieden oder das Charakterisieren von Fußballspielern einer Mannschaft durch ihre Rückennummern.

Die möglichen Rechenoperationen auf dieser elementaren Ebene sind das Bilden von Häufigkeiten und Prozentwerten. Wollten wir hier den arithmetischen Mittelwert berechnen, so würden wir den Zahlen Eigenschaften unterstellen, die sie auf diesem Niveau nicht besitzen.

Grundsätzlich gibt es keine Sachverhalte, die man nicht auf dem Niveau der Nominalskala messen könnte: Entweder ist ein Phänomen vorhanden (1) oder nicht vorhanden (0). Sobald wir entscheiden können, ob ein Phänomen oder Objekt in eine von zwei oder mehreren Kategorien eingeordnet werden kann, dann messen wir auf dem Niveau der Nominalskala.

Die Zahlen auf dem Niveau der Nominalskala werden bestimmten Kategorien zugeordnet, wobei die Zahlen nicht über eine bestimmte Ordnung der Kategorien informieren.

**Rang- oder Ordinalskala**

Betrachten wir nun einmal eine Kategorie, z. B. die Gruppe (1) männlich, dann können wir die Personen dieser Gruppe nach bestimmten Kriterien in eine Ordnung bringen; so könnten wir eine Dame bitten, die Personen nach ihrer männlichen Ausstrahlung in eine Reihe zu ordnen, wobei der am männlichsten wirkende den Rangplatz 1, der nach ihm den Rangplatz 2 usw. erhält. Wir würden bei dieser Einstufung/Messung nun Zahlen verwenden, die neben dem Postulat der Identität auch noch die Eigenschaft besitzen, über eine Ordnung zu informieren. Wir messen im Vergleich mit dem Nominalskalenniveau demnach genauer; allerdings informieren uns die Zahlen keinesfalls über die Abstände, welche zwischen ihnen bestehen. So sagt uns das grobe Meßergebnis: 1., 2., 3. Platz bei einer sportlichen Disziplin nichts über die Abstände zwischen diesen Plätzen aus; dies kann anhand des Zahlenstranges verdeutlicht werden: Es ist einleuchtend, daß Zahlen des Rangskalenniveaus nicht einfach addiert werden können, da die Abstände zwischen ihnen nicht konstant sind. Dies kann am Bild eines Zahlenstranges gut demonstriert werden:

Addiert man hier die Strecken 0 bis 2 mit Hilfe eines Zirkels zur Zahl 4, dann kommt man zu einem Wert über 7; dies zeigt, daß statistische Techniken, bei denen die Rangzahlen addiert werden, zu sinnlosen Werten führen.

Die Phänomene, welche auf dem Rangskalenniveau gemessen werden können, gleichen einander im Hinblick auf das beobachtete Merkmal; sie unterscheiden sich aber in der Ausprägung des Merkmals (Intensität, Größe). Im Vergleich zu den Messungen auf dem Nominalskalenniveau erhalten wir bei der Rangskala mehr Informationen. Viele Messungen psychischer und sozialer Sachverhalte werden auf diesem Skalenniveau durchgeführt.

**Intervall- oder Einheitsskala**

Sind die Messungen auf dem Nominal- und Rangskalenniveau mehr ordnend und qualifizierend, dann haben wir bei der Intervallskala die erste quantifizierende Skala im engeren Sinne vorliegen. Die nun verwendeten Zahlen besitzen eine weitere Eigenschaft: Die Abstände zwischen den einzelnen Skalenwerten sind nun konstant. Ein Mangel der Rangskala ist damit behoben; wir wissen nicht nur, daß a größer als b ist, sondern auch, wie groß diese Distanz ist. Beispiele für Messungen auf dieser Ebene sind: Bestimmung des Intelligenzquotienten, die Raumtemperatur in Grad Celsius oder Fahrenheit und die Angabe der Kalenderzeit. Die Einheiten der jeweiligen Meßskala werden operational festgelegt; so ist beispielsweise 1 Grad Celsius als der hundertste Teil der Temperaturdifferenz zwischen dem Gefrier- und Siedepunkt des Wassers unter bestimmten Bedingungen definiert. Das bedeutet allerdings, daß diese Skalen keinen absoluten Nullpunkt besitzen, auf den wir die Skalenwerte beziehen können. Wir müssen deshalb bei der Interpretation von Proportionen vorsichtig sein, um nicht sinnlose Folgerungen zu entwickeln: Jemand mit einem Intelligenzquotienten von 120 ist keinesfalls doppelt so intelligent wie jemand mit einem IQ von 60. Man kann auch nicht ernsthaft behaupten, daß es bei 30° Celsius doppelt so heiß sei wie bei einer Temperatur von 15° Celsius. Dies läßt sich leicht durch eine Umrechnung dieser Werte in Grad Fahrenheit demonstrieren. Die entsprechende Umrechnungsformel lautet:

$$x° \text{ Celsius} = \left(32 + \frac{9}{5} \cdot x\right)° \text{ Fahrenheit}$$

Setzen wir nun 0, 15 und 30 Grad Celsius in diese Formel ein, dann erhalten wir folgende Werte:

| 0° | 15° | 30° | Celsius entsprechen |
| 32° | 59° | 86° | Fahrenheit. |

Eine Temperatur von 30° erscheint auf der Celsiusskala als doppelt so warm wie eine von 15°; auf der Fahrenheitskala ist die gleiche Temperatur aber nur 1,46mal so warm. Das Verhältnis der Skalenabstände zueinander ist aber konstant, wie folgende Rechnungen zeigen:

$$\frac{15-0}{30-15} = \frac{59-32}{86-59} = 1$$

Auf diesem Skalenniveau können wir mit einer konstanten Zahl multiplizieren und dividieren, die Skalenwerte addieren und deshalb auch einen arithmetischen Mittelwert und ähnliche statistische Kennwerte berechnen. Wie unser Beispiel mit den Temperatur- und Intelligenzwerten zeigt, können wir keine Proportionen bilden; hierzu wäre ein absoluter Nullpunkt erforderlich, den dieses Meßniveau nicht besitzt.

**Verhältnisskala**

Bei der Verhältnisskala (absolute Skala, Ratioskala) bewegen wir uns auf dem „höchsten" und informationsstärksten Meßniveau. Diese Skala besitzt neben den Eigenschaften der Intervallskala (Identität, Ordnung, Konstanz der Abstände/Additivität) noch einen absoluten Nullpunkt. Erst auf diesem Niveau sind alle mathematischen Operationen sinnvoll anwendbar und Messungen im physikalischen Sinn möglich. Praktische Beispiele für Verhältnisskalen sind die meisten physikalischen Skalen, mit denen Länge, Gewicht, Zeit, Volumen usw. gemessen werden. Die Verhältnisskalen spielen allerdings in den empirischen Sozialwissenschaften praktisch keine Rolle, da dieses Meßniveau nur selten erreicht wird.

Die Betrachtung der einzelnen Meßskalen mag dem Leser vielleicht etwas spitzfindig erscheinen. Ihre Unterscheidung ist aber sehr wichtig, da auf jedem Skalenniveau nur ganz bestimmte mathematische Operationen und damit nur ganz bestimmte statistische Techniken angewandt werden dürfen. Die Art der Messung schreibt vor, welche statistischen Verfahren angewendet werden dürfen. So ist es auf dem Rangskalenniveau z. B. nur sinnvoll, den Medianwert, Prozentränge oder eine Rangkorrelation zu berechnen, während wir auf dem Intervallskalenniveau unter bestimmten Voraussetzungen den arithmetischen Mittelwert, die Standardabweichung oder andere, informationsstärkere Kennwerte bestimmen können. Wir können allerdings immer die Daten eines höheren Meßniveaus auf ein niedrigeres reduzieren und mit den dafür angemessenen Verfahren bearbeiten; wir arbeiten dann aber ungenauer, weil wir auf die exakten Informationen der Meßwerte verzichten.

Vor jeder Anwendung statistischer Techniken müssen wir uns demnach klar sein, auf welchem Skalenniveau unsere Daten erhoben wurden; diese Entscheidung gehört nicht zum statistischen Handwerkszeug, sondern zur Untersuchungsplanung. An einem konkreten Beispiel soll dies zusammenfassend erläutert werden: Nehmen wir an, wir haben vier Marathonläufer, denen wir die folgenden Startnummern anheften: A – 1, B – 2, C – 3, D – 4. Da wir bestimmten Objekten oder Phänomenen Zahlen zugeordnet haben, handelt es sich nach unserer Definition um einen Meßvorgang. Doch auf welchem Meßniveau arbeiten wir? Wie bestimmt man das Skalenniveau von Daten?

Wir haben zweifellos mindestens auf dem Niveau der Nominalskala gemessen; wir haben nur auf dem Nominalskalenniveau gemessen, wenn es uns nur darum ging, die Läufer zu kennzeichnen, um sie schneller aus großer Entfernung identifizieren zu können. Wir hätten ihnen auch ganz andere Zahlen zu diesem Zweck zuordnen können; die Information, daß es sich um vier verschiedene Läufer handelt, wäre davon unberührt geblieben.

Sollte man bei der Nummernvergabe aber noch andere Aspekte berücksichtigt haben, sollte z. B. damit ausgedrückt werden, daß der Verantwortliche für die Nummernverteilung damit seine Favoriten in eine Rangfolge gebracht hat, dann handelt es sich um Daten, die auf dem Ordinalskalenniveau gemessen wurden; man kann bei diesem Beispiel die Zahlen nicht mehr vertauschen oder abändern.

Auf dem Intervallskalenniveau würde die Vergabe der Nummern nicht nur über die erwartete Reihenfolge im Ziel informieren, sondern auch Angaben über die Größe der Leistungsunterschiede zwischen den Läufern machen. Der Abstand zwischen Läufer A und B wäre demnach genauso groß wie der zwischen B und C bzw. zwischen C und D.

Wenn die Nummernvergabe nun auch noch etwas über das Leistungsverhältnis der Läufer zueinander aussagen würde, wie etwa A läuft doppelt so schnell wie B, dreimal so schnell wie C und viermal so schnell wie D, dann hätten wir auf dem Niveau der Verhältnisskala gemessen.

Mit diesem Beispiel sollte demonstriert werden, daß es bei der Festlegung der Skalenart darauf ankommt, was man mit der Messung/ Quantifizierung ausdrücken will. Die Gründe, nach denen man bestimmten Objekten und Phänomenen Zahlenwerte zuordnete, gehören nicht zu den statistischen Methoden, entscheiden aber darüber, mit welchen Techniken sinnvolle Ergebnisse erzielt werden können. Wir müssen stets beachten, daß unsere Meßwerte in der Regel nicht Zahlen im (gewohnten) mathematischen Sinne sind, mit denen alle bekannten Operationen sinnvoll durchgeführt werden können! Ihre statistische Weiterverarbeitung ist abhängig von den Eigenschaften der erhobenen Daten.

Solange man sich der Modellhaftigkeit der einzelnen statistischen Verfahren bewußt bleibt, ist das Messen psychischer und sozialer Phänomene und deren weitere statistische Verarbeitung ein geeignetes Werkzeug für die sozialwissenschaftliche Forschung. Beschreibt man sozialpsychologische Erscheinungen mit Hilfe von Zahlen, dann gewinnt man auch die Möglichkeit, die Untersuchungsergebnisse durch exakte, mathematische Operationen weiter verarbeiten zu können. Dadurch lassen sich wissenschaftliche Hypothesen auf eine Form übertragen, die einer genaueren Überprüfung zugänglich ist. Mit Hilfe der Statistik kann man versuchen, die soziale Realität in der genauesten menschlichen Sprachform abzubilden; diese besteht in der Sprache aus Zahlen. Die dargestellten unterschiedlichen Meßniveaus stellen in diesem Sinne verschiedene Ebenen der „sprachlichen" Differenziertheit dar.

Im Rahmen der vorliegenden Arbeit kann nur eine begrenzte Auswahl der vorhandenen statistischen Verfahren vorgestellt werden. Die Auswahl richtet sich nach der Brauchbarkeit der einzelnen Techniken für Fragestellungen der sozialpädagogischen Berufs- und Forschungspraxis. Der umfassend interessierte Leser sei auf die breit angelegten Arbeiten von *Bortz* (1993), *Fröhlich* und *Becker* (1972), *Lienert* (1973) und *Sachs* (1990) verwiesen.

Den Gesamtbereich der praxisbezogenen Statistik können wir grob in zwei Bereiche einteilen: beschreibende und prüfende Statistik. Bei der **beschreibenden Statistik** geht es um die möglichst übersichtliche und anschauliche Darstellung von Untersuchungsergebnissen in tabellarischer und graphischer Form oder um ihre konzentrierte Beschreibung durch statistische Kennwerte (Mittelwerte, Streuungswerte, Korrelationskoeffizienten). Die **Prüfstatistik** hat eine andere Aufgabe: Mit ihren Verfahren entscheidet man über das Schicksal der Nullhypothese, d.h. ob wir beobachtete Unterschiede als rein zufällig oder signifikant betrachten müssen.

In einem weiteren Abschnitt werden wir versuchen, die behandelten Methoden auf ihre Anwendbarkeit bei der Einzelfallbetreuung zu überprüfen. Dieser Bereich der Statistik dürfte vor allem für den selbstkritisch arbeitenden Praktiker im sozialpädagogischen Feld interessant sein.

## 3.2 Verfahren der beschreibenden Statistik für „univariable" Verteilungen

Mit den Techniken der beschreibenden („deskriptiven") Statistik versuchen wir die erhobenen Meßwerte einer Untersuchung zu ordnen und möglichst anschaulich darzustellen oder durch typische Kennwerte zu charakterisieren.

Betrachten wir gleich ein konkretes Übungsbeispiel. Wir haben bei einer Untersuchung an 36 Studierenden die folgenden Daten erhoben:
1. Geschlecht
2. Alter in Jahren
3. Interessenbereiche in einer Rangreihe (1: am interessantesten bis 7: am wenigsten interessant):

# 3 Das ungeliebte Handwerkszeug: Die statistischen Techniken

| | 1 | 2 | 3 | 4 | 5 | 6 | 7 | 8 | 9 | 10 | 11 | Nummer des Untersuchungsprotokolls ........ | 35 | 36 | Gesamt n = 36 | Geschlecht w | Geschlecht m |
|---|---|---|---|---|---|---|---|---|---|---|---|---|---|---|---|---|---|
| **Geschlecht:** | | | | | | | | | | | | | | | | | |
| weiblich: | / | / | / | / | / | | / | / | / | / | / | . . . . . . . | | | 20 | 20 | – |
| männlich: | | | | | | | | | | | | . . . . . . . | / | / | 16 | – | 16 |
| **Alter:** | | | | | | | | | | | | | | | | | |
| 18 Jahre | / | | | | | / | | | | | | | | | 2 | 2 | – |
| 19 | | | / | / | / | | | | | | / | | | / | 5 | 3 | 2 |
| 20 | | / | | | / | / | | | / | | | | / | | 6 | 4 | 2 |
| 21 | | | | | | | / | | | | | | | | 9 | 4 | 5 |
| 22 | | | | | | | | | | | | | | | 6 | 3 | 3 |
| 23 | | | | | | / | | | | | | | | | 3 | 1 | 2 |
| 24 | | | | | | | | | | | | | | | 2 | 1 | 1 |
| 25 | | | | | | | | | | | | | | | 2 | 1 | 1 |
| keine Angabe | | | | | | | | | | | | | | | 1 | 1 | – |
| **Interessenbereiche: Politik: Rangplatz 1** | | . | | | | | | | | | | | | | 0 | – | – |
| 2 | | | | | | | | | | | | | / | | 1 | – | 1 |
| 3 | | | | | / | | | | | | | | | | 3 | 1 | 2 |
| 4 | / | | | | | | | | | | | | | | 7 | 3 | 4 |
| 5 | | | | | | | | / | | | | | | | 8 | 3 | 5 |
| 6 | / | | / | | | / | | | / | | | | | / | 8 | 6 | 2 |
| 7 | | / | | | / | | / | / | | | | | | | 9 | 7 | 2 |
| **Religion: Rangplatz 1** | | | | | | | | | | / | | | | | 2 | 2 | – |
| 2 | | | | | | | / | | | | | | | | 3 | 3 | – |
| 3 | / | | | / | | / | | | | | | | / | | 4 | 2 | 2 |
| 4 | | | | / | | | | | | | | | | | 7 | 5 | 2 |
| 5 | | | | | | | / | / | | | | | | / | 5 | 3 | 2 |
| 6 | | / | | | / | | | | | | | | | | 7 | 2 | 5 |
| 7 | / | | | | | | | | | | | | | | 8 | 3 | 5 |

**Abb. 2** Strichliste der Untersuchungsergebnisse (Ausschnitt).

( ) Politik　　　( ) Religion　　( ) Kunst　　( ) Unterhaltung
( ) Familie　　　( ) Sport　　　( ) Studium/Beruf
4. Intelligenzquotient (durch Test).

Nach der Erhebung liegen die Daten in ungeordneter und wenig informativer Form vor. Wir müssen sie zuerst ordnen; dies geschieht am besten, wenn wir diese „Urliste" in eine Strichliste übertragen, aus der wir dann anschließend die Häufigkeitstabelle erstellen können. Bei größeren Untersuchungen empfiehlt sich die Verarbeitung der Daten mit Hilfe eines Statistik-Computerprogramms. Im Kapitel 6.4 finden Sie eine Einführung in das weltweit verbreitete Statistikprogramm SPSS/PC+, so daß die in diesem Buch beschriebenen Verfahren auch mit Computerhilfe durchgeführt werden können.

Einen Auszug aus der Strichliste zeigt Abbildung 2; die Untersuchungsprotokolle wurden durchnumeriert und ihre Daten entsprechend auf die Strichliste übertragen, so daß wir ein geordnetes Abbild der Ergebnisse erhalten aus dem wir dann die entsprechenden Tabellen, Graphiken und Kennwerte entwickeln können. Wenn Sie bisher das Buch aufmerksam gelesen haben, dann ist Ihnen sicher aufgefallen, daß die erhobenen Daten auf unterschiedlichen Skalenniveaus gemessen wurden. Die weitere statistische Bearbeitung muß die Eigenarten der jeweiligen Meßebene berücksichtigen.

### 3.2.1 Techniken der beschreibenden Statistik für das Nominalskalenniveau

Die geschlechtsspezifische Zusammensetzung der Stichprobe war bei unserem Beispiel eine Messung auf dem Nominalskalenniveau. Wir können das Ergebnis nun mit einer Häufigkeitstabelle oder einer graphischen Darstellung beschreiben.

### 3.2.1.1 Häufigkeitstabellen

Die erforderlichen Daten für die Häufigkeitstabellen können wir unmittelbar der Strichliste entnehmen:

**Tabelle 1** Geschlechtsspezifische Gliederung der untersuchten Stichprobe (n = 36).

|  | Absolute Häufigkeit f | Prozentuale Häufigkeit f% |
|---|---|---|
| (1) männlich | 16 | 44,4 |
| (2) weiblich | 20 | 55,6 |

Beim Vergleich von Ergebnissen, die an unterschiedlich großen Stichproben gewonnen wurden, ist es oft günstig, die **absoluten Häufigkeiten** (f) in **prozentuale Häufigkeiten** (f%) umzurechnen. Die entsprechende Formel dafür lautet:

$$f\% = \frac{f}{n} \cdot 100 \qquad (1)$$

Dabei bedeutet n die Anzahl der untersuchten Personen oder Objekte (Stichprobengröße) und f die beobachtete, absolute Häufigkeit.

Allerdings ist es nicht empfehlenswert, bei allzu kleinen Stichproben die Prozentwerte zu bestimmen, da bei dieser „Hochrechnung". dann Gruppenunterschiede entstehen, welche der Aussagekraft der Daten nicht entsprechen. Haben wir beispielsweise nur 5 Personen untersucht, davon waren zwei ledig und drei verheiratet, dann wären die entsprechenden Prozentwerte 40 und 60!

Bei der tabellarischen Darstellung kann man gleichzeitig natürlich auch mehrere Dimensionen berücksichtigen, wie die geschlechts- und altersspezifische Aufteilung unseres Untersuchungsergebnisses zeigt (Tab. 2).

**Tabelle 2** Beispiel einer zweidimensionalen Häufigkeitstabelle/„Kreuztabelle" (Prozentwerte in der Klammer).

|  | Alter | |
|---|---|---|
|  | unter 21 Jahren<br>f (f%) | ab 21 Jahren<br>f (f%) |
| männlich | 4 (11,4) | 12 (34,3) |
| weiblich | 9 (25,7) | 10 (28,6) |

Als Rechenkontrolle ist immer empfehlenswert, die Zeilen- und Spaltensummen zu addieren; ihre Summe muß bei den absoluten Häufigkeiten stets zu n, bei den Prozentwerten stets zu 100 führen. Bei unserem Beispiel reduziert sich n auf 35, weil wir einmal keine Angaben erhielten.

### 3.2.1.2 Graphische Darstellungen

Bei unserem einfachen Beispiel erlauben die Häufigkeitstabellen eine schnelle Information. Liegen mehrere Kategorien vor, dann ist es häufig sehr anschaulich, die Daten graphisch darzustellen. Eine graphische Darstellung ist das optische Bild einer Datenmenge oder ihres

## 3.2 Verfahren der beschreibenden Statistik für „univariable" Verteilungen

mathematischen Zusammenhanges. Die Meßwerte stehen dabei in einem eindeutigen Zusammenhang mit Punkten, Strecken, Flächen oder Körpern.

Die Meßwerte des Nominalskalenniveaus sind nur durch ihre Häufigkeit in den einzelnen Merkmalsgruppen gekennzeichnet. Für die graphische Darstellung ist deshalb auch nur die Dimension der Häufigkeit erforderlich. Die einschlägigen graphischen Darstellungsformen des Nominalskalenniveaus sind das Streifen- und das Kreisdiagramm.

Beim *Säulen- oder Streifendiagramm* dient die senkrechte Achse (Y-Achse, Ordinate) als Maßstab der absoluten (f) oder prozentualen (f%) Häufigkeiten. Die waagerechte Achse (Abszisse, X-Achse) dient als Ebene, auf welcher die Streifen als Symbol der einzelnen Kategorien in entsprechender Länge aufgetragen werden. Abb. 3 zeigt die Daten der Tabelle 2 im Streifendiagramm.

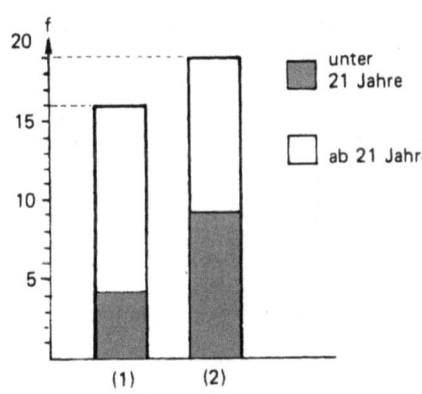

**Abb. 3** Beispiel eines Streifendiagramms aus Tabelle 2 (n = 35).

Da zwischen den einzelnen Kategorien des Nominalskalenniveaus keine Übergänge bestehen, ihre Reihenfolge auch beliebig ist, werden die Streifen/Balken getrennt voneinander eingezeichnet.

Zu jeder graphischen Darstellung gehören folgende Angaben:
- knappe Über- oder Unterschrift
- genaue Angabe der Skaleneinheit (f oder f%)
- Erklärung der Bedeutung der einzelnen Streifen („Legende")
- Angabe der Stichprobengröße

Das *Kreisdiagramm* eignet sich ebenfalls recht gut zur graphischen Darstellung qualitativer Daten. Die Kategorien erhalten entsprechend ihrer Häufigkeit einen ganz bestimmten Kreisausschnitt, der durch den jeweiligen Zentriwinkel $\alpha$ bestimmt wird. Die Formel zur Berechnung des Zentriwinkels lautet

bei absoluten Häufigkeiten: $\alpha° = \dfrac{f}{n} \cdot 360°$ (2a)

bei Prozentwerten: $\alpha° = 3{,}6 \cdot f\%$ (2b)

Wollen wir das Kreisdiagramm der Tabelle 2 erstellen, dann müssen wir die entsprechenden Häufigkeiten der einzelnen Kategorien in Formel 2 einsetzen. Wir erhalten

für die Kategorie (1) männlich

unter 21 Jahren: $\alpha° = \dfrac{4}{35} \cdot 360° = \underline{\phantom{0}41{,}1°}$

ab 21 Jahre: $\alpha° = \dfrac{12}{35} \cdot 360° = \underline{123{,}4°}$

$\phantom{ab 21 Jahre: \alpha° = \dfrac{12}{35} \cdot 360° = }164{,}5°$

für die Kategorie (2) weiblich

unter 21 Jahren: $\alpha° = \dfrac{9}{35} \cdot 360° = \phantom{0}92{,}6°$

ab 21 Jahre: $\alpha° = \dfrac{10}{35} \cdot 360° = \underline{102{,}9°}$

$\phantom{ab 21 Jahre: \alpha° = \dfrac{10}{35} \cdot 360° = }195{,}5°$

Gesamtsektor (1) \qquad\qquad Gesamtsektor (2)

$\alpha_{(1)} = \dfrac{16}{35} \cdot 360° = 164{,}5° \qquad \alpha_{(2)} = \dfrac{19}{35} \cdot 360° = 195{,}4°$

Winkel (1) und Winkel (2) = $164{,}5° + 195{,}4° = 360°$.

Wir übertragen diese Daten mit Hilfe eines Winkelmessers in das Kreisdiagramm:

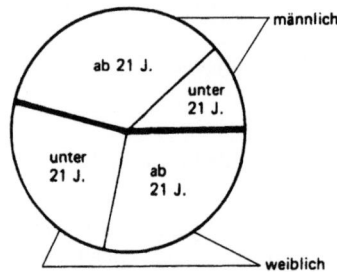

**Abb. 4** Kreisdiagramm der geschlechts- und altersspezifischen Zusammensetzung der Stichprobe (n = 35).

Durch zusätzliche farbige oder zeichnerische Ausschmückungen kann das Kreisdiagramm noch ansprechender gestaltet werden. Bei einer zu großen Anzahl an Kategorien werden die einzelnen Sektoren häufig sehr klein, das Kreisdiagramm verliert dadurch seine Übersichtlichkeit und sollte dann nicht mehr zur Beschreibung angewandt werden.

### 3.2.1.3 Statistische Kennwerte

Die Messungen auf dem Nominalskalenniveau erlauben keine Berechnung von statistischen Kennwerten im engeren Sinn. Wir können lediglich die Häufigkeiten in den einzelnen Kategorien auszählen, ihre Prozentwerte bestimmen und damit angeben, welche Kategorie am häufigsten oder am seltensten beobachtet wurde. Der am häufigsten beobachtete Wert einer Meßskala wird als *Modus* oder *Dichtemittel* bezeichnet und stellt das einfachste Mittel der zentralen Tendenz einer Verteilung dar. Er kann zur groben Information auch auf den anderen Skalenniveaus angewandt werden.

## 3.2.2 Techniken der beschreibenden Statistik für das Rangskalenniveau

Die Zahlen mit denen wir auf diesem Skalenniveau arbeiten besitzen die Eigenschaften, daß sie neben der Identität auch noch über die Ordnung (Reihenfolge oder Richtung) informieren; die Abstände zwischen den einzelnen Rangplätzen sind allerdings nicht konstant.

Bei unserem Übungsbeispiel ordneten die Studierenden sieben Wertebereiche nach ihrem Interessantheitsgrad. Die statistischen Auswertungsmöglichkeiten der vollständigen Datenliste werden in den folgenden Abschnitten an einzelnen Beispielen demonstriert.

### 3.2.2.1 Häufigkeitstabellen

Tabelle 3 zeigt die Häufigkeitstabelle der 7 eingestuften Bereiche. Natürlich kann man die Tabelle weiter aufspalten (Kreuztabellen bilden); dabei müssen wir uns aber immer überlegen, ob die gewählte Darstellungsform auch anschaulich und klar ist.

Neben der absoluten Häufigkeit (f) und der prozentualen Häufigkeit (f%) können wir ab dem Rangskalenniveau auch noch die *kumulierte* Häufigkeit $f_{cum}$ (und $f_{cum}\%$) berechnen. Diese „Summenverteilung" informiert darüber, wieviele Personen bis zu (einschließlich)

**Tabelle 3** Absolute und kumulierte Häufigkeiten der subjektiven Rangreihenbildung verschiedener Interessenbereiche.

| Rang X | Politik f | $f_{cum}$ | Religion f | $f_{cum}$ | Kunst f | $f_{cum}$ | Unterh. f | $f_{cum}$ | Familie f | $f_{cum}$ | Sport f | $f_{cum}$ | Studium/B. f | $f_{cum}$ |
|---|---|---|---|---|---|---|---|---|---|---|---|---|---|---|
| 1 | 0 | 0 | 2 | 2 | 2 | 2 | 17 | 17 | 10 | 17 | 2 | 2 | 3 | 3 |
| 2 | 1 | 1 | 3 | 5 | 4 | 6 | 10 | 27 | 8 | 18 | 1 | 3 | 9 | 12 |
| 3 | 3 | 4 | 4 | 9 | 3 | 9 | 5 | 32 | 6 | 24 | 4 | 7 | 11 | 23 |
| 4 | 7 | 11 | 7 | 16 | 7 | 16 | 3 | 35 | 3 | 27 | 5 | 12 | 4 | 27 |
| 5 | 8 | 19 | 5 | 21 | 11 | 27 | 0 | 35 | 4 | 31 | 6 | 18 | 0 | 29 |
| 6 | 8 | 27 | 7 | 28 | 6 | 33 | 1 | 36 | 4 | 35 | 10 | 28 | 0 | 29 |
| 7 | 9 | 36 | 8 | 36 | 3 | 36 | 0 | 36 | 1 | 36 | 8 | 36 | 7 | 36 |
| n = | | 36 | | 36 | | 36 | | 36 | | 36 | | 36 | | 36 |

einem bestimmten Rangplatz X liegen. Um $f_{cum}$ zu bestimmen, addieren wir einfach die absoluten Häufigkeiten bis zu dem betreffenden Meßwert X (Rangplatz).

Wollen wir die kumulierten Häufigkeiten unterschiedlich großer Stichproben miteinander vergleichen, dann ist es sinnvoll, die prozentualen kumulierten Häufigkeiten zu berechnen. $f_{cum}\%$ eines Meßwertes wird auch als der *Prozentrang* bezeichnet, weil dieser Wert angibt, wieviel Prozent der Stichprobe bis (einschließlich) zu diesem Meßwert liegen.

### 3.2.2.2 Graphische Darstellungen

Neben dem Kreis- und Säulendiagramm können wir die Ergebnisse ab der Rangskala auch mit dem Histogramm und dem Polygonzug (Liniendiagramm) beschreiben. Unsere X-Achse (Abszisse) wird dabei zu einer gerichteten Skala, auf der die Meßwerte (Rangplätze) aufgetragen werden. Auch wenn wir dabei den Abstand zwischen den Rangplätzen aus Gründen der Übersichtlichkeit konstant halten, müssen wir uns klar darüber sein, daß die ursprünglichen Daten diese Eigenschaft nicht besitzen. Die Y-Achse (Ordinate) wird zum Träger der Häufigkeiten.

Beim *Histogramm* errichten wir – ähnlich wie beim Säulendiagramm – ein Rechteck über dem entsprechenden Meßwert (Rangplatz) bis zur Höhe seiner beobachteten Häufigkeit. Beim *Polygonzug (Liniendiagramm)* verbinden wir die Mitte der jeweiligen Meßwertklassen entsprechend ihrer Häufigkeit mit einer geraden Linie. Dies gilt allerdings nur, wenn wir die absolute Häufigkeit darstellen wollen. Da die *kumulierte Häufigkeit* angibt, wieviel Fälle bis zum Ende des Meßwertes (Grenze zum nächsten Meßwert) liegen, müssen wir bei ihrer Darstellung die Klassengrenzen mit einer Geraden verbinden.

Abb. 5 und 6 zeigen die Histogramme und Polygonzüge für die Interessengebiete „Unterhaltung" und „Studium/Beruf" unseres Übungsbeispiels.

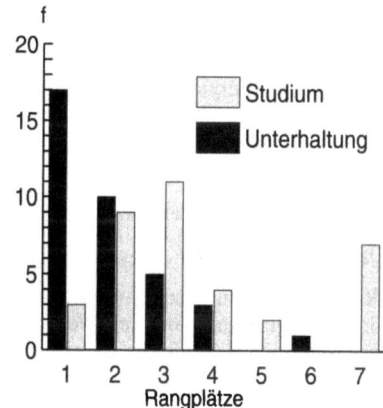

**Abb. 5** Histogramm der Interessengebiete „Unterhaltung" und „Studium" (n=36).

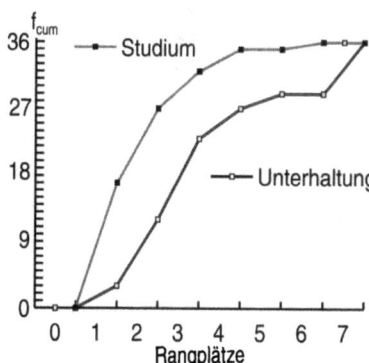

**Abb. 6** Polygonzüge der kumulierten Häufigkeiten für die Bereiche „Unterhaltung" und „Studium".

Wie schon erwähnt, werden die Punkte beim Polygonzug der kumulierten Häufigkeit über den Klassengrenzen (1,5; 2,5; 3,5 usw.) eingezeichnet.

### 3.2.2.3 Statistische Kennwerte

Wollen wir die Untersuchungsergebnisse in konzentrierter Form beschreiben, dann ist es sinnvoll statistische Kennwerte für die Mitte (zentrale Tendenz) und die Breite (Streubreite, Variation) der Meßwerte zu berechnen. Auf dem Rangskalenniveau sind dies der Medianwert Md, die Variationsweite V („range") und der mittlere Quartilabstand mQ. Beschreiben wir die Ergebnisse mit diesen Kennwerten, dann verzichten wir zwar auf die Information über die echten Untersuchungsergebnisse, gewinnen aber klare und übersichtliche Informationen.

**Kennwert für die zentrale Tendenz**

*Der Medianwert Md*

Wir erhalten den Medianwert, wenn wir die einzelnen Meßwerte der Größe nach ordnen und den Wert bestimmen, der die geordnete Meßwertreihe genau halbiert. Er stellt demnach genau die Mitte der Meßwertreihe dar, d.h. bis zu ihm liegen 50 Prozent der Meßwerte und über ihm die anderen 50 Prozent.

Wollen wir den Median *graphisch* bestimmen, dann können wir dies in Abbildung 5b versuchen:

Wir ziehen bei $f_{cum}$ = n/2 (=18) eine waagrechte Linie bis zum Schnittpunkt mit den Polygonzügen und fällen von diesen Schnittpunkten aus das Lot auf die X-Achse. Der Schnittpunkt auf der X-Achse entspricht dem jeweiligen Median. Wenn exakt gezeichnet wurde, dann erhalten wir bei „Unterhaltung" einen Median von 1,6 und bei „Studium" 3,1.

Die schnellere und elegantere Art ist aber die Berechnung des Medians mit Hilfe der entsprechenden Formel. Sie lautet:

$$Md = L_{Md} + \frac{\frac{n}{2} - F}{f} \qquad (3)$$

wobei $L_{Md}$ die Klassengrenze des Medianbereichs darstellt, n die Stichprobengröße, F die Anzahl der Fälle bis zum Beginn des Md-Bereiches und f die Anzahl der Fälle im Md-Bereich.

Für den Bereich „Unterhaltung" suchen wir zuerst in Tabelle 3 in der Spalte $f_{cum}$ die Rangklasse in die unser Median fallen muß. Da wir bis zur Klassengrenze des Rangplatzes 1 schon 17 Fälle und bis zum Ende des Rangplatzes 2 schon mehr als n/2 = 18 Fälle, nämlich 27 beobachten, muß unser Median zwischen 1,5 (Beginn des Md-Bereichs) und 2,5 (Ende des Md-Bereichs) liegen.

L ist demnach 1,5; bis zum Md-Bereich liegen 17 Meßwerte (= F), im Md-Bereich 10 (= f). Wir setzen die Werte in die Formel ein und erhalten:

$$Md = 1{,}5 + \frac{\frac{36}{2} - 17}{10} = \underline{1{,}6}$$

Der Medianwert beschreibt nur einen Aspekt der Verteilung unserer Meßwerte: die zentrale Tendenz, d. h. den Punkt der Meßwertreihe, der die geordneten Daten genau halbiert. Um die Untersuchungsdaten exakter zu beschreiben benötigen wir darüber hinaus einen Kennwert, der uns darüber informiert, wie eng/weit die einzelnen Meßwerte um den Mittelwert (Median) liegen. Diese Informationen vermitteln die Variationsweite und der mittlere Quartilabstand.

### Kennwerte für die Streubreite

*Variationsweite, Interquartilbereich, mittlerer Quartilabstand*

Der einfachste Index für die Streuung der einzelnen Meßwerte ist die *Variationsweite* (Streubreite, „range") V, welche die Differenz zwischen dem größten ($X_{max}$) und kleinsten ($X_{min}$) Meßwert angibt:

Variationsweite $V = X_{max} - X_{min}$ (4)

Für unsere Beispiele „Unterhaltung" und „Studium" wäre V = 6 - 1 = 5 bzw. 7 - 1 = 6, d. h. die Werte beim Bereich „Studium" haben eine größere Variation (sind weiter vom Median entfernt).

Die Variationsweite V beinhaltet allerdings nur wenig Information und kann sehr leicht durch zufällige Extremwerte verzerrt/vergrößert werden. Deshalb berechnen wir in der Regel den Bereich, in dem die durchschnittlichen Meßwerte liegen. Als *Durchschnitt* verstehen wir auf dem Rangskalenniveau die mittleren 50 Prozent der Meßwerte.

Wir können problemlos unsere Meßwertreihe (alle X-Werte) ordnen und in vier gleich große Bereiche (Quartile) einteilen. In jedem Quartil befinden sich demnach 25 Prozent der Meßwerte.

$Q_1$ wäre demnach der Bereich, bis zu dem sich 25 % der niedrigsten Meßwerte befinden; bis $Q_2$ (=Md) befinden sich demnach 50 % der geordneten Meßwerte, bis $Q_3$ 75 und bis $Q_4$ 100 % der Messungen.

Der *Interquartilbereich* („*Interquartilrange*", IQR) ist der Bereich zwischen $Q_3$ und $Q_1$, in dem exakt die durchschnittlichen 50 Prozent der Messungen liegen.

Zur Beschreibung der Meßwertstreuung hat sich aber nicht der Interquartilbereich durchgesetzt, sondern wir berechnen meist als relativ informationsstarkes Maß für die Variation der Meßwerte den *mittleren Quartilabstand* (*mQ*). Dabei wird der IQR gemittelt, also durch 2 dividiert. Die Formel lautet deshalb:

$$mQ = \frac{Q_3 - Q_1}{2} \tag{5}$$

Zur Bestimmung der $Q_3$- und $Q_1$- Werte können wir wiederum den Weg über die graphische Abbildung der kumulierten Häufigkeit oder die Berechnung durch die Formel wählen. Wollen wir die Quartile graphisch bestimmen, dann müssen wir bei ³/₄ n, bzw bei ¹/₂ n die Waagrechte bis zum Schnittpunkt des Polygonzugs der kumulierten Häufigkeit ziehen und von dort aus das Lot auf die X-Achse fällen. Der Schnittpunkt entspricht $Q_3$ bzw. $Q_1$. Zur Berechnung von $Q_3$ und $Q_1$ müssen wir lediglich die Formel für die Berechnung des Medians auf die Situation von $Q_3$ und $Q_1$ übertragen:

$$Q_3 = L_{Q_3} + \frac{3\frac{n}{4} - F_{Q_3}}{f_{Q_3}} \quad \text{und} \quad Q_1 = L_{Q_1} + \frac{\frac{n}{2} - F_{Q_1}}{f_{Q_1}} \tag{6/7}$$

Wir setzen die entsprechenden Werte für $Q_3$ beim Bereich „Unterhaltung" ein und erhalten:

$$Q_3 = 1,5 + \frac{3\frac{36}{4} - 17}{10} = 2,5 \quad Q_1 = 0,5 + \frac{\frac{36}{4} - 0}{17} = 1,03$$

Im Bereich zwischen 1,03 und 2,5 befinden sich demnach die mittleren 50 Prozent unserer Meßwerte (IQR). Wir setzen die Werte in die Formel für den mittleren Quartilabstand ein und erhalten:

$$mQ = \frac{2,5 - 1,03}{2} = 0,74$$

Wenn wir dies für alle eingestuften Bereiche durchführen, dann wird die etwas unübersichtliche Tabelle 3 auf Md und mQ konzentriert und damit übersichtlicher gestaltet (Tabelle 4).

Dieser konzentrierten Beschreibung der Untersuchungsergebnisse können wir entnehmen, daß unsere Befragten den Bereich „Unterhal-

**Tabelle 4** Median und mittlerer Quartilabstand der Einstufung verschiedener Interessengebiete in Rangreihen (1: am interessantesten; n=36).

|    | Politik | Religion | Kunst | Unterh. | Familie | Sport | Studium/B. |
|----|---------|----------|-------|---------|---------|-------|------------|
| Md | 5,38    | 4,90     | 4,68  | 1,60    | 2,50    | 5,50  | 3,05       |
| mQ | 1,15    | 1,43     | 1,00  | 0,74    | 1,55    | 1,25  | 1,17       |

tung" als deutlich am interessantesten einstuften; ihm folgen „Familie" und „Studium/Beruf". Am Ende der Interessantheitsskala liegen „Politik" und „Religion". „Kunst" wird ebenfalls als eher uninteressant eingestuft, wobei sich die Befragten hier recht einig sind (mQ=1,0). Die größte Übereinstimmung zeigen sie bei der Einstufung des Bereichs „Unterhaltung" (mQ=0,74); die größen Unterschiede bei den Bereichen „Familie" und „Religion" (mQ am größten).

Natürlich könnten wir diese Tabelle auch noch graphisch darstellen.

Die verwendeten Formeln zur Berechnung von Md, Q1 und Q3 sind immer geeignet, wenn wir die ursprünglichen Meßwerte verrechnen; wurden diese Werte zu Intervallen (i = Intervallgröße) zusammengefaßt, dann müssen wir dies bei den Formeln berücksichtigen und den jeweiligen Bruch mit i multiplizieren.

Vielleicht haben Sie sich bei den Rechnungsbeispielen gefragt, warum wir nicht den bekannteren arithmetischen Mittelwert berechnet haben. Dies liegt daran, daß unsere Meßwerte auf dem Rangskalenniveau erhoben wurden, das arithmetische Mittel erfordert allerdings Messungen auf dem Intervallskalenniveau und eine möglichst „normale" (symmetrische) Verteilung der Werte, um sinnvoll über die zentrale Tendenz zu informieren.

### 3.2.3 Techniken der beschreibenden Statistik für das Intervallskalenniveau

Auf dem Intervallskalenniveau sind die Abstände zwischen den einzelnen Skalenwerten konstant, so daß wir exaktere, anspruchsvollere statistische Techniken anwenden können.

Greifen wir zur Demonstration auf die Meßwerte zurück, die wir bei unserer ersten Erhebung bekamen; auf dem Intervallskalenniveau wurden dabei die Intelligenzquotienten der 36 Studenten ermittelt. Wir erhielten dabei folgende Urliste, die in Abb. 1 nicht enthalten ist.

X:  92, 105, 117, 105, 108, 95, 97, 107, 110, 103, 117, 122, 105, 106, 98, 92, 102, 107, 100, 99, 102, 112, 98, 92, 105, 102, 115, 111, 117, 115, 98, 105, 110, 121, 107, 98.

## 3.2.3.1 Häufigkeitstabellen

Die Darstellung der Untersuchungsergebnisse in Form von Häufigkeitstabellen ist uns ja schon bekannt. Bei unserem Beispiel entsteht allerdings eine Tabelle, die nicht besonders übersichtlich ist (Tab. 5a). In so einem Fall ist es günstig, die einzelnen Meßwerte X in verschie-

**Tabelle 5a** Häufigkeitsverteilung der Intelligenzquotienten einer untersuchten Studentengruppe (n = 36).

| X | f | f · X |
|---|---|---|
| 92 | 3 | 276 |
| 93 | – | – |
| 94 | – | – |
| 95 | 1 | 95 |
| 96 | – | – |
| 97 | 1 | 97 |
| 98 | 4 | 392 |
| 99 | 1 | 99 |
| 100 | 1 | 100 |
| 101 | – | – |
| 102 | 3 | 306 |
| 103 | 1 | 103 |
| 104 | – | – |
| 105 | 5 | 525 |
| 106 | 1 | 106 |
| 107 | 3 | 321 |
| 108 | 1 | 108 |
| 109 | – | – |
| 110 | 2 | 220 |
| 111 | 1 | 111 |
| 112 | 1 | 112 |
| 113 | – | – |
| 114 | – | – |
| 115 | 2 | 230 |
| 116 | – | – |
| 117 | 3 | 351 |
| 118 | – | – |
| 119 | – | – |
| 120 | – | – |
| 121 | 1 | 121 |
| 122 | 1 | 122 |

3795 = Σf · X

**Tabelle 5b** Zusammenfassende Häufigkeitstabelle mit der Klassengröße i = 5 ($X_m$ = Intervallmitte).

| X | f | $X_m$ | f · $X_m$ |
|---|---|---|---|
| 91– 95 | 4 | 93 | 372 |
| 96–100 | 7 | 98 | 686 |
| 101–105 | 9 | 103 | 927 |
| 106–110 | 7 | 108 | 756 |
| 111–115 | 4 | 113 | 452 |
| 116–120 | 3 | 118 | 354 |
| 121–125 | 2 | 123 | 246 |
| n = 36 | | | 3793 = = Σf · $X_m$ |

dene Klassen mit der Intervallgröße i zusammenzufassen. Dabei verzichten wir zugunsten der Übersichtlichkeit allerdings auf die genaue Information über die Verteilung der einzelnen Werte innerhalb der einzelnen Klassen! Dies macht sich dann bemerkbar, wenn wir aus den Daten einer zusammenfassenden Häufigkeitstabelle statistische Kennwerte berechnen, die sich dann von denen, die aus der Urliste berechnet wurden, je nach Größe der Intervalle mehr oder weniger stark unterscheiden. Die Größe der Intervalle wird subjektiv festgelegt; man muß dabei einen Kompromiß zwischen Übersichtlichkeit und Informationsverlust schließen. Bei unserem Beispiel fassen wir die Meßwerte in Klassen mit der Intervallgröße i = 5 zusammen. Das Ergebnis zeigt Tabelle 5b.

Vergleichen wir beide Tabellen ohne die Spalten f · X und f · $X_m$ – diese werden zur Berechnung des arithmetischen Mittelwertes benötigt –, dann faßt die Tabelle 5b die Ergebnisse stärker zusammen und erlaubt einen schnelleren Überblick. Allerdings kann man ihr nicht mehr genau die ursprünglichen Meßwerte entnehmen.

### 3.2.3.2 Graphische Darstellungen

Die Darstellungsarten haben wir schon auf dem Rangskalenniveau kennengelernt: Beim *Histogramm* errichten wir über jeder Meßwertklasse ein Rechteck entsprechend der beobachteten Häufigkeit; beim *Polygonzug* stellen wir die absoluten Häufigkeiten so dar, daß wir die Häufigkeiten über den entsprechenden Klassenmitten eintragen und diese Punkte mit einer Geraden verbinden. Bei der Darstellung der kumulierten Häufigkeiten mit dem Polygonzug verbinden wir hingegen die Punkte über den Klassengrenzen miteinander. Abb. 7 stellt die

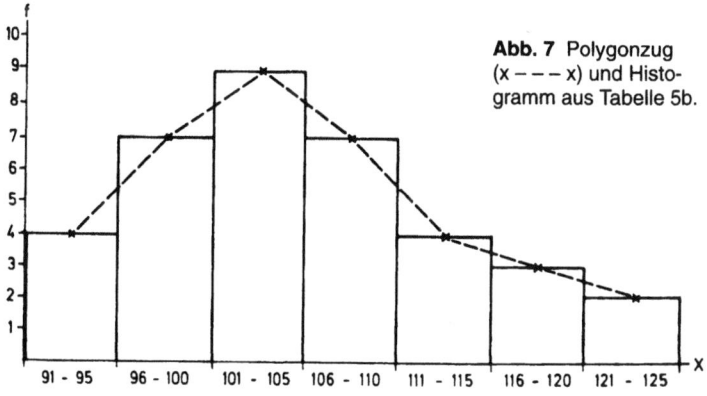

**Abb. 7** Polygonzug (x - - - x) und Histogramm aus Tabelle 5b.

absoluten Häufigkeiten der Tabelle 5b mit Polygonzug und Histogramm dar.

### 3.2.3.3 Statistische Kennwerte

Die einschlägigen statistischen Kennwerte des Intervallskalenniveaus sind der arithmetische Mittelwert ($\bar{x}$) – als Maß der zentralen Tendenz – und die Standardabweichung (s), durch welche die Streuung der Meßwerte um den Mittelwert charakterisiert wird. Beide Werte sind aber sehr empfindlich; streng genommen darf man sie nur berechnen, wenn die untersuchte Stichprobe nicht zu klein ist, die einzelnen Meßwerte symmetrisch um den Mittelwert verteilt und möglichst alle Meßwertklassen belegt sind, so daß extreme Werte keinen verzerrenden Einfluß bei der Berechnung ausüben können. Sind diese Voraussetzungen nicht weitgehend erfüllt, dann werden die Kennwerte verzerrt. In diesem Fall ist es sinnvoller, das Untersuchungsergebnis mit Median und mittlerem Quartilabstand zu charakterisieren.

*Arithmetischer Mittelwert $\bar{x}$*

Der arithmetische Mittelwert stellt den Punkt auf dem Merkmalskontinuum dar, der die Verteilung der Meßwerte (graphisch gesehen) in der Waage hält. Das bedeutet, daß die Summe der Abweichungen der einzelnen Meßwerte X vom arithmetischen Mittelwert sich aufhebt und Null ergeben muß: $\sum(X - \bar{x}) = 0$.

Der Leser kennt die Berechnung des arithmetischen Mittelwertes aus seiner Schulzeit, wenn er seine Endnoten in den einzelnen Fächern berechnete: Er addierte die Einzelnoten im entsprechenden Fach ($\sum X$) und dividierte die Summe durch die Anzahl der Benotungen (n). Die entsprechende Formel lautet:

$$\bar{x} = \frac{\sum X}{n} \tag{8a}$$

Diese Formel gilt immer dann, wenn wir die Meßwerte aus der *Urliste* entnehmen. Entnehmen wir hingegen die Meßwerte aus einer *Häufigkeitstabelle*, dann ist es günstig, diese durch die Spalte f · X zu erweitern und mit der folgenden Formel zu arbeiten:

$$\bar{x} = \frac{\sum f \cdot X}{n} \tag{8b}$$

Beide Formeln führen natürlich zu dem gleichen Mittelwert. Wir setzen die einzelnen Meßwerte der Urliste in Formel 8a ein und erhalten:

## 3.2 Verfahren der beschreibenden Statistik für „univariable" Verteilungen

$$\bar{x} = \frac{92 + 105 + 117 + 105 + \ldots + 121 + 107 + 98}{36} = \frac{3795}{36} = \underline{105{,}42}$$

Wollen wir den Mittelwert aus den Daten der zusammenfassenden Häufigkeitstabelle (Tab. 5b) errechnen, dann verwenden wir als beste Annäherung an die Werte der Urliste die Klassenmitten $X_m$ und setzen diese entsprechend in Formel 8b ein:

$$\bar{x} = \frac{\sum f \cdot X_m}{n} = \frac{3793}{36} = 105{,}36 \approx 105{,}4$$

Bis auf eine kleine Abweichung erhalten wir bei unserem Beispiel den gleichen Wert.

**Tabelle 6** Transformierte Werte zur leichteren Berechnung von $\bar{x}$ und s.

| X | X' | f | f · X' | f ·(X')² | |
|---|---|---|---|---|---|
| 92 | 1 | 3 | 3 | 3 | $\bar{x} = k + \bar{x}'$; $k = 91$ |
| 93 | 2 | – | – | – | |
| 94 | 3 | – | – | – | |
| 95 | 4 | 1 | 4 | 16 | $\bar{x} = \frac{fX'}{n} = \frac{519}{36} = 14{,}42$; |
| 96 | 5 | – | – | – | |
| 97 | 6 | 1 | 6 | 36 | |
| 98 | 7 | 4 | 28 | 196 | $\bar{x} = 91 + 14{,}42 = \underline{105{,}4}$ |
| 99 | 8 | 1 | 8 | 64 | |
| 100 | 9 | 1 | 9 | 81 | |
| 101 | 10 | – | – | – | |
| 102 | 11 | 3 | 33 | 363 | |
| 103 | 12 | 1 | 12 | 144 | |
| 104 | 13 | – | – | – | |
| 105 | 14 | 5 | 70 | 980 | |
| 106 | 15 | 1 | 15 | 225 | |
| 107 | 16 | 3 | 48 | 768 | |
| 108 | 17 | 1 | 17 | 289 | |
| 109 | 18 | – | – | – | |
| 110 | 19 | 2 | 38 | 722 | |
| 111 | 20 | 1 | 20 | 400 | |
| 112 | 21 | 1 | 21 | 441 | |
| 113 | 22 | – | – | – | |
| 114 | 23 | – | – | – | |
| 115 | 24 | 2 | 48 | 1152 | |
| 116 | 25 | – | – | – | |
| 117 | 26 | 3 | 78 | 2028 | |
| 118 | 27 | – | – | – | |
| 119 | 28 | – | – | – | |
| 120 | 29 | – | – | – | |
| 121 | 30 | 1 | 30 | 900 | |
| 122 | 31 | 1 | 31 | 961 | |
| | n = 36 | | 519 | 9769 | |

Bei den vorliegenden, relativ hohen Meßwerten werden die zu verarbeitenden Zahlen groß und unhandlich. Dies zeigt sich vor allem, wenn man die Werte quadrieren muß, wie es bei der Berechnung der Standardabweichung der Fall ist. Man kann sich die Arbeit auf dem Intervallskalenniveau etwas erleichtern: Man kann vor den Berechnungen die Meßwertskala auf kleinere Zahlenwerte reduzieren, indem man von allen Skalenwerten einen konstanten Wert k abzieht und mit diesen Werten dann arbeitet. Den Mittelwert, den wir aus dieser transformierten Tabelle 6 errechnen, müssen wir anschließend wieder zu k addieren. Wir erhalten dadurch den gleichen arithmetischen Mittelwert, wie an unserem Beispiel demonstriert werden kann. Wir wählen hier als Konstante k den Wert 91, da dann unsere transformierte Skala beim Wert $X' = 1$ beginnt.

*Die Standardabweichung s*

Bei der Berechnung der Standardabweichung s geht man von der folgenden Überlegung aus: Je größer die Abstände der einzelnen Meßwerte X vom arithmetischen Mittelwert sind, desto größer ist ihre Streuung. Man kann aber nicht einfach die Summe dieser Abweichungen $\sum(X - \bar{x})$ als einen Kennwert verwenden, da sie definitionsgemäß Null ergibt. Zwei Wege bieten sich hier nun an:

Man berechnet diese Summe unabhängig der Richtungen (des Vorzeichens) der einzelnen Abweichungen, bezieht sie auf die Stichprobengröße und hat damit die *durchschnittliche Abweichung e* berechnet, die heute allerdings keine praktische Bedeutung mehr besitzt. Auf dem anderen Weg kommt man zur wesentlich informationsreicheren Standardabweichung s: Bei ihrer Berechnung werden die einzelnen Abweichungen der Meßwerte vom arithmetischen Mittelwert zuerst quadriert. Dadurch erhält man einerseits nur positive Zahlen, andererseits bleiben kleine Abweichungen klein, größere werden durch das Quadrieren bei der Berechnung verstärkt berücksichtigt. Die Summe der quadrierten Abweichungen $\sum(X - \bar{x})^2$ bezieht man auf die Stichprobengröße, um einen vergleichbaren statistischen Kennwert zu erhalten; dieser Wert wird als *Varianz* $s^2$ bezeichnet. Der gebräuchliche Wert zur Charakterisierung der Streubreite ist nun die Wurzel aus der Varianz, so daß die Formel für die Standardabweichung lautet:

$$s = \sqrt{s^2} = \sqrt{\frac{\sum(X - \bar{x})^2}{n}} \quad * \tag{9a}$$

---
\* In einigen Lehrbüchern der Statistik findet man unter dem Bruchstrich n − 1; diese Vorsichtsmaßnahme ist nur bei sehr kleinen Stichproben zu empfehlen, bei denen die Berechnung von s meist problematisch ist.

## 3.2 Verfahren der beschreibenden Statistik für „univariable" Verteilungen

Diese Formel ist für den praktischen Gebrauch allerdings sehr unhandlich, da meistens Zahlen mit Kommastellen addiert, quadriert und dividiert werden müssen. Sie wurde deshalb umgearbeitet und sieht in ihrer „handlicheren" Form wie folgt aus:

$$s = \sqrt{\frac{\sum X^2}{n} - \bar{x}^2} \qquad (9b)$$

Diese Formel gilt immer dann, wenn die Meßwerte direkt aus der *Urliste* verwendet werden. $\sum X^2$ bedeutet die Summe der quadrierten Einzelmeßwerte und $\bar{x}^2$ den quadrierten Mittelwert, der zur Beschreibung der Ergebnisse sowieso berechnet wird. Wir müssen für unsere Urliste noch die $X^2$-Werte berechnen, wozu wir am besten einen Taschenrechner mit einem einfachen Speicher verwenden, der die Einzelwerte quadriert und im Speicher addiert. Wir erhalten:

$X^2$: 8464, 11025, 13689, 1125, 11664, 9025, 9409, 11449, 12100, 10609, 13689, 14884, 11025, 11236, 9604, 8464, 10404, 11449, 10000, 9801, 10404, 12544, 9604, 8464, 11025, 10404, 13225, 12321, 13689, 13225, 9604, 11025, 12100, 14641, 11449, 9604
$\sum X^2 = 402343$.

Wir setzen in Formel 9b ein und erhalten:

$$s = \sqrt{\frac{402343}{36} - 105{,}42^2} = \sqrt{11176{,}19 - 11113{,}38}$$
$$= \sqrt{62{,}81} = 7{,}9$$

Unser Untersuchungsergebnis ist demnach durch die folgenden statistischen Kennwerte zu charakterisieren:

$$\boxed{\bar{x} = 105{,}4; \quad s = 7{,}9; \quad n = 36}$$

Die Zahlen, mit denen wir bei der Berechnung der Standardabweichung oft arbeiten müssen, sind durch das Quadrieren recht groß; wir können uns die Arbeit etwas erleichtern, wenn wir sie aus der transformierten Tabelle 6 berechnen. Wir setzen die Werte dieser Tabelle in die folgende Formel zur Berechnung der Standardabweichung aus einer Häufigkeitstabelle ein

$$s = \sqrt{\frac{\sum f \cdot X^2}{n} - \bar{x}^2} \qquad (9c)$$

und erhalten:

$$s = \sqrt{\frac{9769}{36} - 14{,}42^2} = \sqrt{271{,}36 - 207{,}94} = \sqrt{63{,}42} = \underline{7{,}9}$$

Zu den berechneten Standardabweichungen müssen wir jetzt keinen konstanten Wert mehr addieren, da sie ja die Streubreite der Meßwerte um den $\bar{x}$ beschreibt, unabhängig davon, wie groß dieser ist. Die gering abweichenden Werte unter der Wurzel entstehen durch die Auf- bzw. Abrundungsfehler bei den Zwischenrechnungen.

Mit der Standardabweichung haben wir einen sehr komplizierten Wert errechnet, dessen Aussagekraft dem Leser wahrscheinlich noch nicht ganz klar ist. Einsichtig ist sicher auch hier, daß je größer die Standardabweichung wird, desto weiter weichen die einzelnen Meßwerte von ihrem Mittelwert ab und umgekehrt. Um die wahre Aussagekraft der Standardabweichung aber verstehen zu können, müssen wir uns ihre Bedeutung innerhalb der *Gauß*schen Normalverteilung etwas deutlicher machen. Dazu ist ein kleiner Exkurs erforderlich:

### 3.2.3.4 Exkurs: Die Gaußsche Normalverteilung

Wir haben uns bisher mit der Beschreibung empirischer Verteilungen beschäftigt. Viele biologische (Größe, Gewicht) und einige psychologische Merkmale (Intelligenz, Extraversion) verteilen sich in der Bevölkerung nach einem symmetrischen, glockenförmigen Bild: Um den arithmetischen Mittelwert herum werden sehr viele Fälle, mit steigender Entfernung immer weniger beobachtet. Die Form der Glockenkurve hängt dabei von der Größe der Standardabweichung ab; bei einer großen wird die Kurve breit und flach, bei einer kleinen Standardabweichung wird sie eng und steil.

In der Mathematik kennt man eine theoretische Verteilung, die *Gauß*sche Normalverteilung, deren Bild diesen glockenförmigen empirischen Verteilungen entspricht und die durch folgende Funktion bestimmt ist:

$$y = f_{(X)} = \frac{1}{s \cdot \sqrt{2 \cdot \pi}} \cdot e^{-\frac{1}{2} \cdot \left(\frac{X - \bar{x}}{s}\right)^2}$$

Die Werte $\pi$ (= 3,1415 ...) und e (2,7182 ...) sind konstant, so daß man nur die relativen Konstanten $\bar{x}$ und s benötigt, um die Kurve konstruieren zu können.

Die *Gauß*sche Normalverteilung besitzt die folgenden Eigenschaften:

– sie ist eingipflig und glockenförmig
– sie ist symmetrisch in bezug auf eine Senkrechte durch $\bar{x}$

## 3.2 Verfahren der beschreibenden Statistik für „univariable" Verteilungen 51

- Modus, Medianwert und arithmetischer Mittelwert fallen zusammen
- sie ist vollständig durch $\bar{x}$ und s bestimmt
- ihre Kurve nähert sich asymptotisch der X-Achse, schneidet sie aber nicht im Endlichen
- ihre Wendepunkte befinden sich im Abstand von einer Standardabweichung vom $\bar{x}$.

Die theoretische *Gauß*sche Normalverteilung – siehe Abb. 8 – stellt nun das statistische Modell für die symmetrischen, empirischen Verteilungen dar. Man kann nun alle Verteilungen, die durch $\bar{x}$ und s charakterisiert sind, auf eine „Einheitsnormalverteilung" – die z-Wert-Verteilung – transformieren; bei dieser Einheitsnormalverteilung werden $\bar{x} = 0$ und $s = 1$ gesetzt. Die Umrechnung der empirischen Meßwerte X in die entsprechenden z-Werte der Einheitsnormalverteilung verläuft nach der Formel:

$$z = \frac{X - \bar{x}}{s} \qquad (10)$$

Dies ist nun keine statistische Spielerei, sondern hat den Vorteil, daß die Flächenanteile, die bis zu den einzelnen z-Werten liegen, berechnet sind und den z-Wert-Tabellen (Tafel 1a/1b im Anhang) entnommen werden können. Mit Hilfe dieser Tabellen können wir einige Fragen schnell und einfach lösen, sofern die zugrunde liegenden empirischen Verteilungen (sinnvoll) durch $\bar{x}$ und s charakterisiert sind.

Wissen wir z. B., daß eine empirische Verteilung durch $\bar{x} = 100$ und $s = 15$ charakterisiert ist, dann können wir durch die z-Wert-Transformation bestimmen, wieviele Personen einer Stichprobe bis zu einem bestimmten Meßwert, z. B. $X_1 = 115$, liegen. Wir setzen in Formel 10 ein und erhalten:

$$z = \frac{115 - 100}{15} = 1{,}00$$

In der Tafel 1b des Anhangs gehen wir nun in der Spalte z bis zum Wert 1,0 und von dort waagerecht zur Spalte 0,00 (1,0 + 0,00 = 1,00 = z), dort entnehmen wir den Wert .841345. Da die Fläche unter der standardisierten Normalverteilung – so wird die Einheitsnormalverteilung auch genannt – gleich 1 ist, bedeutet dies, daß bis zu dem entsprechenden z-Wert 84,1345 Prozent der Gesamtfläche (= Stichprobe) liegen, während 15,8655 Prozent darüber liegen.

Wir können auch genau berechnen, wie groß die Fläche im Bereich $\bar{x} \pm 1 \cdot s$ ist; diese Fragestellung sei an einer Skizze (Abb. 8) veranschaulicht.

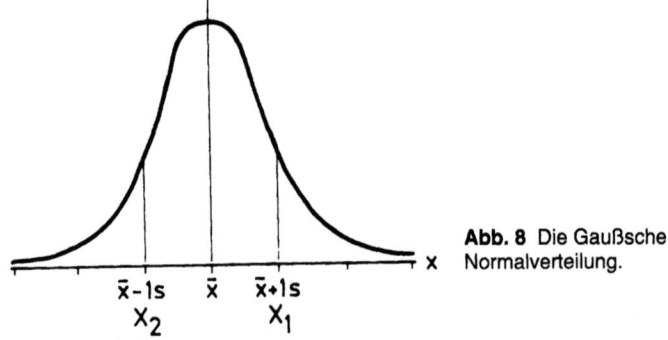

**Abb. 8** Die Gaußsche Normalverteilung.

Wir können dazu die Werte des Beispiels verwenden; wir benötigen zuerst die Fläche bis $X_1 = 100 + 15 = 115$, die wir schon berechnet haben; 84,1345 Prozent; von ihr müssen wir die Fläche bis $X_2 = 100 - 15 = 85$ abziehen. Diese Fläche erhalten wir, wenn wir bei $z = \frac{85 - 100}{15} = -1$ in der Tabelle 1a des Anhangs (Tabelle für die negativen z-Werte) gehen. Wir entnehmen ihr den Wert .158655, der dem Prozentwert 15,8655 entspricht. Unser gesuchter Flächenabschnitt beträgt demnach 84,1345 − 15,8655 = 68,2688 Prozent. Im Bereich $\bar{x} \pm s$ liegen demnach bei allen Normalverteilungen 68,27 Prozent der Fälle. Berechnen wir die Werte für die weiteren Standardwertbereiche, dann erhalten wir folgende Flächenanteile:

$\bar{x} \pm$ s: 68,2688%         $\bar{x} \pm$ 2s: 95,4500%
$\bar{x} \pm$ 3s: 99,7300%       $\bar{x} \pm$ 4: 99,9940%
$\bar{x} \pm$ 5s: 99,99994%

Die Kurve nähert sich demnach sehr bald der X-Achse, so daß die Stichproben schon sehr groß werden müssen, damit Meßwerte zu erwarten sind, die außerhalb $\bar{x} \pm 3s$ liegen: Haben wir eine Stichprobe mit dem Umfang n = 1000, dann fallen nur drei Fälle nicht in diesen Bereich!

Die z-Wert-Transformation besitzt bei der Konstruktion von Ergebnissen *psychologischer Testverfahren* eine große Rolle. Die Tests unterscheiden sich ja in ihren Ergebnissen und den entsprechenden statistischen Kennwerten ($\bar{x}$, s) deutlich voneinander, so daß die Anzahl der richtigen Lösungen bei verschiedenen Testverfahren nicht unmittelbar miteinander verglichen werden kann. Um dies jedoch zu ermöglichen, rechnet man die empirischen Werte auf eine „künstliche" Skala, ähnlich der z-Wert-Transformation um.

Die bekannteste dieser künstlichen Skalen ist die Intelligenzquotienten-(IQ-)Skala, bei welcher die ursprünglichen statistischen Kennwerte der Eichstichprobe auf eine künstliche Skala mit dem Mittelwert $\bar{x} = 100$ und der Standardabweichung $s = 15$ nach der Formel

$$IQ = 100 + 15 \cdot z$$

transformiert werden. Leider hat man sich in der psychologischen Diagnostik nicht auf eine dieser künstlichen Skalen einigen können, sondern es existieren mehrere dieser Skalen, von denen einige in Abb. 9 dargestellt werden. Sie haben alle dasselbe Ziel: Die Einzelmessung soll klar in ihrer Beziehung zur Vergleichsstichprobe dargestellt werden, damit man sie möglichst genau interpretieren kann. Dies soll an einem Beispiel nochmals verdeutlicht werden: Ein Intelligenztest besteht aus insgesamt 180 Aufgaben. Bei der Testeichung zeigt sich, daß die Eichstichprobe der 20jährigen durch $\bar{x} = 92,4$ und $s = 18,4$ charakterisiert ist. Wie kann man nun bei diesem Test die Leistung eines untersuchten 20jährigen interpretieren, der 105 Aufgaben richtig gelöst hat? Grob können wir sagen, daß seine Leistung über dem Durchschnitt liegt. Transformieren wir den erzielten Wert auf die z-Wert-Skala mit Formel 10, dann erhalten wir:

$$z = \frac{105 - 92,4}{18,4} = 0,69;$$ der Tafel 1b des Anhangs entnehmen wir, daß

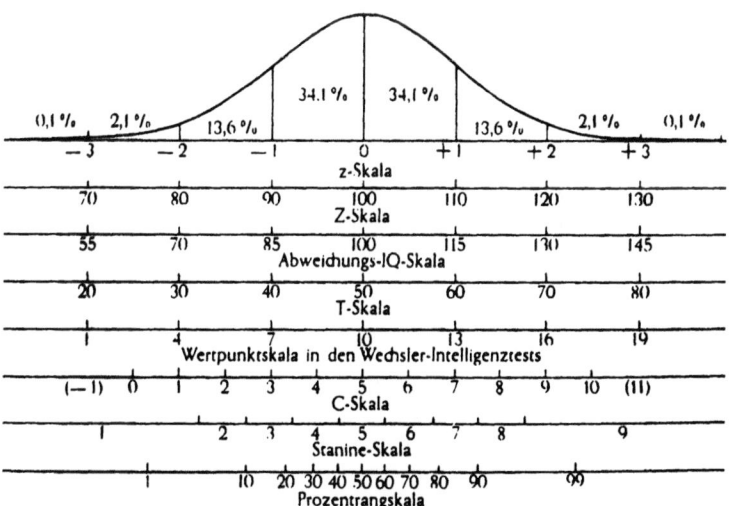

**Abb. 9** Auswahl einiger gängiger Testskalen und ihre Beziehung zur *Gauß*schen Normalverteilung (aus *Wellhöfer* 1977, S. 130).

bis zu diesem z-Wert 75,5 Prozent der Fläche (Stichprobe) liegen und daß demnach etwas mehr als 24 Prozent der Altersgruppe in diesem Test bessere Werte erreichen. Übertragen wir den Wert auf eine andere Skala der Abb. 9, dann erhalten wir z. B. auf der IQ-Skala den Wert: IQ = 100 + 15 · 0,69 = 110 oder auf der SW-Skala den Wert: SW = 100 + 10 z = 106,9 = 107. Die Interpretation dieser transformierten Werte führt allerdings stets zu dem Ergebnis, das wir auch schon dem z-Wert entnehmen konnten.

### 3.2.3.5 Abschließender Vergleich der statistischen Kennwerte

Sinnvoll ist die „Künstlichkeit", die wir im vergangenen Abschnitt behandelten, aber nur, wenn die empirischen Ausgangsdaten wirklich mindestens auf dem Niveau der Intervallskala gemessen wurden *und* die Meßwerte (zumindest weitgehend) dem Bild der *Gauß*schen Normalverteilung entsprechen. Ist dies nicht der Fall – und bei vielen sozialwissenschaftlichen Untersuchungsergebnissen ist dies fraglich –, dann werden die „informationsstarken" Kennwerte $\bar{x}$ und s sehr verzerrt. Bei kleinen Stichproben, schiefen Verteilungen und mehreren, nicht besetzten Klassen sollte deshalb auch auf Intervallskalenniveau der Md und das mQ zur Charakterisierung der Verteilung herangezogen werden, weil $\bar{x}$ und s Informationen geben, die aus den empirischen Werten nicht zu entnehmen sind.

Dieser Sachverhalt soll an einem einfachen Beispiel demonstriert werden: Nehmen wir an, wir wollen das Einkommensniveau eines ärmlichen Dorfes mit statistischen Kennwerten beschreiben. Wir erheben deshalb das Monatseinkommen der einzelnen Haushaltsvorstände in DM: 200, 200, 200, 200, 300, 300, 400, 400, 500, 700, 900, 1000. Wegen der schönen Landschaft hat sich zusätzlich ein Millionär mit einem monatlichen Einkommen von DM 120 000 in diesem Dorf angesiedelt. An diesem Beispiel kann man gut die unterschiedliche Verzerrbarkeit und Aussagekraft der berechneten statistischen Kennwerte demonstrieren. Unser Meßniveau ist mindestens das Intervallskalenniveau, d.h. wir können eigentlich alle jetzt bekannten Kennwerte bestimmen. Betrachten wir nun einmal ihre Aussagekraft:

Unser einfachstes Maß der zentralen Tendenz, der Modus, liegt bei DM 200,–, da dies der am häufigsten beobachtete Meßwert ist. Die Variationsweite V – als einfachstes Maß der Dispersion – beträgt DM 119 800,–. Wie können Sie mit diesen Werten die Verteilung der empirischen Daten rekonstruieren?

Der Medianwert liegt bei DM 375,–; der mittlere Quartilabstand beträgt DM 246,90.

Der arithmetische Mittelwert x̄ beträgt DM 9638,50, die Standardabweichung s = DM 33160,60. Diese Werte sind nun durch die „schiefe" Verteilung so verzerrt, daß sie das untersuchte Merkmal (monatliches Einkommen im Dorf) nicht mehr sinnvoll beschreiben. Die Voraussetzung, daß die einzelnen Meßwerte sich (einigermaßen) symmetrisch um den arithmetischen Mittelwert verteilen, ist keinesfalls gegeben; das statistische Modell, das sich an der theoretischen *Gauß*schen Normalverteilung orientiert, ist hier falsch.

Die sinnvollen Kennwerte wären bei diesem Beispiel der Medianwert und der mittlere Quartilabstand, möglicherweise ergänzt durch die Variationsweite V.

## 3.3 Beschreibung von Merkmalszusammenhängen: Die Korrelationsstatistik

Bisher haben wir uns mit der unterschiedlichen Verteilung eines Merkmals beschäftigt – mit den „univariablen" Verteilungen –, nun wollen wir die gleichzeitige Ausprägung von zwei Merkmalen, d.h. den Grad ihres Zusammenhanges, beschreiben. Unter einer Korrelation verstehen wir den Zusammenhang zweier Merkmale, also ihre gemeinsame Variation.

Die „bivariablen" Häufigkeitsverteilungen bestehen aus Meßwertpaaren, die an der gleichen Person oder dem gleichen Untersuchungsobjekt erhoben wurden, z. B.

- Bei einem Fragebogen wird der Zusammenhang zwischen dem Familienstand und verschiedenen Freizeitaktivitäten untersucht und soll statistisch beschrieben werden.
- Eine Gruppe Auszubildende wird nach einem Jahr hinsichtlich ihrer Fähigkeiten eingestuft; der Zusammenhang mit der Qualität des späteren Berufsabschlusses soll bestimmt werden.
- Bei einer Untersuchung erhalten die Probanden einen Neurotizismus- und einen Intelligenztest. Besteht ein Zusammenhang zwischen beiden Merkmalen?

Auch bei der Korrelationsstatistik entscheidet das Skalenniveau der Meßwerte über die weitere statistische Verarbeitung der Daten. Wurden die Merkmale auf dem Niveau der Nominalskala gemessen, dann berechnet man einen anderen statistischen Kennwert als auf dem Intervallskalenniveau.

Bevor wir einige Korrelationstechniken exemplarisch näher betrachten, erscheinen einige allgemeine Überlegungen zur Art des möglichen Zusammenhanges zwischen zwei Merkmalen angebracht. Es kann zwischen ihnen eine *Übereinstimmung* bestehen, wenn der starken Ausprägung des Merkmals $X_1$ (z. B. Intelligenz) stets auch eine starke Ausprägung beim Merkmal $Y_1$ (z. B. Schulerfolg) entspricht. Beide Variablen können aber auch in einem *gegensätzlichen* Zusammenhang stehen, d.h. ein hoher Meßwert $X_1$ (z. B. Alter) wird begleitet von einem niedrigen Meßwert $Y_1$ (z. B. Reaktionsgeschwindigkeit) usw. Die dritte Möglichkeit besteht darin, daß beide Variablen unabhängig voneinander auftreten, d.h. ein hoher X-Wert wird bei einer Messung von einem niedrigen Y-Wert, bei einer anderen von einem mittleren und bei einer weiteren von einem hohen Y-Wert begleitet (z. B. Kriminalität und Rauchverhalten). Zwischen diesen drei idealtypischen Arten des möglichen Zusammenhanges gibt es natürlich fließende Übergänge, die statistisch zu beschreiben sind.

In der Korrelationsstatistik beschreiben wir den Grad des Zusammenhanges zwischen zwei Merkmalen, wir sagen aber *nichts über die Ursache* dieses Zusammenhanges aus, was häufig bei der Interpretation nicht beachtet wird. Um die Gefahr von Fehlinterpretationen zu verringern, sollten wir uns deshalb die verschiedenen Ursachen der Zusammenhänge verdeutlichen:

– Es kann ein kausaler, einseitiger Einfluß bestehen: Die Variable X bestimmt die Ausprägung von Y; z. B. Intensität der frühen Förderung lernbehinderter Kinder – Ausmaß des Lernerfolgs.
– Es kann ein *gegenseitiger Einfluß* vorliegen: Die Variable X beeinflußt die Ausprägung von Y; diese wirkt auf X zurück. Eine solche Beziehung kann man zwischen Sympathie und Kontakthäufigkeit annehmen (nach *Homans* 1972).
– Beide Variablen *hängen* von einer dritten ab und üben keinen Einfluß aufeinander aus. So besteht eine hohe Korrelation zwischen der Anzahl der Feuerwehrleute an einem Brandherd (X) und der Höhe des Brandschadens (Y)!
– *Mehrere Variablen* bestimmen die Ausprägung von Y. So hängt der Berufserfolg Y nicht allein von der Intelligenz X, sondern auch von den Variablen Leistungsmotivation, Arbeitsmarktlage, Konzentrationsfähigkeit, Selbstsicherheit usw. ab.

Die Korrelationsstatistik kann man in zwei Bereiche einteilen: Der eine versucht den Grad des Zusammenhanges zwischen Merkmalen statistisch zu beschreiben, der andere versucht die Ausprägung der Variable Y zu prognostizieren, und zwar dadurch, daß er die Enge des Zusammenhanges berücksichtigt. Weiß man beispielsweise, wie eng der Zusammenhang zwischen Intelligenz (X) und der Abschlußnote im Abitur (Y) ist, dann kann man mit mehr oder weniger Sicherheit (je

## 3.3 Beschreibung von Merkmalszusammenhängen: Korrelationsstatistik

nach Enge des Zusammenhanges) die Abiturnote vorhersagen. Diese *Regressionsstatistik* hat für die sozialwissenschaftlichen Erhebungen allerdings keine große Bedeutung, weil die hier vorliegenden Zusammenhänge meist praktisch keine brauchbare Prognose erlauben. Wir werden uns deshalb auf die Korrelationsstatistik im engeren Sinne konzentrieren und betrachten im folgenden je ein Verfahren für die einzelnen Meßebenen.

Die bivariablen Verteilungen können ebenfalls in tabellarischer und graphischer Form dargestellt werden; dies dürfte dem Leser nach den vorangegangenen Kapiteln keine Schwierigkeiten mehr bereiten, so daß an dieser Stelle darauf verzichtet werden kann. Wir werden uns im folgenden mit der Berechnung einzelner *Korrelationskoeffizienten* (r) beschäftigen, die uns über den Grad des Zusammenhanges (der gemeinsamen Variation) zweier Merkmale informieren.

Die Formeln zur Berechnung der Korrelationskoeffizienten sind so konstruiert, daß er nur einen Wert zwischen $-1$ und $+1$ annehmen kann. Das Vorzeichen dient dabei als Hinweis auf die Richtung des Zusammenhanges: Ein positiver Koeffizient bedeutet einen parallelen, gleichsinnigen Zusammenhang, ein negativer entspricht der gegensätzlichen Variation der Merkmale. Der gemessene Zusammenhang ist um so enger, je stärker sich der Korrelationskoeffizient dem Grenzwert $\pm 1$ nähert.

Die errechneten Koeffizienten werden nach allgemeiner Übereinstimmung in folgender Weise interpretiert:

$$\begin{aligned} r &= 0 \quad &&\text{kein Zusammenhang} \\ 0 < |r| &\leq 0{,}4 \quad &&\text{niedriger Zusammenhang} \\ 0{,}4 < |r| &\leq 0{,}7 \quad &&\text{mittlerer Zusammenhang} \\ 0{,}7 < |r| &< 1{,}0 \quad &&\text{hoher Zusammenhang} \\ |r| &= 1{,}0 \quad &&\text{vollständiger Zusammenhang} \end{aligned}$$

Die Aussagekraft des Korrelationskoeffizienten ist sehr stark von der Stichprobengröße, aus der er berechnet wurde, abhängig: Ein Koeffizient von z. B. 0,43 ist bei einem $n = 6$ wenig gesichert, während er bei $n = 1000$ als gesichert angesehen werden kann.

### 3.3.1 Nominalskalenniveau: Der Vierfelderkorrelationskoeffizient $r_\phi$

Der Vierfelder- oder Phi-Korrelationskoeffizient $r_\phi$ ($\phi$ = griechischer Buchstabe Phi) wird berechnet, wenn die Meßwerte X und Y nur als Alternativmerkmale (Merkmal vorhanden = +/nicht vorhanden = −)

vorliegen oder darauf reduziert sind. Ein Beispiel dafür wäre der Zusammenhang zwischen dem Interesse an Statistik und der Zugehörigkeit zum männlichen Geschlecht. Folgende Urliste zeigt das Ergebnis einer solchen Erhebung bei Studierenden:

| Vp: | A | B | C | D | E | F | G | H | I | J | K | L | M | N | O | P | Q |
|---|---|---|---|---|---|---|---|---|---|---|---|---|---|---|---|---|---|
| X: | + | − | + | − | + | + | + | − | − | − | + | − | − | + | − | − | + |
| Y: | + | − | − | − | + | + | − | − | + | − | + | + | − | + | − | − | + |

(Ein + in der Kategorie X bedeutet dabei die Zugehörigkeit der Versuchsperson zum männlichen Geschlecht, in der Kategorie Y entspricht das + einem Interesse am Fach Statistik. Vp B wäre demnach weiblich und zeigt kein Interesse am Fach Statistik.)

Wir übertragen diese Urliste in eine Vierfeldertabelle und erhalten:

**Tabelle 7** Vierfeldertabelle zur Berechnung von $r_\phi$.

|   |   | Interesse an Statistik Y |   |   |
|---|---|---|---|---|
|   |   | + | − |   |
| männlich | + | 6 (a) | 2 (b) | 8 (a + b) |
| X |   |   |   |   |
| weiblich | − | 2 (c) | 7 (d) | 9 (c + d) |
|   |   | 8 (a + c) | 9 (b + d) | 17 (= n) |

Der Tabelle 7 entnehmen wir, daß der Zusammenhang nicht vollständig ist, denn dann müßten lediglich die Felder der Diagonalen mit Häufigkeiten besetzt sein. Die Korrelation wird aber auch nicht Null sein, da nicht alle Felder gleichmäßig besetzt sind.

Die Formel zur Berechnung des Vierfelderkorrelationskoeffizienten $r_\phi$ lautet:

$$r_\phi = \frac{a \cdot d - b \cdot c}{\sqrt{(a + b) \cdot (c + d) \cdot (a + c) \cdot (b + d)}} \qquad (11)$$

wobei den Buchstaben die entsprechenden Häufigkeiten in den einzelnen Feldern der Tabelle entsprechen. Wir setzen in die Formel ein und erhalten:

$$r_\phi = \frac{6 \cdot 7 - 2 \cdot 2}{\sqrt{8 \cdot 9 \cdot 8 \cdot 9}} = \frac{42 - 4}{\sqrt{72^2}} = \frac{38}{72} = \underline{0{,}53}$$

Es besteht demnach ein mittlerer (positiver) Zusammenhang zwischen männlichem Geschlecht und Interesse an Statistik. Das Vorzeichen des Korrelationskoeffizienten besitzt auf dem Nominalskalenniveau allerdings keine Aussagekraft; wir haben ja keine „gerichtete" Skala, können deshalb die Reihenfolge der Zeilen oder Spalten verändern und damit das Vorzeichen beim gleichen Ergebnis „umdrehen".

### 3.3.2 Rangskalenniveau: Der Rangkorrelationskoeffizient R

Haben wir beide Variablen auf dem Niveau der Rangskala gemessen oder wurden Meßwerte eines höheren Skalenniveaus auf das Rangskalenniveau übertragen, dann können wir mit einfachen Rechenoperationen den von *Spearman* entwickelten Rangkorrelationskoeffizienten R berechnen.

Nehmen wir gleich wieder ein konkretes Beispiel an: Ein Ausbilder möchte die Gültigkeit seines Urteils über die Berufseignung von Auszubildenden überprüfen; dazu unterhält er sich mit den neuen Lehrlingen (n = 10) vor Beginn ihrer Lehre und bringt sie in eine Rangordnung X (am besten geeignet 1 ...). Nach Abschluß der Lehre bringt er die gleichen Lehrlinge entsprechend ihrer Durchschnittsnote erneut in eine Rangreihe (Y). Mit Hilfe von R kann er nun den Grad der Übereinstimmung dieser beiden Rangreihen bestimmen.

Betrachten wir zuerst das Ergebnis:

| Schüler: | A | B | C | D | E | F | G | H | I | J |
|---|---|---|---|---|---|---|---|---|---|---|
| X:Rangplatz nach Gesprächseindruck) | 1 | 2 | 3 | 4 | 5 | 6 | 7 | 8 | 9 | 10 |
| Y:Rangplatz nach Abschlußprüfung) | 1 | 2,5* | 2,5* | 4 | 6 | 7 | 5 | 9 | 9 | 9 |
| Differenz d: | 0 | –0,5 | 0,5 | 0 | –1 | –1 | 2 | –1 | 0 | 1 |
| | | | | | | $\Sigma d = 0$ | | | | |
| $d^2$: | 0 | 0,25 | 0,25 | 0 | 1 | 1 | 4 | 1 | 0 | 1 |
| | | | | | | $\Sigma d^2 = 8,5$ | | | | |

\* B und C hatten die gleiche Note, teilen sich demnach die Rangplätze 2 und 3, d.h. jeder erhält 2,5; ähnlich H, I, J, die sich die Rangplätze 8, 9 und 10 teilen.

Der Grad der Übereinstimmung ist abhängig von den einzelnen Rangplatzdifferenzen d, deren Summe allerdings immer Null ergeben muß (Rechenkontrolle!); also quadrieren wir sie und setzen die entsprechenden Werte in die folgende Formel für die Rangkorrelation ein:

$$R = 1 - \frac{6 \cdot \Sigma d^2}{n \cdot (n^2 - 1)} \quad (12)$$

$$= 1 - \frac{6 \cdot 8{,}5}{10 \cdot 99} = 1 - \frac{51}{990} = 1 - 0{,}05 = \underline{0{,}95}$$

Unser Ausbilder hat ein gutes Ergebnis erzielt: Die Korrelation zwischen den beiden Rangreihen ist hoch.

### 3.3.3 Intervallskala: Der Maßkorrelationskoeffizient r

Sind die beiden Variablen auf dem Intervallskalenniveau erhoben worden, dann besitzen unsere Meßwerte ein höheres Informationspotential, und wir können auch exaktere – und leider kompliziertere – Verfahren zur Berechnung der Korrelation anwenden. Die Überlegungen, welche zur Maßkorrelation – auch *Bravais-Pearson*sche Korrelation genannt – führen, sollen kurz skizziert werden.

Ein mögliches Maß für die Enge des Zusammenhanges wäre die Summe aus dem Produkt der Abweichungen der einzelnen Meßwertpaare von ihrem arithmetischen Mittelwert (siehe auch Beispiel):

$$\Sigma (X - \bar{x}) \cdot (Y - \bar{y})$$

Besteht eine hohe gemeinsame Variation, dann ergibt diese Summe einen hohen, positiven Zahlenwert und umgekehrt. Der Nachteil dieses Kennwertes besteht darin, daß er nicht mit anderen vergleichbar ist und nicht zwischen −1 und +1 schwankt. Wir erhalten einen solchen Wert, wenn wir die z-Wert-Transformation für die einzelnen Meßwertpaare durchführen und sie auf die Stichprobengröße n beziehen. In der formelhaften Darstellung lautet dies:

$$r = \frac{\Sigma z_x \cdot z_y}{n} = \frac{\Sigma (X - \bar{x})(Y - \bar{y})}{n \cdot s_x \cdot s_y} \quad (13a)$$

Diese Grundformel der Maßkorrelation ist allerdings bei größeren Stichproben und Mittelwerten, die keine ganzen Zahlen darstellen, sehr unhandlich. Es ist deshalb häufig günstiger, vor allem wenn ein Taschenrechner zur Verfügung steht, die folgende identische Formel zu verwenden:

## 3.3 Beschreibung von Merkmalszusammenhängen: Korrelationsstatistik

$$r = \frac{n \cdot \sum X \cdot Y - \sum X \cdot \sum Y}{\sqrt{n \cdot \sum X^2 - (\sum X)^2} \cdot \sqrt{n \cdot \sum Y^2 - (\sum Y)^2}} \quad (13b)$$

Die Anwendung beider Formeln sei an einem einfachen Beispiel demonstriert: Gegeben sind die Variablen X und Y und insgesamt 7 Beobachtungspaare auf beiden Skalen:

| Vp | X | Y | X−x̄ | Y−ȳ | (X−x̄)·(Y−ȳ) | (X−x̄)² | Y−ȳ)² | X² | Y² | X·Y |
|---|---|---|---|---|---|---|---|---|---|---|
| A | 1 | 3 | −2 | −2 | 4 | 4 | 4 | 1 | 9 | 3 |
| B | 2 | 4 | −1 | −1 | 1 | 1 | 1 | 4 | 16 | 8 |
| C | 3 | 5 | 0 | 0 | 0 | 0 | 0 | 9 | 25 | 15 |
| D | 3 | 5 | 0 | 0 | 0 | 0 | 0 | 9 | 25 | 15 |
| E | 3 | 5 | 0 | 0 | 0 | 0 | 0 | 9 | 25 | 15 |
| F | 4 | 6 | 1 | 1 | 1 | 1 | 1 | 16 | 36 | 24 |
| G | 5 | 7 | 2 | 2 | 4 | 4 | 4 | 25 | 49 | 35 |
|  | 21 | 35 | 0 | 0 | 10 | 10 | 10 | 73 | 185 | 115 |

Verwenden wir Formel 13a, dann müssen wir zuerst die arithmetischen Mittelwerte für die beiden Variablen berechnen:

$$\bar{x} = \frac{21}{7} = \underline{3{,}0} \qquad \bar{y} = \frac{35}{7} = \underline{5{,}0}$$

Wir ergänzen nun die Tabelle durch die Spalten $X - \bar{x}$, $Y - \bar{y}$ und $(X - \bar{x}) \cdot (Y - \bar{y})$, da wir die Summe der letzten Spalte für die Formel benötigen. Als nächsten Schritt berechnen wir die Standardabweichungen der beiden Variablen; wir ergänzen die Tabelle durch die Spalten für die Abweichungsquadrate;

$$s_x = \sqrt{\frac{10}{7}} = \sqrt{1{,}43} = \underline{1{,}2}; \qquad s_y = \sqrt{\frac{10}{7}} = \underline{1{,}2}$$

Damit haben wir alle Zahlenwerte, die wir benötigen, und können den Maßkorrelationskoeffizienten berechnen:

$$r = \frac{10}{7 \cdot \sqrt{\frac{10}{7}} \cdot \sqrt{\frac{10}{7}}} = \frac{10}{7 \cdot \frac{10}{7}} = \frac{10}{10} = \underline{1{,}0}$$

Es ist leicht nachvollziehbar, daß diese Formel bei weniger „bequemen" Mittelwerten, größeren Meßwerten und umfassenderen Stichproben größere Schwierigkeiten bereitet als bei unserem idealen Beispiel, bei dem eine vollständige lineare Korrelation besteht, die man schon aus der Tabelle ersehen konnte.

Wollen wir mit Formel 13b arbeiten – sie ist in den meisten Fällen zu empfehlen –, dann müssen wir die *Urliste* durch die Spalten $X^2$, $Y^2$ und $X \cdot Y$ ergänzen, da wir deren Summen für die Formel benötigen; wir setzen sie in die Formel ein und erhalten:

$$r = \frac{7 \cdot 115 - 21 \cdot 35}{\sqrt{7 \cdot 73 - 21^2} \cdot \sqrt{7 \cdot 185 - 35^2}} =$$

$$= \frac{805 - 735}{\sqrt{511 - 441} \cdot \sqrt{1295 - 1225}} = \frac{70}{\sqrt{70} \cdot \sqrt{70}} = \underline{1,0}$$

Die sinnvolle Berechnung der Maßkorrelation setzt allerdings voraus, daß die Meßwerte sich symmetrisch und eingipflig verteilen, d.h., daß die Verteilung der Variablen dem Bild der Normalverteilung entspricht. Daneben ist es erforderlich, daß die beiden Variablen in einem linearen Zusammenhang stehen. Dies ist immer dann der Fall, wenn wir durch die graphische Darstellung der Ergebnisse als „Punktwolke" – siehe Abb. 10 – eine Gerade legen können oder wenn die Punktwolke annähernd durch eine Ellipse begrenzt werden kann.

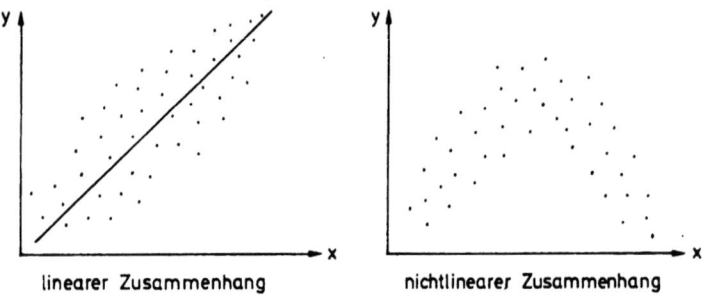

linearer Zusammenhang     nichtlinearer Zusammenhang

**Abb. 10** Unterschied zwischen linearen und nichtlinearen bivariablen Häufigkeitsverteilungen.


Sind diese Voraussetzungen nicht sicher gegeben, dann empfiehlt es sich, die Meßwerte durch entsprechende Rangplätze zu ersetzen und den Grad ihres Zusammenhanges durch die Rangkorrelation oder andere Verfahren – hier sei auf die detaillierte Fachliteratur verwiesen – zu bestimmen.

### 3.3.4 Abschließende Bemerkungen zur Korrelationsstatistik

In den vorangegangenen Abschnitten ging es uns darum, die grundlegenden Ansätze der Korrelationsstatistik an ausgewählten Beispielen darzustellen sowie auf Probleme einer kausalen Interpretation der Koeffizienten hinzuweisen. Wir konnten in unserem Zusammenhang nicht auf die Frage nach der Signifikanz eines errechneten Koeffizienten eingehen, d.h. auf die Entscheidung, wann ein Koeffizient einen wirklichen, gesicherten Zusammenhang (und keinen zufälligen) beschreibt. Für R und r wurden zu diesem Problem Tabellen entwickelt (Tafeln 9 und 10 im Anhang), mit welchen diese Fragestellung schnell und leicht beantwortet werden kann; für $r_\phi$ gibt es ein spezielles Prüfverfahren, das wir im Kapitel 3.4.2 betrachten werden. Bevor der Leser aber damit zu arbeiten beginnt, sollte er sich erst mit einigen Kapiteln der folgenden Prüfstatistik befassen, um deren Grundgedanken zu kennen.

Die Korrelationsstatistik spielt eine große Rolle bei der Konstruktion sozialwissenschaftlicher Methoden. Mit ihrer Hilfe überprüft man, ob diese Methoden den „Gütekriterien" (Objektivität, Zuverlässigkeit und Gültigkeit) entsprechen. Auf diesen Sachverhalt werden wir noch stärker an späterer Stelle eingehen müssen.

Ein komplizierteres, statistisches Verfahren sei abschließend kurz beschrieben: Die **Faktorenanalyse**. Sie entwickelte sich aus der Korrelationsstatistik und wurde zu einem weitverbreiteten Forschungsinstrument, das nicht an sozialwissenschaftliche Probleme gebunden ist. Mit ihr gelingt es, eine unüberblickbare Datenmenge auf ihre inneren Zusammenhänge hin zu überprüfen und zu ordnen. Die Anwendung der Faktorenanalyse sei an einem Beispiel aus der Psychologie beschrieben: In der Intelligenzforschung ist man seit langer Zeit darum bemüht, die verschiedenen Intelligenzarten zu unterscheiden und zu beschreiben. Dies kann man auf subjektivem, aber auch auf möglichst objektivem, statistischem Weg versuchen. So kann man zuerst einmal alle möglichen Leistungsarten, Aufgabenstellungen suchen, die etwas mit der Intelligenz zu tun haben könnten. *Jäger* (1967) kam z. B. bei seiner Suche nach repräsentativen Aufgaben für das Konstrukt Intelligenz zu insgesamt 246 unterschiedlichen Aufgaben. Um eine Faktorenanalyse durchführen zu können, werden diese Aufgaben einer Stichprobe vorgegeben. Die umfangreichen Ergebnisse werden statistisch weiter verarbeitet, und zwar so, daß die Zusammenhänge zwischen den einzelnen Aufgabenlösungen durch Korrelationskoeffizienten beschrieben werden. *Jäger* kam bei seiner Untersuchung zu beachtlichen 27 261 Korrelationskoeffizienten, die nun weiter durch die „Mühle" der Faktorenanalyse gedreht werden.

Man sucht nun – dies geht praktisch nur mit Hilfe elektronischer Datenverarbeitung – die Aufgaben zu analysieren, die hoch miteinander korrelieren, d.h. deren Lösung auf eine gemeinsame Fähigkeit zurückgeführt werden kann. Die so gefundenen (extrahierten) Faktoren sind voneinander unabhängig, und man kann mit ihnen das psychologische Konstrukt Intelligenz umfassend und zugleich so sparsam wie möglich beschreiben.

*Jäger* kam bei seiner Faktorenanalyse zu insgesamt sechs grundlegenden Intelligenzfaktoren, die er folgendermaßen beschrieb:
1. anschauungsgebundenes Denken, 2. Einfallsreichtum und Produktivität, 3. Konzentrationskraft und Tempomotivation, 4. Verarbeitungskapazität, formallogisches Denken und Urteilsfähigkeit, 5. zahlengebundenes Denken und 6. sprachgebundenes Denken. Die Benennung der einzelnen Faktoren erfolgt allerdings durch den Forscher; die Faktorenanalyse liefert ihm nur die Aufgabengruppen, bei denen die einzelnen Faktoren „hoch laden", d.h. durch die er repräsentiert wird.

Die Faktorenanalyse kann allerdings keine Theorie der Intelligenz oder der Persönlichkeit konstruieren. Sie ist lediglich ein sehr gutes Werkzeug, mit dem man eine Unmenge an Daten ordnen und sie auf die zugrundeliegenden Gemeinsamkeiten reduzieren kann. Ihre Ergebnisse sind abhängig von der Qualität und Repräsentativität der Ausgangsdaten, von der Art der durchgeführten Faktorenanalyse (es gibt mehrere Techniken) und der Interpretation innerhalb eines theoretischen Rahmens.

## 3.4 Verfahren der Prüfstatistik

Bisher haben wir uns darauf konzentriert, wie Untersuchungsergebnisse möglichst anschaulich, knapp und informativ beschrieben werden können. Im folgenden Kapitel betrachten wir nun eine Auswahl der statistischen Verfahren, mit denen wir entscheiden, ob beobachtete Gruppenunterschiede als zufällig oder „echt" (signifikant) angesehen werden können.

Bevor wir uns nun mit den einschlägigen Verfahren für die unterschiedlichen Skalenniveaus befassen, ist es sinnvoll, einige der gebräuchlichsten Begriffe vorzustellen.

### 3.4.1 Grundbegriffe und generelle Überlegungen

Dem Begriff der *Stichprobe* sind wir schon begegnet; aus zeitlichen und ökonomischen Gründen ist es in den empirischen Sozialwissenschaften nicht möglich, alle existierenden Meßwerte zu erheben, die im Zusammenhang mit dem untersuchten Phänomen vorhanden sind. Wir erheben praktisch nie die *Grundgesamtheit* (Population), sondern arbeiten stets nur mit relativ kleinen Teilen, die in vielen Fällen allerdings sehr systematisch zusammengesetzt sind, damit man auch von den Ergebnissen der Stichprobe auf die Verhältnisse in der Gesamtheit schließen kann. Bei diesen repräsentativen Stichproben versucht man die charakteristischen Aspekte der Grundgesamtheit in möglichst gleicher Relation zu erfassen. Dieser Schluß von den statistischen Kennwerten („Statistiken") der Stichprobe auf die endgültigen Ergebnisse in der Population („Parameter") ist gut möglich, wie uns die Hochrechnungen kurz nach der Schließung der Wahllokale regelmäßig demonstrieren.

Wir müssen aber nicht bei jeder Untersuchung eine repräsentative Stichprobe konstruieren; dies ist auch häufig gar nicht möglich, weil die charakteristischen Aspekte der Grundgesamtheit oft nicht bekannt sind.

In der Prüfstatistik entscheidet man darüber, ob beobachtete Unterschiede zwischen zwei oder mehreren Stichproben als zufällig angesehen werden müssen oder ob man sie als „echt" interpretieren kann. Die grundsätzliche Einstellung besteht nun darin, daß wir generell alle gemessenen Unterschiede als zufällig betrachten – diese Annahme bezeichnet man als *Nullhypothese $H_0$* –, bis statistisch nachgewiesen wurde, daß die Erklärung des Unterschieds durch Zufallseinflüsse äußerst unwahrscheinlich ist. Wir gehen also davon aus, daß die beobachteten Unterschiede dadurch zustande kamen, daß wir mit zwei Stichproben aus einer Grundgesamtheit gearbeitet haben, wobei die Unterschiede durch die zufällige Stichprobenauswahl entstanden sind.

Sind die Unterschiede aber so groß, daß der Zufall mit hoher Wahrscheinlichkeit als Ursache ausscheidet, dann verwerfen wir die Nullhypothese und akzeptieren eine andere Erklärung. Wir akzeptieren die *Arbeitshypothese $H_1$*, welche behauptet, daß die beobachteten Unterschiede echt sind und daß beide Stichproben aus verschiedenen Grundgesamtheiten stammen. Wir sprechen dann von einem *signifikanten* Ergebnis.

Die Entscheidung über das Schicksal der Nullhypothese wird nach wahrscheinlichkeitstheoretischen Überlegungen, also nie mit 100-prozentiger Sicherheit getroffen. Mit welcher Sicherheit wird nun aber entschieden? Die Grenze, ab welcher die Nullhypothese zurückgewiesen wird, ist willkürlich festgelegt. Man hat sich in der Statistik darauf geeinigt, daß man mindestens eine 95-prozentige Sicherheit benötigt, um die Nullhypothese als Erklärung abzulehnen. Die Wahrscheinlichkeit, daß wir uns bei dieser Entscheidung irren, ist allerdings noch fünf Prozent. Dieses Niveau der *Irrtumswahrscheinlichkeit* α – auch *Signifikanzniveau* genannt – ist die mildeste Entscheidungsbasis. Daneben existieren noch das 1-Prozent- und das 0,1-Prozent-Niveau, auf denen die Sicherheit, mit welcher der Zufall als Erklärung ausscheidet, 99,0 bzw. 99,9 Prozent beträgt. Je strenger das Signifikanzniveau gewählt wird, desto größer müssen die Unterschiede werden, um als echt angesehen zu werden. Man behält dabei den Zufall als Erklärung möglichst lange bei und begibt sich in die Gefahr, einen anderen Fehler zu machen, nämlich Unterschiede als zufällig zu betrachten, obwohl die Alternativhypothese $H_1$ richtig wäre.

In der Prüfstatistik bestehen demnach bei allen Entscheidungen zwei Fehlerquellen, die man als *Fehler vom Typ I* bzw. als *Fehler vom Typ II* bezeichnet. Der Fehlertyp I (α-Fehler) besteht darin, daß wir die Nullhypothese ablehnen, obwohl sie in Wirklichkeit stimmt; die Gefahr, diesen Fehler zu begehen, ist auf „mildem" Signifikanzniveau größer; seine Wahrscheinlichkeit entspricht dem Niveau der Irrtumswahrscheinlichkeit. Fehlertyp II (β-Fehler) besteht nun darin, daß wir bei einem strengeren Signifikanzniveau die Nullhypothese beibehalten, obwohl sie in Wirklichkeit falsch ist. Solange wir mit Stichproben arbeiten, müssen wir uns bei den Entscheidungen dieses Dilemmas bewußt sein: Erhöhen wir das Signifikanzniveau, dann wird die Wahrscheinlichkeit für Fehlertyp I verringert, die für Typ II erhöht; mildern wir das Signifikanzniveau, dann dreht sich diese Relation um.

Haben wir nun ein signifikantes Ergebnis vorliegen, d.h. lehnen wir die Nullhypothese mit mindestens 95-prozentiger Sicherheit ab, dann stellt dies keinesfalls den Beweis der Arbeitshypothese dar – siehe auch unsere Überlegungen im Zusammenhang mit dem kritischen Rationalismus –, da dieser Unterschied auch noch durch andere Hypothesen erklärt werden kann. Ist der Unterschied andererseits nicht signifikant, dann ist dies auch kein Beweis der Nullhypothese, da diese ja nur abgelehnt wird, wenn es nicht mehr anders geht, weil der Zufall eben sehr unwahrscheinlich für die Erklärung des Unterschiedes ist. Behält man die Nullhypothese bei, dann entspricht dies im übertragenen Sinn einem Freispruch aus Mangel an Beweisen und nicht dem Beweis der Unschuld!

Auf einen weiteren begrifflichen Unterschied müssen wir eingehen, weil sich die Darstellung der einzelnen Prüfverfahren daran orientiert: den Unterschied zwischen abhängigen und unabhängigen Stichproben. Wir sprechen von *unabhängigen Stichproben*, wenn zwei verschiedene Personengruppen untersucht und in ihren Ergebnissen verglichen werden; z.B. Unterschichtkinder werden mit Mittelschichtkindern hinsichtlich ihres Sprachstils verglichen. Von *abhängigen Stichproben* sprechen wir dann, wenn eine Personengruppe unter verschiedenen Bedingungen untersucht und die dabei erzielten Ergebnisse miteinander verglichen werden: Eine Patientengruppe wird zu Beginn und am Ende der Therapie untersucht. Untersucht man ein und dieselbe Personengruppe mehrmals, dann sind die Meßwerte enger definierbar, als wenn zwei unterschiedliche Stichproben miteinander verglichen werden. Dieser Aspekt wird von den einzelnen Verfahren berücksichtigt, so daß die Prüfverfahren nicht nur getrennt nach dem Skalenniveau, sondern auch nach der Stichprobenart angewendet werden müssen.

### 3.4.2 Prüfverfahren für das Nominalskalenniveau

Auf diesem Skalenniveau registrieren wir lediglich, wie häufig ganz bestimmte Beobachtungen in den entsprechenden Kategorien vorkommen. Das bekannteste Prüfverfahren für dieses elementare Meßniveau ist der Chi-Quadrat-Test in seinen verschiedenen Varianten.

#### 3.4.2.1 Der Chi-Quadrat-Test bei unabhängigen Stichproben

Bei den unabhängigen Stichproben vergleichen wir immer Ergebnisse, die an verschiedenen Untersuchungsgruppen gewonnen wurden. Dabei ergeben sich unterschiedliche Möglichkeiten:

– Ein Ergebnis wird innerhalb verschiedener Kategorien erfaßt, z. B. wir würfeln und erfassen das Ergebnis in der entsprechenden Kategorie.
– Zwei Ereignisse/Variablen werden gleichzeitig erhoben, und die beobachteten Zusammenhänge werden auf ihre Zufälligkeit hin untersucht; dies führt uns zu der schon bekannten Vierfelderverteilung.
– Zwei Variablen mit mehreren Beobachtungskategorien werden erhoben, und die Ergebnisse werden auf signifikante Unterschiede hin überprüft.

Da der Chi-Quadrat-test (Chi ist ein griechischer Buchstabe und wird durch $\chi$ symbolisiert) bei den unterschiedlichen Datensituationen etwas verändert angewandt wird, werden wir diese Situationen getrennt betrachten.

*Beobachtung einer Variablen mit mehreren Kategorien*

Nehmen wir einmal ein nicht besonders alltägliches Beispiel an: Wir untersuchen ein parapsychologisches Medium, das vorgibt, Würfel-

**Tabelle 8** Berechnung des $\chi^2$-Wertes bei einem parapsychologischen Experiment.

| X | $f_b$ | $f_e$ | $f_b - f_e$ | $(f_b - f_e)^2$ | $\frac{(f_b - f_e)^2}{f_e}$ |
|---|---|---|---|---|---|
| 1 | 46 | 50 | −4 | 16 | 0,32 |
| 2 | 36 | 50 | −14 | 196 | 3,92 |
| 3 | 47 | 50 | −3 | 9 | 0,18 |
| 4 | 44 | 50 | −6 | 36 | 0,72 |
| 5 | 52 | 50 | 2 | 4 | 0,08 |
| 6 | 75 | 50 | 25 | 625 | 12,5 |
| | 300 | 300 | 0 | | 17,72 = $\chi^2$ |

ergebnisse psychokinetisch beeinflussen zu können. Dieses Medium konzentriert sich auf eine Würfelzahl und versucht – mit Hilfe der außersinnlichen Kraft Psi – das Rollen des Würfels zu beeinflussen. Wir wollen bei unserem Experiment sicher gehen und lassen das Medium 300 Versuche machen: das Ergebnis zeigt Tabelle 8. Unser Medium hatte sich auf die Würfelzahl 6 konzentriert und war damit recht erfolgreich, oder ist das Ganze noch als zufällig zu betrachten? Nun, die zufällig zu erwartende Häufigkeit $f_e$ beträgt für jede Kategorie 1/6, da jedes Würfelergebnis die gleiche Eintrittswahrscheinlichkeit besitzt. Bei 300 Versuchen beträgt demnach die erwartete Häufigkeit pro Kategorie 50. Die Frage ist nun, ob die Unterschiede zwischen beobachteter ($f_b$) und erwarteter ($f_e$) Häufigkeit noch als zufällig oder als echt/signifikant anzusehen sind. Diese Entscheidung wird auf recht einfache Weise mit dem Chi-Quadrat-Test gefällt. Dazu bestimmen wir zuerst die Abweichungen zwischen $f_b$ und $f_e$, die bei zufälligem Ergebnis klein sein müssen. Mit der Summe dieser Abweichungen können wir allerdings nicht arbeiten, da diese stets Null ergeben muß (Kontrollmöglichkeit). Wir quadrieren deshalb die einzelnen Differenzen und teilen anschließend das Ergebnis durch die erwartete Häufigkeit für diese Kategorie. Die Summe dieser letzten Tabellenspalte ergibt den noch geheimnisvollen Chi-Quadrat-Wert. Seine Berechnung entspricht demnach der Formel:

$$\chi^2 = \sum \frac{(f_b - f_e)^2}{f_e} \qquad (14a)$$

Unser errechneter Chi-Quadrat-Wert beträgt 17,72. Wie fällen wir jetzt die Entscheidung über das Schicksal der Nullhypothese? Nehmen wir an, wir wollen unsere Entscheidung mit einer Sicherheit von 99 Prozent treffen, d.h. wir akzeptieren eine Irrtumswahrscheinlichkeit von einem Prozent. Wir benötigen jetzt noch die Information, ab welcher Größe ein errechneter Chi-Quadrat-Wert bei unserer Datensituation signifikant ist. Diese Information kann man der Chi-Quadrat-Tabelle (Tafel 2 im Anhang) entnehmen; um mit ihr arbeiten zu können, benötigen wir aber noch die Anzahl der Freiheitsgrade df (*degree of freedom*) unserer Beobachtung, da diese den entsprechenden Tabellenwert beeinflußt. Unter den Freiheitsgraden versteht man die Anzahl der Kategorien/Einzelhäufigkeiten, die frei miteinander kombiniert werden können. Wir hatten bei unserem Demonstrationsbeispiel 6 Kategorien, von denen allerdings nur 5 wirklich frei kombiniert werden können; weiß ich bei 300 Durchgängen die Häufigkeit in fünf Kategorien, dann liegt die Häufigkeit der sechsten (als Differenz zu 300) fest. Bei der vorliegenden Datensituation berechnet sich die Anzahl der Freiheitsgrade nach der Formel

$$df = k - 1 \qquad (14b)$$

wobei k der Anzahl der Kategorien entspricht.

Damit haben wir die Werte, welche wir zu unserer Entscheidung benötigen:

$\chi^2_{errechnet} = 17{,}72; \qquad df = 5; \qquad \alpha = 1\%$

Aus der $\chi^2$-Tabelle entnehmen wir den „kritischen" Tabellenwert, indem wir in der Spalte $\alpha = 1\%$ (= Irrtumswahrscheinlichkeit) zur Zeile df = 5 gehen:

$\chi^2_{1\%;\,df=5} = 15{,}086$

Die Entscheidung wird schematisch getroffen: Ist der errechnete $\chi^2$-Wert kleiner als der kritische Tabellenwert, dann wird die Nullhypothese beibehalten; die Unterschiede zwischen $f_b$ und $f_e$ sind allein durch den Zufall zu erklären:

$\chi^2_{errechnet} < \chi^2_{\alpha;df} \rightarrow \underline{H_0}$

Ist der errechnete $\chi^2$-Wert größer oder gleich dem kritischen Tabellenwert, dann wird die Nullhypothese abgelehnt und die Arbeitshypothese akzeptiert:

$\chi^2_{errechnet} \geq \chi^2_{\alpha;df} \rightarrow \underline{H_1}$

Unser errechneter Wert liegt deutlich über dem kritischen Tabellenwert. Wir schließen deshalb den Zufall als Erklärung für die beobachtete Abweichung aus und können deshalb eine andere Erklärung akzeptieren. Diese Erklärung ist durch das Ergebnis allerdings nicht bewiesen; neben dem parapsychologischen Einfluß können auch andere Erklärungen für die Abweichung gefunden werden (z. B. Gewicht des Würfels ist nicht homogen, so daß er eine Zahl „bevorzugt").

Mit diesem fiktiven Beispiel sollte die Vorgehensweise beim Chi-Quadrat-Test demonstriert werden. Ein weiteres Beispiel soll der Einübung dienen: Die altersspezifische Struktur der Klienten einer Drogenberatungsstelle wurde erfaßt und mit derjenigen der Gesamtbevölkerung (Population) verglichen. Es ist die Frage zu beantworten, ob die beobachteten Schwerpunkte als zufällig angesehen werden müssen. Die Altersstruktur der Gesamtbevölkerung ist bekannt und wurde als $f_e\%$ in die Tabelle 9 mit aufgenommen. Um den $\chi^2$-Wert berechnen zu können, müssen wir die Prozentwerte auf die Stichprobengröße n = 200 umrechnen und erhalten die theoretisch, unter Zufallsbedingungen zu erwartenden Häufigkeiten $f_e$. Das weitere Vorgehen entspricht dem schon bekannten Schema:

**Tabelle 9** Prüfung altersspezifischer Schwerpunkte bei einer Stichprobe Drogenabhängiger (n = 200).

| Altersgruppe | $f_e\%$ | $f_b$ | $f_e$ | $f_b - f_e$ | $(f_b - f_e)^2$ | $\dfrac{(f_b - f_e)^2}{f_e}$ |
|---|---|---|---|---|---|---|
| bis 14 | 22 | 12 | 44 | −32 | 1024 | 23,27 |
| 15 – 18 | 4 | 26 | 8 | 18 | 324 | 40,50 |
| 19 – 25 | 10 | 70 | 20 | 50 | 2500 | 125,0 |
| über 25 | 64 | 92 | 128 | −36 | 1296 | 10,125 |
| | 100 | 200 | 200 | 0 | | 198,895 |

Wir wollen unsere Entscheidung wiederum auf dem 1%-Niveau treffen und entnehmen der $\chi^2$-Tabelle im Anhang bei df = 4 − 1 = 3 und $\alpha$ = 1% den kritischen Wert

$$\chi^2_{1\%;\ df=3} = 11,341$$

Unser errechneter Wert liegt deutlich darüber, so daß wir den Zufall als Erklärung der altersspezifischen Schwerpunkte mit einer Sicherheit von mehr als 99 Prozent ablehnen; wir sind deshalb berechtigt, diese Auffälligkeit anders zu erklären.

*Chi-Quadrat-Test bei einer Vierfelderverteilung*

Werden zwei Variablen in alternativer Form erhoben, dann stellen wir das Ergebnis in einer Vierfeldertabelle dar, die uns im Kapitel 3.3.1 begegnete. Dort haben wir mit dem Phi-Korrelationskoeffizienten die Enge des Zusammenhanges zwischen den beiden Variablen beschrieben. Wir haben uns damals nicht darum gekümmert, ob der Zusammenhang als zufällig oder echt anzusehen war. Diese Entscheidung ist aber wichtig, denn es ist wenig sinnvoll, den Grad des Zusammenhanges zu bestimmen, wenn dieser als zufällig anzusehen ist. Betrachten wir die Anwendung des $\chi^2$-Tests bei Vierfelderverteilung gleich an einem Beispiel:

Bei einer Untersuchung soll die Hypothese überprüft werden, daß die Dauer der Ehe einen Einfluß auf die Einstellung zur Ehe als Institution hat. Das Ergebnis der Befragung zeigt Tabelle 10.

**Tabelle 10** Zusammenhang zwischen der Anzahl der Ehejahre und der Einstellung zur Ehe als Institution (n = 70).

|  |  | Ehejahre | |  |
|---|---|---|---|---|
|  |  | unter 5 | über 5 |  |
| Einstellung | + | 15 (17,1) | 25 (22,9) | 40 (40) |
|  |  | a | b |  |
| zur |  | c | d |  |
| Ehe | − | 15 (12,9) | 15 (17,1) | 30 (30) |
|  |  | (30) 30 | (40) 40 | 70 |

Die Nullhypothese lautet, daß die beobachteten Unterschiede allein durch den Zufall erklärt werden können. Die Arbeitshypothese nimmt hingegen an, daß die Anzahl der Ehejahre einen Einfluß auf die Einstellung zur Ehe besitzt, wobei die Richtung des Einflusses nicht festgelegt ist („zweiseitige" Fragestellung). Wir wollen unsere Entscheidung auf dem 5-Prozent-Niveau treffen.

Die theoretisch (unter $H_0$) zu erwartende Häufigkeit $f_e$ in den einzelnen Feldern können wir aus den vorhandenen Häufigkeiten der Vierfeldertabelle bestimmen: Unter Zufallsbedingungen ist die Einstellung zur Ehe unabhängig von den Ehejahren, d.h. wir erwarten, daß die Stichprobe der „kürzer Verheirateten" (n = 30) sich entsprechend der vorhandenen Relationen 40:70 und 30:70 (Zeilensumme zu Gesamtsumme) aufteilt; dies gilt entsprechend für die länger Verheirateten. Die erwartete Häufigkeit für die einzelnen Felder berechnet sich dann:

a: $f_e = \dfrac{30 \cdot 40}{70} = 17,1$  b: $f_e = \dfrac{40 \cdot 40}{70} = 22,9$

c: $f_e = \dfrac{30 \cdot 30}{70} = 12,9$  e: $f_e = \dfrac{30 \cdot 40}{70} = 17,1$

Man kann $f_e$ allerdings auch schematisch nach der folgenden Formel berechnen:

$$f_e = \frac{\text{Zeilensumme} \cdot \text{Spaltensumme}}{\text{Gesamtsumme}} \tag{15a}$$

Die erwarteten Häufigkeiten wurden in Klammern in die Tabelle eingetragen. Wir sehen, daß die Unterschiede nicht sehr groß sind. Wir errechnen den $\chi^2$-Wert mit Hilfe der Formel 14a:

$$\chi^2 = \sum \frac{(f_b - f_e)^2}{f_e} = \frac{(15 - 17{,}1)^2}{17{,}1} + \frac{(25 - 22{,}9)^2}{22{,}9} +$$

$$+ \frac{(15 - 12{,}9)^2}{12{,}9} + \frac{(15 - 17{,}1)^2}{17{,}1} = \frac{4{,}41}{17{,}1} + \frac{4{,}41}{22{,}9} + \frac{4{,}41}{12{,}9} +$$

$$+ \frac{4{,}41}{17{,}1} = 0{,}258 + 0{,}193 + 0{,}342 + 0{,}258 = \underline{1{,}051}$$

Die Anzahl der Freiheitsgrade beträgt bei der Vierfeldertabelle 1, da nur die Häufigkeit in einem Feld bei gegebenen Zeilen- und Spaltensummen „frei" ist.

Wir entnehmen der $\chi^2$-Tabelle des Anhangs den kritischen Wert für df = 1 und $\alpha$ = 5 Prozent: 3,841.

Unser errechneter Wert liegt deutlich unter dem Tabellenwert, d.h. wir behalten die Nullhypothese als Erklärung bei. Die Arbeitshypothese konnte durch das Ergebnis nicht bestätigt werden.

Es besteht demnach kein statistisch gesicherter Zusammenhang zwischen den Variablen. Es wäre deshalb auch nicht sinnvoll, den Grad des gemeinsamen Zusammenhanges durch den Vierfelderkorrelationskoeffizienten zu beschreiben.

Zur Berechnung des $\chi^2$-Wertes einer Vierfeldertabelle wurde noch eine andere Formel entwickelt, bei der man nicht die einzelnen erwarteten Häufigkeiten berechnen muß, sondern bei der man die beobachteten Häufigkeiten direkt in die Formel einsetzen kann:

$$\chi^2 = \frac{(a \cdot d - b \cdot c)^2 \cdot n}{(a+b) \cdot (c+d) \cdot (a+c) \cdot (b+d)} \tag{15b}$$

Wir setzen die beobachteten Häufigkeiten ein und erhalten:

$$\chi^2 = \frac{(15 \cdot 15 - 25 \cdot 15)^2 \cdot 70}{40 \cdot 30 \cdot 30 \cdot 40} = \frac{150^2 \cdot 70}{1200^2} = \frac{35}{32} = \underline{1{,}094}$$

Beide errechneten Werte sind praktisch identisch; der Wert, den wir bei Formel 14a errechneten, ist geringfügig kleiner, weil wir beim Quadrieren mit auf- bzw. abgerundeten Zahlen gearbeitet haben.

Die Formel 15b hat eine Ähnlichkeit mit derjenigen zur Berechnung des Phi-Korrelationskoeffizienten $r_\phi$. Man kann deshalb diesen Koeffizienten auch leicht aus dem $\chi^2$-Wert berechnen:

$$r_\phi = \sqrt{\frac{\chi^2}{n}} \tag{15c}$$

Dies soll bei unserem Beispiel exemplarisch – man würde ihn hier ja nicht berechnen – durchgeführt werden:

$$r_\phi = \sqrt{\frac{1,09}{70}} = \sqrt{0,016} = \underline{0,13}$$

Umgekehrt kann man den $\chi^2$-Wert auch aus dem Vierfelderkorrelationskoeffizienten berechnen:

$$\chi^2 = n \cdot r_\phi^2 \tag{15d}$$

Damit können wir nachträglich unseren Vierfelderkorrelationskoeffizienten aus Kapitel 3.3.1 auf seine Signifikanz überprüfen:

$(r_\phi = 0,53; n = 17)$

$\chi^2 = 17 \cdot 0,53^2 = 4,775$

Dieser Wert ist auf dem 5%-Niveau signifikant, d.h. es besteht ein statistisch gesicherter Zusammenhang zwischen den Variablen.

*Chi-Quadrat-Test bei 2 Variablen und mehreren Kategorien*

Als Beispiel für diese Datensituation soll das Ergebnis einer Befragung betrachtet werden. Dabei sollte die Fragestellung untersucht werden,

**Tabelle 11** Zusammenhang zwischen Schichtzugehörigkeit und Einstellung zur Todesstrafe (n = 150).

|  | Einstellung zur Todesstrafe | | |  |
|---|---|---|---|---|
|  | + | ± | − |  |
| Oberschicht | 5 (15) | 15 (11,7) | 30 (23,3) | 50 (50) |
| Mittelschicht | 15 (15) | 10 (11,7) | 25 (23,3) | 50 (50) |
| Unterschicht | 25 (15) | 10 (11,7) | 15 (23,3) | 50 (50) |
|  | 45 (45) | 35 (35,1) | 70 (69,9) | 150 |

ob es einen schichtspezifischen Unterschied in der Einstellung zur Todesstrafe gibt. Das Ergebnis wird in der Tabelle 11 dargestellt. Als Entscheidungsbasis wird das 1%-Niveau gewählt. Wir müssen auch hier zuerst die erwarteten Häufigkeiten für die einzelnen Felder berechnen; dazu verwenden wir am besten Formel 15a. Die errechneten $f_e$-Werte wurden in die entsprechenden Felder in Klammern eingetragen. Auch bei dieser Tabelle müssen ihre Zeilen- und Spaltensummen mit denen der beobachteten Häufigkeiten übereinstimmen. Wir setzen nun die Tabellenwerte in Formel 14a ein und erhalten:

$$\chi^2 = \frac{100}{15} + \frac{3{,}3^2}{11{,}7} + \frac{6{,}7^2}{23{,}3} + \frac{0^2}{15} + \frac{1{,}7^2}{11{,}7} + \frac{1{,}7^2}{23{,}3} + \frac{100}{15} +$$

$$+ \frac{1{,}7^2}{11{,}7} + \frac{8{,}3^2}{23{,}3} = 6{,}7 + 0{,}9 + 1{,}9 + 0 + 0{,}2 + 0{,}1 + 6{,}7 +$$

$$+ 0{,}2 + 3{,}0 = \underline{19{,}7}$$

Die Anzahl der Freiheitsgrade df für diese Datensituation läßt sich am sichersten mit der folgenden Formel bestimmen, bei welcher s die Anzahl der Spalten und z die der Zeilen symbolisiert:

$$df = (s - 1) \cdot (z - 1) \tag{16}$$

Wir haben bei unserem Beispiel demnach df = (3 – 1) · (3 – 1) = 4 Freiheitsgrade. Da unser errechneter Wert deutlich größer ist als der kritische Wert der $\chi^2$-Tabelle, lehnen wir die Nullhypothese ab: Die beobachteten Unterschiede in der Tabelle sind so groß, daß sie mit einer Sicherheit von mindestens 99 Prozent nicht mehr durch den Zufall erklärt werden können.

Auch für diese Datensituation gibt es statistische Kennwerte, wie z. B. den Kontingenzkoeffizienten C, die über den Grad des Zusammenhanges zwischen den Variablen informieren. Ihre praktische Bedeutung ist in den Sozialwissenschaften allerdings gering, so daß wir es bei dem Hinweis belassen können.

*Grundvoraussetzungen für die Anwendung des $\chi^2$-Tests*

Die sinnvolle Anwendung des $\chi^2$-Tests ist an das Vorliegen der folgenden Voraussetzungen gebunden:

- Bei den Zahlenwerten muß es sich um *absolute* Häufigkeiten handeln. Prozentwerte müssen wieder in absolute Zahlen zurückgerechnet werden.
- Die beobachteten Häufigkeiten müssen *unabhängig* voneinander erhoben worden sein. Liegen abhängige Stichproben vor, d.h. wur-

den Beobachtungspaare an jeweils einzelnen Personen erhoben, dann ist der $\chi^2$-Test nach *McNemar* durchzuführen, der noch beschrieben wird.
- Die kleinste erwartete Häufigkeit $f_e$ darf in keiner Kategorie unter 5 liegen! Ist dies nicht der Fall, dann muß man entweder einzelne Kategorien zusammenfassen oder einen Signifikanztest – den Fisher-Yates-Test – durchführen, der speziell für kleine Stichproben geeignet ist. Dieser Test wird im nächsten Kapitel beschrieben.

*Exkurs: Der Fisher-Yates Test für kleine Stichproben*

Bei sozialpädagogischen Untersuchungen arbeitet man häufig mit kleinen Stichproben, bei denen das $\chi^2$-Verfahren keine zuverlässigen Interpretationen erlaubt, da $f_e$ für ein oder mehrere Felder kleiner als 5 ist. Für diese Fälle empfiehlt sich die Anwendung des Fisher-Yates-Tests, dessen Gedankengang im folgenden an einem Beispiel demonstriert wird:

In einer Jugendgruppe wurde das Thema Rauchen diskutiert; es wurde behauptet, daß Kinder das Rauchen hauptsächlich von ihren Eltern übernehmen. Eine anschließend durchgeführte Befragung in der Gruppe ergab folgendes Ergebnis:

**Tabelle 12** Zusammenhang zwischen dem Rauchverhalten von Eltern und Kindern (R: Raucher, N: Nichtraucher).

|      |   | Eltern |   |    |
|------|---|--------|---|----|
|      |   | R      | N |    |
| Kind | R | 6      | 1 | 7  |
|      | N | 2      | 6 | 8  |
|      |   | 8      | 7 | 15 |

Die Voraussetzungen für den $\chi^2$-Test sind nicht gegeben; die Stichprobe ist zu klein, und die erwarteten Häufigkeiten liegen in allen Feldern unter 5.

Nach der Arbeitshypothese erwarten wir, daß Kinder rauchender Eltern über das Modell-Lernen eher zu Rauchern werden als Kinder, deren Eltern Nichtraucher sind. Als Entscheidungsbasis wird das 5%-Niveau gewählt.

Der Fisher-Yates-Test geht nun von folgender Überlegung aus:
Die Randsummen der Vierfeldertabelle sind vorgegeben. Unter der Nullhypothese müßten die einzelnen Felder a, b, c und d etwa gleich

stark besetzt sein; je unterschiedlicher die Besetzung der Felder nun ist, desto unwahrscheinlicher wird $H_0$. Beim Fisher-Yates-Test berechnen wir nun die Wahrscheinlichkeit p für eine beobachtete Häufigkeitsverteilung bei gegebenen Randsummen. Diese Wahrscheinlichkeit p läßt sich mit folgender Formel berechnen:

$$p = \frac{(a+b)! \cdot (c+d)! \cdot (a+c)! \cdot (b+d)!}{n! \cdot a! \cdot b! \cdot c! \cdot d!} \ * \qquad (17)$$

Diese Formel sieht bedrohlicher aus, als sie in Wirklichkeit ist, da man regelmäßig kürzen kann. Wir setzen die Werte der Tabelle 12 in die Formel ein und erhalten:

$$p_1 = \frac{7! \cdot 8! \cdot 8! \cdot 7!}{15! \cdot 6! \cdot 1! \cdot 2! \cdot 6!} = \frac{7 \cdot 8 \cdot 7 \cdot 6 \cdot 5 \cdot 4 \cdot 3 \cdot 7}{15 \cdot 14 \cdot 13 \cdot 12 \cdot 11 \cdot 10 \cdot 9} =$$

$$= \underline{0{,}03036}$$

Die Wahrscheinlichkeit, daß die beobachtete Häufigkeitsverteilung bei den gegebenen Randsummen durch Zufall auftritt, ist demnach gering und nur in 3 Prozent der Fälle zu erwarten. Um nun die Entscheidung über das Schicksal der Nullhypothese fällen zu können, müssen wir noch die Wahrscheinlichkeiten berechnen, daß noch extremere Verteilungen auftreten. Bei unserem Beispiel gibt es nur noch eine extremere Verteilung (bei den gegebenen Randsummen):

| 7 | 0 | 7 |
|---|---|---|
| 1 | 7 | 8 |
| 8 | 7 | 15 |

Die Wahrscheinlichkeit dafür ist

$$p_2 = \frac{7! \cdot 8! \cdot 8! \cdot 7!}{15! \cdot 7! \cdot 0! \cdot 1! \cdot 7!} = \underline{0{,}00124} \quad (0! = 1)$$

Die Gesamtwahrscheinlichkeit p, daß unsere beobachtete Häufigkeitsverteilung und extremere allein durch den Zufall entstehen, berechnet sich aus der Summe der einzelnen Wahrscheinlichkeiten:

p = $p_1$ + $p_2$ = 0,03046 + 0,00124 = 0,03170 oder 3,17%

---

* ! ist das Fakultätszeichen und bedeutet, daß die jeweilige Zahl mit der laufend um 1 reduzierten Zahl multipliziert werden soll, z. B. 7! = 7 · 6 · 5 · 4 · 3 · 2 · 1.

Der errechnete Wert ist so gering, daß der Zufall als Ursache der beobachteten Verteilung ausgeschlossen werden kann (5%–Niveau) und wir die Arbeitshypothese akzeptieren.

Unsere Interpretation gilt aber nur, wenn die Fragestellung der Untersuchung *einseitig* gestellt war. Bei unserem Beispiel waren wir durch Vorerfahrungen (Lernen am Modell) berechtigt anzunehmen, daß das elterliche Vorbild einen fördernden Einfluß besitzt; wir berechneten deshalb die Wahrscheinlichkeit der beobachteten Häufigkeit und extremerer in dieser Richtung. Bei einer *zweiseitigen* Fragestellung wird hingegen die Richtung der Veränderung offengelassen; sie würde bei unserem Beispiel lauten: Das elterliche Rauchverhalten beeinflußt das Rauchverhalten der Kinder, wobei es sich um einen fördernden oder hemmenden Einfluß handeln kann. Liegt unserer Untersuchung eine zweiseitige Fragestellung zugrunde, dann müssen wir beim Fisher-Yates-Test auch noch die Wahrscheinlichkeit für die entsprechenden entgegengesetzten Verteilungen berücksichtigen, d.h. wir müssen das errechnete p verdoppeln.

Die meisten Tabellen der Prüfstatistik – so auch die $\chi^2$-Tabelle – sind für die zweiseitige Fragestellung entwickelt. Können wir unsere Untersuchungshypothesen einseitig formulieren, dann müssen wir die entsprechenden Wahrscheinlichkeitswerte (10% → 5%; 2% → 1%) halbieren. Bei der einseitigen Fragestellung wird der Zufall eher (bei gleichem Signifikanzniveau) abgelehnt als bei der zweiseitigen. Eine einseitige Fragestellung ist aber nur dann zulässig, wenn wir gewichtige Informationen vorliegen haben, die eine derartige Formulierung erlauben. Eine nachträgliche Umformulierung der zweiseitigen in eine einseitige Fragestellung kann zwar in Einzelfällen zu einem signifikanten Ergebnis führen, widerspricht aber den Verhaltensnormen sozialwissenschaftlichen Forschens. In Zweifelsfällen sollte deshalb stets die zweiseitige Fragestellung gewählt werden.

### 3.4.2.2 Abhängige Stichproben: Der $\chi^2$-Test nach McNemar

Wird nun eine Stichprobe unter zwei Bedingungen untersucht, was bei den „vorher–nachher"-Untersuchungen regelmäßig der Fall ist, dann kann der $\chi^2$-Test nicht in der uns bekannten Form durchgeführt werden. Die akzentuierte Technik soll an folgendem Beispiel demonstriert werden: In einem Seminar möchte man die Einstellung zu Behinderten verändern. Zu Beginn des Seminars wird gefragt, welcher der Teilnehmer bereit ist, einen blinden Behinderten im Urlaub zu betreuen (vorher + oder –); anschließend werden die Teilnehmer ausführlich durch Filme, Vorträge und Diskussionen über die Arbeit mit Behinderten informiert; abschließend wird nochmals die Einstellung erfaßt (nachher + oder −). Das Ergebnis zeigt die Tabelle 13:

**Tabelle 13** Einstellungsänderung gegenüber der Betreuung Behinderter während eines Seminars (n = 50).

|  |  | nachher | | |
|---|---|---|---|---|
|  |  | + | − |  |
| vorher | + | 10 a | 5 b | 15 |
|  | − | 20 c | 15 d | 35 |
|  |  | 30 | 20 | 50 |

Das Denkmodell des McNemar- Tests besteht darin, daß unter Zufallsbedingungen die Häufigkeiten der Felder b und c gleich sein müßten, da sie ja angeben, wieviele Personen ihre Meinung geändert haben, also von einer anfangs negativen zu einer später positiven Haltung (u.u.) kamen. Die Felder a und d hingegen geben die Anzahl der gleichbleibenden Haltungen an. Besteht demnach ein echter Einfluß durch die seminaristischen Aktivitäten, dann muß sich dies in den Feldern b und c zeigen. Die Signifikanzprüfung verläuft über die Formel:

$$\chi^2 = \frac{(b-c)^2}{b+c} \quad \text{bei df} = 1 \tag{18}$$

Wir setzen ein und erhalten

$$\chi^2 = \frac{(-15)^2}{25} = \frac{225}{25} = \underline{9{,}0}$$

Dieser $\chi^2$-Wert ist auf dem 1%-Niveau signifikant, so daß wir die beobachtete Veränderung nicht mehr als zufällig betrachten und die Arbeitshypothese akzeptieren.

Auch beim $\chi^2$-Test nach *McNemar* müssen die Voraussetzungen für den $\chi^2$-Test erfüllt sein. Sind die erwarteten Häufigkeiten in den Feldern kleiner als 5, dann läßt sich die Nullhypothese mit dem Modell der Binominalverteilung überprüfen, da die Wahrscheinlichkeiten für die beiden „Wechsler-Kategorien" (b und c) gleich sind ($p_b = p_c = 0{,}5$). Da im sozialpädagogischen Bereich häufig kleine Stichproben vorliegen, sei dies an einem einfachen Beispiel demonstriert:

Wir reduzieren unsere Vierfeldertabelle zu folgender Form, die den Anforderungen des $\chi^2$-Verfahrens nicht mehr gerecht wird:

|  |  | nachher | |
|---|---|---|---|
|  |  | + | − |
| vorher | + | 6 | 1 |
|  | − | 9 | 3 |

Unter $H_0$ dürfen die Häufigkeiten in den Feldern b und c nur zufällig voneinander abweichen. Unsere Fragestellung lautet hier: Sind 9 positive und eine negative Veränderung noch als zufällig anzusehen oder ist diese Relation (bei gleicher Wahrscheinlichkeit) schon so extrem, daß wir den Zufall auf dem 5%-Niveau als Erklärung ablehnen können? Die Frage wird vielleicht etwas anschaulicher, wenn wir sie mit dem Münzenwerfen vergleichen. Wie wahrscheinlich ist es, daß 10 Münzen so fallen, daß wir 9mal das Wappen und einmal die Zahl sehen? Die Wahrscheinlichkeit für dieses zufällige Ereignis können wir der Binominalverteilung entnehmen, die im Anhang (Tafel 13) enthalten ist.

Wir entnehmen der Tafel 13, daß bei (n =) 10 gleichwahrscheinlichen Ereignissen die Eintrittswahrscheinlichkeit für (k=) 9 gleiche und 1 alternatives Merkmal 0,0098 beträgt. Wir würden deshalb bei dem beobachteten Verhältnis von 1:9 die Nullhypothese bei einseitiger Fragestellung auf dem 1%-Niveau und bei zweiseitiger auf dem 5%-Niveau ablehnen.

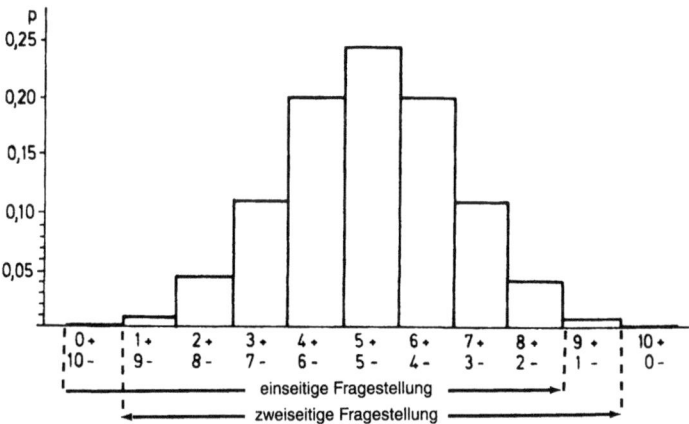

**Abb. 11** Darstellung der Eintrittswahrscheinlichkeiten alternativer, gleichwahrscheinlicher Ereignisse.

Diese Überlegungen sollen mit Hilfe einer graphischen Darstellung, die aus der Binominalverteilung für unsere Datensituation entwickelt wurde, veranschaulicht werden (Abb. 11).

Auch bei diesem Beispiel können wir zwischen der einseitigen und zweiseitigen Fragestellung unterscheiden. Erwarten wir zu Beginn der Untersuchung (begründet) die Veränderung in positiver Richtung, dann können wir einseitig testen. Bei der zweiseitigen Testung würden wir die Richtung der Veränderung offen lassen und müßten deshalb auch die Eintrittswahrscheinlichkeiten für die extremen Fälle in beiden Richtungen berücksichtigen.

### 3.4.3 Prüfverfahren für das Rangskalenniveau

Wir haben die Verfahren für das Nominalskalenniveau ausführlicher betrachtet, weil dieses Skalenniveau ebenso wie das Rangskalenniveau sehr häufig bei sozialwissenschaftlichen Untersuchungen angetroffen wird. Wir werden auch für das Rangskalenniveau die einschlägigen Verfahren betrachten, mit denen wir die Signifikanz von Unterschieden bei abhängigen und unabhängigen Stichproben bestimmen. Die Tests auf Rangskalenniveau arbeiten präziser, da sie Meßwerte verarbeiten, denen die Eigenschaften der Identität und der Ordnung zukommen. Grundsätzlich kann man alle Meßwerte des Rang- und auch des Intervallskalenniveaus auf das Nominalskalenniveau transformieren und mit den dort beschriebenen Verfahren auf ihre Signifikanz hin prüfen. Man verzichtet dabei aber auf zusätzliche Informationen, die in den ursprünglichen Meßwerten liegen. Wird mit den Verfahren des Nominalskalenniveaus ein signifikanter Unterschied errechnet, dann würde auch ein präziseres Verfahren auf höherem Niveau zu einem signifikanten Wert (möglicherweise auf strengerem Signifikanzniveau) führen. Fällt der Signifikanztest mit dem Verfahren aber negativ aus, dann kann eine Methode, die zusätzliche Informationen berücksichtigt, zu einem signifikanten Ergebnis führen.

#### 3.4.3.1 Unabhängige Stichproben: Der Wilcoxon-White-Test

Für das Rangskalenniveau existieren eine Anzahl verschiedener Testverfahren, von denen der Wilcoxon-White-Test (nach Ansicht des Verfassers) wohl am leichtesten durchzuführen ist. Ihm liegt folgender Gedankengang zugrunde: Will man die Meßwerte zweier unterschiedlicher Stichproben miteinander vergleichen, dann kann man zuerst beide Gruppen zusammenfassen, die einzelnen Meßwerte in Rangplätze übertragen und anschließend die Gesamtgruppe wieder in die beiden ursprünglichen Stichproben aufteilen. Unter Zufallsbedingungen müßte die Summe der Rangplätze aus den einzelnen Stichproben etwa gleich groß sein; je stärker sie sich unterscheiden, desto unwahrscheinlicher ist es, daß der Zufall dafür verantwortlich ist. Beide Extremsituationen seien kurz skizziert:

$$
\begin{array}{cc}
\text{Rangplätze} & \text{Rangplätze} \\
\text{in Gruppe} & \text{in Gruppe} \\
\begin{array}{cc} A & B \\ 1 & 2 \\ 4 & 3 \\ 5 & 6 \\ 8 & 7 \end{array} & \begin{array}{cc} A & B \\ 1 & 5 \\ 2 & 6 \\ 3 & 7 \\ 4 & 8 \end{array} \\
T_1 = 18 \underbrace{\phantom{--}}_{H_0} 18 = T_2 & T_1 = 10 \underbrace{\phantom{--}}_{H_1 (?)} 26 = T_2
\end{array}
$$

Je stärker sich die Teilrangsummen ($T_1$ und $T_2$) von dem unter Zufallsbedingungen zu erwartenden Wert $T_e$ unterscheiden, desto eher können wir $H_0$ zurückweisen. Der Erwartungswert $T_e$ ist leicht zu berechnen:

$$T_e = \frac{n_1 \cdot (n + 1)}{2} \tag{19}$$

$n_1$ entspricht dabei dem Umfang einer Teilstichprobe; haben die Stichproben eine unterschiedliche Größe, dann verwendet man als $n_1$ *stets die kleinere Stichprobe* (dadurch wird die Rechenarbeit erleichtert); n bedeutet den Umfang der Gesamtstichprobe, also $n_1 + n_2$. Wir setzen die Werte für unser einfaches Beispiel ein und erhalten:

$$T_e = \frac{4 \cdot 9}{2} = 18$$

Beim ersten Beispiel entspricht $T_1 = 18 = T_e$, d.h. wir haben „ideale" Zufallsbedingungen; beim anderen Extrembeispiel ist die Differenz $T_1 - T_e = 10 - 18 = -8$ und kann bei dieser Stichprobengröße keinen höheren Wert erreichen. Die Entscheidung darüber, ob die Prüfgröße $T_1 - T_e$ signifikant ist, wird wiederum mit Hilfe einer Tabelle gefällt. Tafel 3 im Anhang enthält die kritischen Werte für diese Prüfgröße. Diese Tabelle ist diagonal in zwei Hälften geteilt: Die obere Hälfte entspricht dem 5%-, die untere dem 1%-Niveau.

Die *Entscheidung* wird so gefällt, daß wir den kritischen Wert für die beiden Stichprobengrößen $n_1/n_2$ der Tabelle entnehmen (8,0) und mit der Prüfgröße $|T_1 - T_e|$ (das Vorzeichen spielt keine Rolle) ver-

gleichen. Ist unsere errechnete Prüfgröße gleich oder größer als der kritische Tabellenwert, dann lehnen wir die Nullhypothese ab.
Unser Wert beim Extrembeispiel wäre demnach auf dem 5%-Niveau signifikant.
Das Vorgehen soll an einem konkreteren Beispiel nochmals verdeutlicht und erweitert werden. In einer Fabrikhalle arbeiten unter gleichen Bedingungen 14 Frauen und 12 Männer. Ihre Arbeitsqualität wird wöchentlich nach einem Punktesystem beurteilt; dabei ergab sich die folgende wöchentliche Einzelbeurteilung in beiden Gruppen:

X (Männer):   7, 8, 10, 11, 13, 10, 10, 15, 9, 12, 14, 6 (n = 12)
X (Frauen):   10, 11, 15, 16, 13, 9, 16, 12, 14, 15, 13, 10, 12, 15 (n = 14)

Es ist nun zu entscheiden, ob ein geschlechtsspezifischer Unterschied in der Arbeitsqualität existiert ($\alpha = 1\%$).
Wir fassen die Meßwerte zuerst in einer Gesamtstichprobe zusammen und übertragen sie in Rangplätze; liegen gleiche Meßwerte vor, dann werden die entsprechenden Rangplätze gemittelt (wie auch bei der Rangkorrelation) und verteilt. Um Fehler zu vermeiden, ist es dabei günstig, die Übertragung mit Hilfe einer (verkürzten) Tabelle durchzuführen (Tab. 14).
Die unter Zufallsbedingungen zu erwartende Teilrangsumme $T_e$ beträgt:

$$T_e = \frac{12 \cdot (26 + 1)}{2} = 6 \cdot 27 = 162$$

**Tabelle 14** Übertragung der Meßwerte in Rangplätze. Die Teilrangsumme der kleineren Stichprobe $n_1$ beträgt 119.

| X | $f_M$ | $f_F$ | $f_{cum}$ M + F | Rangplätze M | F | Nebenrechnungen für Rangplatzaufteilung |
|---|---|---|---|---|---|---|
| 6 | / |  | 1 | 1 |  |  |
| 7 | / |  | 2 | 2 |  |  |
| 8 | / |  | 3 | 3 |  |  |
| 9 | / | / | 5 | 4,5 | 4,5 | (4 + 5) : 2 = 4,5 |
| 10 | /// | // | 10 | 3 · 8 | 2 · 8 | (6 + 7 + 8 + 9 + 10) : 5 = 8 |
| 11 | / | / | 12 | 11,5 | 11,5 | (11 + 12) : 2 = 11,5 |
| 12 | / | // | 15 | 14 | 2 · 14 | (13 + 14 + 15) : 3 = 14 |
| 13 | / | // | 18 | 17 | 2 · 17 | (16 + 17 + 18) : 3 = 17 |
| 14 | / | / | 20 | 19,5 | 19,5 | (19 + 20) : 2 = 19,5 |
| 15 | / | /// | 24 | 22,5 | 3 · 22,5 | (21 + 22 + 23 + 24) : 4 = 22,5 |
| 16 |  | // | 26 |  | 2 · 25,5 | (25 + 26) : 2 = 25,5 |
|  | 12 | 14 |  | 119 |  |  |
|  | $n_1$ | $n_2$ |  | $T_1$ |  |  |

Unsere Prüfgröße $|T_1 - T_e|$ ist demnach $|119 - 162| = 43$. Der kritische Tabellenwert für das 1%-Niveau bei $n_1/n_2$ ist 50. Da unser errechneter Wert kleiner ist, behalten wir die Nullhypothese bei. Es besteht aber ein eindeutiger Trend zu einem geschlechtsspezifischen Unterschied, da unser Wert auf dem 5%-Niveau signifikant gewesen wäre. Eine nachträgliche Reduzierung des Signifikanzniveaus ist nicht zulässig; wir können lediglich versuchen, unsere Stichproben zu vergrößern, um eine sicherere Entscheidung treffen zu können. Nehmen wir jetzt an, daß wir unsere Beobachtungen auf eine weitere Gruppe, welche für die gleiche Arbeit beurteilt wurde, ausdehnten und dabei folgende Werte erhielten: $T_1 = 573$, $n_1 = 24$, $n_2 = 28$;

$$T_e = \frac{24 \cdot 53}{2} = 636; \quad |T_1 - T_e| = |573 - 636| = 63$$

Unsere beiden Stichproben sind jetzt allerdings zu groß geworden, um die Entscheidung mit Hilfe der Tabelle für den Wilcoxon-White-Test treffen zu können. Wir müssen deshalb die Entscheidung auf anderem Weg suchen. Dabei kommt uns zu Hilfe, daß sich die Teilrangsummen $T_1$ bei größeren Stichproben normal um den Mittelwert $T_e$ verteilen. Wir erinnern uns an die *Gauß*sche Normalverteilung: Kleine Abweichungen vom arithmetischen Mittelwert sind sehr häufig, größere werden immer seltener. Abb. 12 soll unsere Erinnerung fördern.

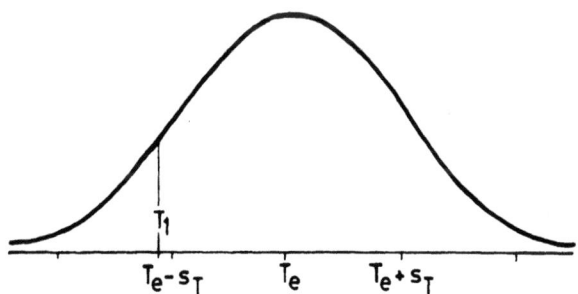

**Abb. 12** Verteilung der Teilrangsummen bei größeren Stichproben.

Die Standardabweichung $s_T$ der Teilrangsummen wird nach folgender Formel berechnet:

$$s_T = \sqrt{\frac{n_1 \cdot n_2 \cdot (n + 1)}{12}} = \sqrt{\frac{n_2 \cdot T_e}{6}} \tag{20}$$

Für unser Beispiel ist demnach

$$s_T = \sqrt{\frac{24 \cdot 28 \cdot 53}{12}} = \sqrt{2968} = 54{,}5$$

Wir können unsere Entscheidung nun mit Hilfe der z-Wert-Transformation fällen, indem wir unsere Werte auf die Einheitsnormalverteilung transformieren und mit Hilfe der z-Wert-Tabelle feststellen, wie extrem unser $T_1$ (= $z_1$) ist: Wir setzen in Formel 10 ein und erhalten:

$$z = \frac{X - \bar{x}}{s} = \frac{T_1 - T_e}{s_T} = \frac{573 - 636}{54{,}5} = -1{,}16$$

Für z = –1,16 entnehmen wir der z-Wert-Tabelle die Zahl 0,123024, d.h. bis zu unserem $T_1$ liegen 12,30 Prozent der Verteilung. Wir müssen demnach die Nullhypothese beibehalten, da die Wahrscheinlichkeit, daß eine solche Teilrangsumme durch den Zufall entsteht, 12,30 Prozent ist.

### 3.4.3.2 Abhängige Stichproben

Die Vorteile der abhängigen Stichproben bestehen darin, daß die Veränderungen durch die experimentellen Bedingungen deutlicher werden, da die Veränderungen durch eine andere Personengruppe vermieden werden; damit wird der Stichprobenfehler geringer.

Für abhängige Stichproben, deren Meßwerte auf dem Rangskalenniveau erhoben wurden, existieren wiederum verschiedene Signifikanztest, von denen der Vorzeichentest – er erlaubt eine sehr schnelle, allerdings grobe Entscheidung – und der wesentlich präzisere Wilcoxon-Test für Paardifferenzen vorgestellt werden sollen.

*Der Vorzeichentest*

Der Gedankengang beim Vorzeichentest ist einfach: Wir betrachten lediglich die Richtung der Unterschiede bei den einzelnen Meßwertpaaren (+ oder –) und bestimmen, ob die beobachtete Relation noch als zufällig angesehen werden muß. Die exakten Wahrscheinlichkeiten können wir der Binominalverteilung entnehmen, für unsere Zwecke reicht aber völlig die Tabelle für den Vorzeichentest (Tafel 5 im Anhang) aus.

Demonstrieren wir das Vorgehen an einem Beispiel: Man möchte die Auswirkungen des „Höhentrainings" bei einer Gruppe von Leistungssportlern untersuchen. Dazu bestimmt man den Leistungsgrad vor Trainingsbeginn und beim Trainingsabschluß mit gleichen Kriterien. Das Ergebnis ist in Tabelle 15 dargestellt.

**Tabelle 15** Leistungsveränderung durch ein Höhentraining.

| Sportler | A | B | C | D | E | F | G | H | I | J | K | L |
|---|---|---|---|---|---|---|---|---|---|---|---|---|
| Vorher $X_1$ | 5 | 8 | 8 | 7 | 3 | 3 | 5 | 9 | 5 | 2 | 7 | 6 |
| Nachher $X_2$ | 4 | 9 | 9 | 8 | 5 | 5 | 7 | 9 | 5 | 4 | 8 | 7 |
| Richtung | − | + | + | + | + | + | + | 0 | 0 | + | + | + |

Wir beobachten bei zwei Sportlern *keine* Veränderung. Diese beiden Ergebnisse werden beim weiteren Vorgehen nicht mit berücksichtigt; unser n *reduziert* sich dadurch auf 10. Die Frage an den Vorzeichentest lautet demnach: Wie wahrscheinlich ist die beobachtete Relation von 9+ und 1− bei insgesamt 10 gleichwahrscheinlichen Alternativen? Die Entscheidung über das Schicksal der Nullhypothese fällen wir mit Hilfe der Tafel 5: Bei einem n von 10 darf einmal die entgegengesetzte Richtung auftreten, damit der Zufall als Ursache ausgeschlossen werden kann ($\alpha = 5\%$). Wir haben demnach ein signifikantes Ergebnis.

Wird aufgrund des Vorzeichentests die Nullhypothese abgelehnt, dann erübrigt sich die Anwendung eines präziseren, aber meist umständlicheren Verfahrens. Zeigt sich beim Vorzeichentest jedoch nur ein deutlicher Trend, dann kann dieser sich bei einem präziseren Verfahren, das die Rangplatzinformationen mit verarbeitet, als signifikant erweisen. Beim Wilcoxon-Test für Paardifferenzen handelt es sich um ein solches Verfahren.

*Der Wilcoxon-Test für Paardifferenzen*

Wir wollen den Wilcoxon-Test am Beispiel der Tabelle 15 demonstrieren; wir wissen, daß sein Ergebnis mindestens auf dem 5%-Niveau signifikant werden muß, da er die Informationen der Ausgangsdaten besser verarbeitet als der Vorzeichentest.

Das Vorgehen beim Wilcoxon-Test unterscheidet sich in einigen Punkten von dem beim Wilcoxon-White-Test. Beim Wilcoxon-Test für Paardifferenzen werden als erstes die Differenzen d zwischen den Meßwertpaaren in ihrer absoluten Größe bestimmt und dann *unabhängig* von ihrem Vorzeichen (Richtung) in eine Rangreihe gebracht (Rangplatz $|d|$), wobei der kleinsten Differenz der Rangplatz 1 zugeteilt wird. Bestehen mehrere gleiche Differenzen − wie bei unserem Beispiel −, dann werden sie gemittelt. Gleiche Meßwertpaare werden (wie beim Vorzeichentest) bei der weiteren Berechnung nicht mehr berücksichtigt; der Stichprobenumfang wird durch ihre Anzahl reduziert. Beim nächsten Schritt werden die Rangplätze nun nach ihrer Richtung in zwei Gruppen (+ und −) getrennt und *in der kleineren*

*Gruppe* addiert. Diese Summe ergibt $T_1$. Unter Zufallsbedingungen würde man auch hier erwarten, daß die Teilrangsummen in beiden Gruppen gleich groß sind. Unsere *Prüfgröße* ist deshalb auch hier $|T_1 - T_e|$, wobei die Formel für $T_e$ etwas anders aussieht als beim Wilcoxon-White-Test, da nicht alle Meßwerte auf Rangplätze übertragen wurden, sondern deren Differenzen:

$$T_e = \frac{n \cdot (n + 1)}{4} \tag{21}$$

wobei n die Anzahl der Beobachtungspaare (= verteilte Rangplätze) symbolisiert.

Wir setzen die Daten aus der Tabelle 16 ein und erhalten:

$$T_e = \frac{10 \cdot 11}{4} = 27,5; \quad T_1 = 3,5 \quad |T_1 - T_e| = 24,0$$

**Tabelle 16** Arbeitsschritte beim Wilcoxon-Test für Paardifferenzen.

| Sportler | Bedingung vorher | nachher | Differenz d | Rang \|d\| | Aufteilung der Rangplätze \|d\| + | − |
|---|---|---|---|---|---|---|
| A | 5 | 4 | +1 | 3,5 | 3,5 | |
| B | 8 | 9 | −1 | 3,5 | | 3,5 |
| C | 8 | 9 | −1 | 3,5 | | 3,5 |
| D | 7 | 8 | −1 | 3,5 | | 3,5 |
| E | 3 | 5 | −2 | 8,5 | | 8,5 |
| F | 3 | 5 | −2 | 8,5 | | 8,5 |
| G | 5 | 7 | −2 | 8,5 | | 8,5 |
| H | 9 | 9 | 0 | / | | |
| I | 5 | 5 | 0 | / | | |
| J | 2 | 4 | −2 | 8,5 | | 8,5 |
| K | 7 | 8 | −1 | 3,5 | | 3,5 |
| L | 6 | 7 | −1 | 3,5 | | 3,5 |
| | | | | | $T_1 = \overline{3,5}$ | |

Die *Entscheidung* fällen wir nach dem bekannten Schema: Ist unsere Prüfgröße gleich oder größer als der kritische Tabellenwert (Tafel 4 im Anhang), dann lehnen wir $H_0$ auf dem entsprechenden Signifikanzniveau ab. Unsere Prüfgröße liegt deutlich über dem kritischen Tabellenwert für n = 10 und $\alpha$ = 5%, so daß wir die Erklärung durch den Zufall ablehnen. Unser Prüfwert erreicht fast den kritischen Wert für das 1%-Niveau (bei zweiseitiger Fragestellung!).

Arbeiten wir mit einer Stichprobe, die mehr als 25 Beobachtungspaare umfaßt, dann müssen wir unsere Entscheidung mit Hilfe der z-Wert-Transformation fällen. Die Teilrangsummen $T_1$ verteilen sich bei größeren Stichproben normal um den Mittelwert $T_e$, wobei die Standardabweichung $s_T$ der Verteilung nur durch den Stichprobenumfang n bestimmt wird:

$$s_T = \sqrt{\frac{(2 \cdot n + 1) \cdot n \cdot (n+1)}{6 \cdot 4}} = \sqrt{\frac{(2 \cdot n + 1) \cdot T_e}{6}} \qquad (22)$$

Den entsprechenden z-Wert erhalten wir nach $z = \dfrac{T_1 - T_e}{s_T}$, und die Zufallswahrscheinlichkeit entnehmen wir der z-Wert-Tabelle des Anhangs. Dieses Vorgehen wurde schon beim Wilcoxon-White-Test besprochen, so daß wir es an dieser Stelle nicht mehr demonstrieren müssen.

In diesem Zusammenhang sei aber noch auf ein Verfahren hingewiesen, das gut zur Überprüfung von Veränderungen im Ablauf einer Behandlung geeignet ist: Der *Friedman*-Test. Bei seiner Durchführung müssen wir die Rohwerte der einzelnen Klienten entsprechend ihrer Größe im zeitlichen Ablauf auf Rangplätze übertragen. Dabei erhalten wir die folgende schematische Tabelle:

| Klient | Meßwerte in ihrer zeitlichen Abfolge, übertragen auf Rangplätze | | | | | |
|---|---|---|---|---|---|---|
| | A | B | C | D | E | ... k |
| 1 | 1 | 2 | 3 | 4 | 5 | ... |
| 2 | 2 | 1 | 3 | 5 | 4 | ... |
| 3 | 1 | 2 | 3 | 5 | 4 | ... |
| 4 | 3 | 1 | 2 | 4 | 5 | ... |
| . | | | | | | |
| . | | | | | | |
| . | | | | | | |
| n | 1 | 3 | 2 | 4 | 5 | |
| $T_i$: | $T_1$ | $T_2$ | $T_3$ | $T_4$ | $T_5$ | ... |

Unter Zufallsbedingungen müßten die Teilsummen $T_i$ ($T_1$, $T_2$, ...) alle etwa gleich groß sein, da die Rangplätze der Meßwerte sich zufällig über die Abfolge der Meßbedingungen verteilen. Besteht aber ein signifikanter Trend, dann muß ein deutlicher Unterschied vorhanden sein. Die Prüfgröße des *Friedman*-Tests – ein Beispiel werden wir im Zusammenhang mit der Inhaltsanalyse berechnen – verteilt sich wie die $\chi^2$-Funktion, wenn $n \geqq 10$ und $k > 4$ sind. Bei kleineren Werten kann die Entscheidung mit Hilfe der Tafel 11 des Anhangs getroffen werden. Die Formel zur Berechnung der Prüfgröße lautet:

$$\chi_F^2 = \frac{12}{n \cdot k \cdot (k+1)} \cdot \sum T_i^2 - 3 \cdot n \cdot (k+1) \qquad (23)$$

wobei n die Anzahl der Versuchspersonen und k die der Meßbedingungen darstellt. Die Anzahl der Freiheitsgrade wird durch k − 1 bestimmt.

### 3.4.4 Prüfverfahren für das Intervallskalenniveau

Die sozialwissenschaftlichen Messungen erreichen nur manchmal das Niveau der Intervallskala, so daß wir uns bei der Beschreibung dieser Verfahren relativ kurz fassen können. Ihre Anwendung setzt Meßwerte voraus, deren Abstände konstant sind und die sich weitgehend normal verteilen, so daß wir mit dem Modell der *Gauß*schen Normalverteilung arbeiten können. Sind diese Voraussetzungen nicht gegeben, dann ist ein entsprechendes Verfahren für das Rangskalenniveau anzuwenden.

#### 3.4.4.1 Unabhängige Stichproben

Stichproben können sich in zwei wesentlichen Aspekten unterscheiden: in ihrer Streubreite und ihrer zentralen Tendenz. Die Unterschiede in den Streubreiten werden mit dem F-Test, die in der zentralen Tendenz mit dem t-Test auf ihre Signifikanz hin untersucht. Wir beschreiben zuerst das Vorgehen beim F-Test, weil von dessen Ergebnis das spezifische Vorgehen beim t-Test abhängt.

*Prüfung der unterschiedlichen Varianzen: Der F-Test*

Das Grundproblem dabei lautet: Streuen die Meßwerte der beiden Stichproben so stark, daß man annehmen muß, sie stammen aus zwei unterschiedlichen Gesamtstichproben. Unter der Nullhypothese nehmen wir an, daß die beiden Varianzen sich nur zufällig unterscheiden und aus einer gemeinsamen Population stammen. Wir berechnen aus den einzelnen Stichprobenwerten die Varianzen $s_1^2$ und $s_2^2$ und setzen in folgende Formel ein:

$$F = \frac{\text{größere Varianz}}{\text{kleinere Varianz}} = \frac{s_1^2}{s_2^2} \qquad (24)$$

Die kritischen F-Werte sind wiederum tabelliert (Tafel 7 im Anhang). Bei der Arbeit mit der Tabelle müssen zwei Parameter berücksichtigt werden:

$df_1 = n_1 - 1$ und $df_2 = n_2 - 1$

Der Tafel 6 entnehmen wir die entsprechenden kritischen Werte für das 5%- (obere Zeile) und das 1%- (untere Zeile) Niveau. Ist unser errechneter F-Wert größer oder gleich dem kritischen Tabellenwert, dann lehnen wir die Nullhypothese ab: Es besteht eine *heterogene Varianz*, d.h. beide Varianzen unterscheiden sich signifikant voneinander. Ist unser errechneter Wert kleiner als der kritische Tabellenwert, dann unterscheiden sich die Streuungen nur zufällig voneinander; wir bezeichnen dies als *homogene Varianz*.

### Prüfung der Mittelwertsunterschiede: der t-Test

Unter der Nullhypothese nehmen wir an, daß die beiden arithmetischen Mittelwerte sich nur zufällig voneinander unterscheiden; beide Mittelwerte stammen aus einer Gesamtstichprobe.

Wir benützen jetzt die Standardabweichungen $s_1$ und $s_2$, um die Standardabweichung der Population der Mittelwerte zu schätzen. Es existieren nun zwei Formeln für die Berechnung des Stichprobenfehlers der beobachteten Mittelwerte $\bar{x}_1$ und $\bar{x}_2$, deren Anwendung davon abhängt, ob homogene oder heterogene Varianz vorliegt.

Liegt nach dem Ergebnis des F-Tests eine *homogene Varianz* vor, dann berechnet sich der Stichprobenfehler der Differenzen nach einer relativ komplizierten Formel:

$$s_{Diff} = \sqrt{\frac{\sum(X_1 - \bar{x}_1)^2 + \sum(X_2 - \bar{x}_2)^2}{n_1 + n_2 - 2} \cdot \left(\frac{1}{n_1} + \frac{1}{n_2}\right)} \qquad (25)$$

Lieferte der F-Test ein signifikantes Ergebnis, dann müssen wir für die Schätzung der Standardabweichung der Mittelwertsdifferenzen die Formel für die *heterogene* Varianz benützen:

$$s_{Diff} = \sqrt{\frac{s_1^2}{n_1} + \frac{s_2^2}{n_1}} \qquad (26)$$

Die unterschiedlichen Formeln entstehen dadurch, daß man bei homogener Varianz die beiden Stichprobenvarianzen zur Schätzung der einen Populationsvarianz heranziehen kann, während wir bei heterogener Varianz die beiden Populationsvarianzen aus den entsprechenden Stichprobenvarianzen schätzen.

Haben wir $s_{Diff}$ bestimmt, dann können wir unsere Prüfgröße t nach Formel 27 berechnen:

$$t = \frac{\bar{x}_1 - \bar{x}_2}{s_{Diff}} \qquad (27)$$

Wir vergleichen die errechnete Prüfgröße mit dem kritischen Wert der Tafel 7 des Anhangs. Dabei müssen wir aber noch berücksichtigen, daß die Anzahl der Freiheitsgrade bei homogener und heterogener Varianz unterschiedlich bestimmt wird:
Liegt *homogene* Varianz vor, dann ist

$$df = n_1 + n_2 - 2 \tag{28a}$$

während sie sich bei *heterogener* Varianz nach der Formel

$$df = \frac{n_1 + n_2 - 2}{2} \tag{28b}$$

berechnet. Ist unser t-Wert nun größer oder gleich dem kritischen Tabellenwert (bei entsprechendem df und $\alpha$), dann lehnen wir die Nullhypothese ab und betrachten den Mittelwertsunterschied als statistisch gesichert.

### 3.4.4.2 Abhängige Stichproben: Der A-Test

Für abhängige Stichproben gibt es ebenfalls eine Variante des t-Tests. *Mittenecker* (1970) hat jedoch ein Verfahren vorgestellt, das den Rechenaufwand des t-Tests stark verringert, ohne daß dadurch die Präzision des Tests beeinträchtigt wird. Beim A-Test werden nur die Differenzen d zwischen den einzelnen Meßwertpaaren berücksichtigt, von deren Größe der entsprechende t-Wert auch abhängt. Die Prüfgröße wird durch folgende Formel berechnet:

$$A = \frac{\sum d^2}{(\sum d)^2} \tag{29}$$

Die Entscheidung über $H_0$ wird mit Hilfe der Tafel 8 des Anhangs gefällt. Dabei ist zu *beachten*, daß entgegen unserer bisherigen Gewohnheit die Nullhypothese verworfen wird, wenn der errechnete Prüfwert A *kleiner oder gleich* dem kritischen Tabellenwert beim entsprechenden Signifikanzniveau und df = n – 1 ist, wobei n die Anzahl der Meßwertpaare symbolisiert.

Nehmen wir als Beispiel nochmals die Untersuchung mit dem Höhentraining (Tab. 15 und 16) und unterstellen den Werten, daß sie intervallskaliert sind und sich normal verteilen (was bei den Daten unwahrscheinlich ist). Aus Tabelle 16 können wir leicht $\sum d = -12 (+1 - 13 = -12)$ und $\sum d^2 = 22$ berechnen. Der Prüfwert A ist demnach:

$$A = \frac{22}{12^2} = \frac{22}{144} = 0{,}153 \qquad \text{bei } df = 12 - 1 = 11$$

Der kritische Tafelwert $A_{1\%}$; df = 11 ist bei zweiseitiger Fragestellung 0,178. Da unsere errechnete Prüfgröße kleiner als der Tabellenwert ist, lehnen wir die Nullhypothese ab. Wir sehen, daß der A-Test präziser arbeitet als der Wilcoxon- oder der Vorzeichen-Test, da die gleichen Ausgangsdaten dort nur zu einem signifikanten Ergebnis auf dem 5%-Niveau geführt haben. Wir unterstellen beim A-Test den Meßwerten allerdings Eigenschaften (Intervallskala, normalverteilt), die beim konkreten Beispiel keinesfalls sichergestellt sind.

### 3.4.5 Abschließende Bemerkungen zur Prüfstatistik

Die dargestellten Prüfverfahren sind eine Auswahl. Auch diese Auswahl stellt eine Stichprobe aus der Population statistischer Verfahren dar und unterliegt dem Stichprobenfehler. Die vorliegende Stichprobe wurde vor allem unter dem Gesichtspunkt zusammengestellt, den angehenden oder beruflich tätigen SozialpädagogInnen die statistischen Verfahren vorzustellen, mit denen sie in der Literatur am meisten konfrontiert werden und die sie in ihrer Praxis am ehesten anwenden können.

Auf Verfahren, die für die Auswertung komplexer Untersuchungspläne (z. B. einfache und komplexe Varianzanalysen) geeignet sind, konnte nicht eingegangen werden. Über sie informieren die einschlägigen Lehrbücher in umfassender, wenn auch nicht immer verständlicher Art.

Auch konnte die Signifikanzuntersuchung von Korrelationskoeffizienten nicht vertieft betrachtet werden. Sie ist aber jetzt mit Hilfe der Tafel 10 für die Maßkorrelation r (oder durch den A-Test) und der Tafel 9 für die Rangkorrelation R leicht möglich. Den Vierfelderkorrelationskoeffizient $r_\phi$ überprüfen wir mit dem $\chi^2$-Test.

## 3.5 Möglichkeiten der Einzelfallstatistik

Mit dem Begriff „Statistik" verbindet man in der Regel eine Reihe statistischer Techniken, mit denen eine große Datenmenge, die bei vielen Personen erhoben wurde, beschrieben oder weiterverarbeitet wird. Man versucht dabei zu allgemeinen Aussagen, Regeln oder Gesetzmäßigkeiten über die untersuchten sozialpsychologischen oder soziologischen Phänomene zu gelangen. Diese einseitige Perspektive ist allerdings problematisch für die konkrete Beratungspraxis, da sie die individuelle Persönlichkeit des Klienten nicht berücksichtigt.

*Stern* (1991) – einer der Väter der europäischen Persönlichkeitspsychologie – fordert eine Ergänzung der nach allgemeinen Gesetzmäßigkeiten suchenden („nomothetischen") Psychologie durch die individualisierende („ideographisch" orientierte) Psychologie, wobei die statistischen Methoden auch bei der Einzelfallanalyse angewendet werden sollten (nach *Huber* 1978, S. 1152).

In den letzten beiden Jahrzehnten hat sich die Einzelfallstatistik (Einzelfallanalyse, kontrollierte Fallstudie) vor allem im Bereich der klinischen Psychologie erfolgreich ausbreiten können. Mit ihr gelang es, die individuell ablaufenden Prozesse bei verschiedenen therapeutischen Interventionen zu dokumentieren. Man muß allerdings in diesem Zusammenhang betonen, daß es sich bei den Einzelfallanalysen nicht nur um die Untersuchung einer Person handeln muß, sondern die Untersuchungseinheit kann im konkreten Fall auch eine Gruppe, eine soziale Organisation oder eine Gesellschaft sein (*Petermann* 1981). Damit kann man die Ansätze der Einzelfallstatistik auch gut auf verschiedene sozialpädagogische Arbeitsfelder übertragen.

Diese „qualitative" Sozialforschung stellt eine notwendige Ergänzung der „Gruppenstatistik" dar; sie ist die Methode der Wahl, wenn es sich um die Untersuchung seltener Phänomene, ethischer Vorbehalte gegenüber Großversuchen und heterogenen Stichproben handelt, bei denen die individuellen Reaktionen durch das Zusammenfassen der Einzelergebnisse verdeckt werden können.

Wir müssen allerdings gleich zu Beginn eingestehen, daß die statistischen Techniken der Einzelfallanalyse noch keinesfalls ausgereift sind und die wissenschaftliche Diskussion noch durch die vorhandenen Probleme und Fehlerquellen bestimmt wird. Außerdem sind die meisten der vorgeschlagenen statistischen Auswertungstechniken sehr kompliziert (*Huber* 1973, 1978, *Petermann* und *Schmoog* 1977, *Petermann* 1981, 1982, *Bortz* 1979, *Lienert* 1978, *Güttler* 1996). Wir werden uns hier deshalb auf eher elementare Überlegungen konzentrieren, die auch auf konkrete Praxissituationen übertragen werden können. Damit soll der Leser befähigt werden, die individuellen Folgen sozialpädagogischer Interventionen dokumentieren und auf ihre Wirkung hin überprüfen zu können.

### 3.5.1 Planung und graphische Darstellung von Einzelfallanalysen

Die sozialwissenschaftlichen Einzelfallanalysen unterscheiden sich von den allgemeinen (unkontrollierten) Fallbeschreibungen durch die Kontrolle der Rahmenbedingungen. Will man die Verhaltensänderung eines Klienten oder einer Gruppe eindeutig auf eine sozialpädagogische Intervention oder Therapie zurückführen, dann muß auch exakt nachweisbar sein, daß ein wirklicher Zusammenhang zwischen der Intervention und den Veränderungen besteht. Zu diesem Zweck hat man eine große Anzahl von Forschungsplänen („experimentelle Designs") entwickelt, von denen einige kurz dargestellt werden sollen.

Will man bei einer Person Verhaltensänderungen überprüfen, dann muß man zuerst das zu verändernde Verhalten genau definieren und beschreiben (operationalisieren) und seine Auftrittshäufigkeit für einige Zeit messen. So könnte man z. B. aggressives Verhalten von Schülern an mehreren Tagen für einen bestimmten Zeitraum erheben. Diese „Grundrate" („base-line") soll durch die pädagogische Intervention verändert werden. Ob dieses Ziel erreicht werden konnte, stellen wir durch eine Reihe weiterer Beobachtungen nach der Intervention fest. In der schematischen Darstellung hat dieses „*Grunddesign*" folgende Form:

$X_0$, $X_0$, $X_0$, $X_0$, $X_0$, $X_0$ ↑ $X_1$, $X_1$, $X_1$, $X_1$, $X_1$, $X_1$

Intervention
Beratung
Therapie

($X_0$ symbolisieren die Messungen vor, $X_1$ die nach der Intervention).

Die Erhebung der Grundrate ist immer erforderlich, um die erzielten Veränderungen auch demonstrieren zu können. Sie ist nur dann überflüssig, wenn beim Klienten ein Verhalten aufgebaut werden soll, das er bisher noch nicht zeigte; so wäre es überflüssig, bei einem autistischen Kind, von dem man weiß, daß es überhaupt keine Laute und Worte verwendet, vor Beginn der Sprachtherapie die Grundrate zu erheben.

In Abb. 13 wird das Ergebnis einer sozialpädagogischen Betreuung eines fünfjährigen, sehr kontaktgehemmten Kindes beschrieben. Auf der Ordinate werden dabei die pro Zeiteinheit (30 Minuten) beobachteten sozialen Interaktionen mit gleichaltrigen Kindern in einer Spielgruppe dargestellt, die Abszisse informiert über die Reihenfolge der Beobachtungen.

Die Aussagekraft dieses Grunddesigns ist allerdings begrenzt, weil die beobachteten Veränderungen durch die Intervention oder durch andere unkontrollierte, zwischenzeitliche Ereignisse ausgelöst werden konnten. Um diese Fehlerquelle zu vermeiden, kann man das Grunddesign auf verschiedene Personen ausdehnen, bei denen man zu unterschiedlichen Zeiten interveniert. So kann man beispielsweise vier Kinder zu unterschiedlichen Zeitpunkten methodisch betreuen und

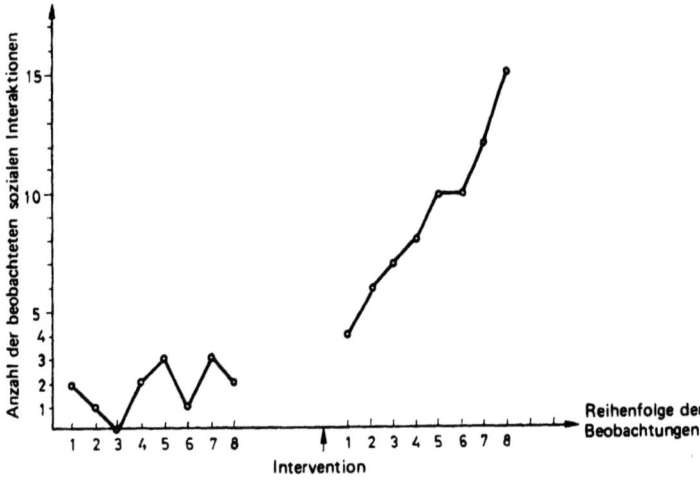

**Abb. 13** Graphische Darstellung des Ablaufs eines „Grunddesigns" bei der sozialpädagogischen Betreuung eines Kindes.

beobachten, ob innerhalb der unterschiedlichen Zeitreihen vergleichbare Veränderungen auftreten (*„Grunddesign über verschiedene Personen"*).

Eine interessante Variante besteht darin, daß man den Klienten zu seiner eigenen Kontrollgruppe werden läßt, indem man die Behandlung unterbricht und sie erst nach einiger Zeit wieder aufnimmt. Dieses *„Ausblendungsdesign"* besteht aus vier Phasen, in denen das zu verändernde Verhalten beobachtet wird: Grunderhebung, Intervention, Ausblendung und erneute Intervention oder schematisch dargestellt:

$X_0, X_0, X_0, X_0 \uparrow X_1, X_1, X_1, X_1 \downarrow X_0, X_0, X_0, X_0 \uparrow X_1, X_1, X_1, X_1$

„base-line"      Interventionsphase      Ausblendungsphase      erneute Interventionsphase

Besitzt die Intervention einen wirklichen Einfluß, dann muß in der Ausblendungsphase der beobachtete Trend entweder stagnieren oder rückläufig werden und in der zweiten Interventionsphase erneut beginnen.

Ein ähnliches Vorgehen verwendet man beim *„Umkehr-Design"*, mit dem man in der Psychotherapieforschung gut demonstrieren kann, daß Verhaltensänderungen auch tatsächlich auf bestimmte Interventionen zurückgeführt werden können. Das Vorgehen gliedert sich ebenfalls in vier Teilzeiten. Wir streben dabei allerdings die Veränderung von zwei Verhaltensweisen an, von denen die eine in Zukunft häufiger, die andere seltener auftreten soll. In der ersten Phase erheben wir die Grundrate ($X_0$) der beiden Verhaltensweisen; dann versuchen wir mit entsprechenden Maßnahmen die entsprechenden Verhaltensänderungen zu erzielen ($X_1$, $X_2$). Zeigt es sich nun, daß die erwünschte Verhaltensweise häufiger und die unerwünschte seltener auftritt, dann beginnt in der dritten Phase die Umkehr: Die angewandten Methoden werden vertauscht. Ist die sozialpädagogische oder therapeutische Methode tatsächlich für die Veränderungen verantwortlich, dann muß nun eine Trendänderung eintreten: Das Verhalten, welches in der zweiten Phase häufiger beobachtet wurde, tritt in der dritten Phase wieder seltener auf u.u.. Die vierte Phase ist dann wieder identisch mit der zweiten und führt dann zur endgültigen Verhaltensänderung in die angestrebte Richtung. Auch dieses Design soll schematisch dargestellt werden:

$X_0, X_0, X_0, X_0 \uparrow X_1, X_1, X_1, X_1 \uparrow X_2, X_2, X_2, X_2 \uparrow X_1, X_1, X_1, X_1$

$\qquad\qquad\quad\; I_1 \qquad\qquad\qquad\quad I_2 \qquad\qquad\qquad\quad I_1$
$\qquad\qquad\quad\; I_2 \qquad\qquad\qquad\quad I_1 \qquad\qquad\qquad\quad I_2$

$X_0, X_0, X_0, X_0 \downarrow X_2, X_2, X_2, X_2 \downarrow X_1, X_1, X_1, X_1 \downarrow X_2, X_2, X_2, X_2$

In der Praxis bestehen manchmal Widerstände gegen das Ausblendungs- und Umkehrdesign, weil man befürchtet, daß die angestrebten und begonnenen Verhaltensänderungen nun wieder unterbrochen und der Erfolg damit gefährdet sei. Ähnliche Bedenken bestehen auch gegenüber den unbehandelten Kontrollgruppen bei Gruppenuntersuchungen. Die Angst, daß Untersuchungspläne auf Kosten des Klientenwohles durchgeführt werden, ist allerdings solange nicht gerechtfertigt, bis man mit einiger Sicherheit weiß, wie man dieses Wohl am besten erreicht. Wenn man ehrlich ist, dann muß man zugeben, daß unser Wissensstand hier noch sehr vage und gering ist. Wenn wir wissen wollen, unter welchen Bedingungen eine Intervention bei welchen Patienten wirksam ist, dann können wir auf die kontrollierte Einzelfallanalyse nicht verzichten. Sie kann – im Vergleich zu Gruppenuntersuchungen – auch wesentlich differenzierter und individueller durchgeführt werden; man kann dadurch die Gefahr ausschließen, daß der Mittelwert bei Gruppenuntersuchungen sowohl durch positive als auch durch negative Veränderungen in der Experimentiergruppe neutralisiert wird und individuelle Unterschiede verdeckt werden.

Die Ergebnisse von Einzelfallanalysen können allerdings nicht im vergleichbaren Ausmaß verallgemeinert werden. Sie sind eher dazu geeignet, neue Hypothesen zu entwickeln („Hypothesengenerierung"), den individuellen Verlauf einer Betreuung zu dokumentieren und zu kontrollieren. Sie dienen eher der „Prozeßforschung" als der „Erfolgsforschung", da sie in der Regel nur die kurzfristigen Auswirkungen während des Behandlungs*prozesses* erfassen und seltener die langfristigen Erfolge mit überprüfen. Allerdings können langfristige Nachuntersuchungen („Katamnesen") ergänzend durchgeführt werden.

### 3.5.2 Statistische Auswertung von Einzelfallanalysen

Bei den kontrollieren Einzelfallanalysen erheben wir in festgelegter zeitlicher Reihenfolge Meßwerte aus den interessierenden Verhaltensbereichen. Die einfachste und oft auch überzeugendste statistische Verarbeitung besteht in der graphischen Darstellung der Befunde (siehe Abb. 13).

Den Verlauf der Meßwerte kann man aber auch mit den bekannten statistischen Kennwerten beschreiben und den Vergleich zwischen Baseline- und Interventionsphase anhand entsprechender Mittel- und Streuungswerte durchführen. Eine weitere Möglichkeit besteht darin, daß man die Korrelationskoeffizienten der beiden Phasen miteinander vergleicht und überprüft, ob sie sich in einer Phase signifikant von Null unterscheiden. Dies ist zu fordern, wenn in der Interventionsphase wirklich eine Verhaltensänderung, ein deutlicher Trend in den Meßwerten, vorliegt. Wir können die Korrelation zwischen den beiden Variablen X (Zeitpunkt der Messung) und Y (Meßwert des zu verändernden Verhaltens) am besten durch den *Spearman*schen Rangkorrelationskoeffizienten berechnen, da wir in der Regel nur wenige Meßwerte vorliegen haben und auch nicht sicher sein können, daß die beiden Werte dem Intervallskalenniveau entsprechen. Das konkrete Vorgehen soll an den Meßwerten demonstriert werden, aus denen auch die Abb. 13 entwickelt wurde (Tab. 17).

Wir sehen, daß der Korrelationskoeffizient der Interventionsphase erheblich größer ist als derjenige der Baselinephase. Mit Hilfe der Tafel 9 des Anhangs können wir nun entscheiden, ob dieser Trend auch als signifikant betrachtet werden kann. Wir entnehmen der Tafel, daß bei 8 vergebenen Rangplätzen (= n) ein Koeffizient, der 0,833 oder mehr beträgt, mit einer Sicherheit von 99 Prozent nicht mehr durch den Zufall erklärt werden kann. Der Korrelationskoeffizient, den wir für die Baselinephase errechnet haben, bewegt sich hingegen

**Tabelle 17** Beispiel der Berechnung der Rangkorrelation für Baseline- und Interventionsphase.

a) *Baselinephase:*

| X | 1 | 2 | 3 | 4 | 5 | 6 | 7 | 8 | |
|---|---|---|---|---|---|---|---|---|---|
| Y | 2 | 1 | 0 | 2 | 3 | 1 | 3 | 2 | |

Übertragung der Rangplätze:

| X  | 1  | 2    | 3 | 4  | 5     | 6     | 7    | 8 | |
|----|----|------|---|----|-------|-------|------|---|---|
| Y  | 5  | 2,5  | 1 | 5  | 7,5   | 2,5   | 7,5  | 5 | |
| d: | −4 | −0,5 | 2 | −1 | −2,5  | 3,5   | −0,5 | 3 | |
| d²:| 16 | 0,25 | 4 | 1  | 6,25  | 12,25 | 0,25 | 9 | $\Sigma d^2 = 49$ |

$$R = 1 - \frac{6 \cdot 49}{8 \cdot 63} = \underline{0{,}42}$$

a) *Interventionsphase:*

| X | 1 | 2 | 3 | 4 | 5  | 6  | 7  | 8  | |
|---|---|---|---|---|----|----|----|----|---|
| Y | 4 | 6 | 7 | 8 | 10 | 10 | 12 | 15 | |

Übertragung der Rangplätze:

| X  | 1 | 2 | 3 | 4 | 5    | 6    | 7 | 8 | |
|----|---|---|---|---|------|------|---|---|---|
| Y  | 1 | 2 | 3 | 4 | 5,5  | 5,5  | 7 | 8 | |
| d: | 0 | 0 | 0 | 0 | −0,5 | 0,5  | 0 | 0 | |
| d²:| 0 | 0 | 0 | 0 | 0,25 | 0,25 | 0 | 0 | $\Sigma d^2 = 0{,}50$ |

$$R = 1 - \frac{6 \cdot 0{,}50}{504} = \underline{0{,}99}$$

im Zufallsbereich und unterscheidet sich deshalb nicht signifikant von Null. Der beobachtete Trend in der Interventionsphase kann deshalb als statistisch gesichert angesehen werden.

Die Meßwerte, die wir bei den Einzelfallanalysen erheben, haben häufig eine problematische Eigenschaft, durch die ihre statistische Signifikanztestung erschwert wird: Sie sind voneinander abhängig. Diese „seriale Abhängigkeit" (*Petermann* 1978) bedeutet, daß sich jeder Meßwert an den vorherigen „erinnert", so daß dadurch Veränderungen entstehen können, „denen kein realer Prozeß zugrundeliegt und die somit als Artefakte zu interpretieren sind" (*Petermann* 1981, S. 40). In der Fachliteratur (*Bortz* 1979, *Sachs* 1974, *Güttler* 1996) werden einige statistische Techniken vorgestellt, die in ihrer Durchführung recht kompliziert und für den Gebrauch in der konkreten Berufspraxis weniger geeignet sind. In diesem Zusammenhang soll lediglich demonstriert werden, wie wir ein einfaches Verfahren auf die Daten der Einzelfallanalyse übertragen und mit Vorsicht interpretieren können. Es handelt sich dabei um die *sequentielle Signifikanzprüfung*, die für möglichst ökonomische Gruppenuntersuchungen entwickelt wurde. Mit ihr werden ohne Rechnung (!) die Einzelbeobachtungen in

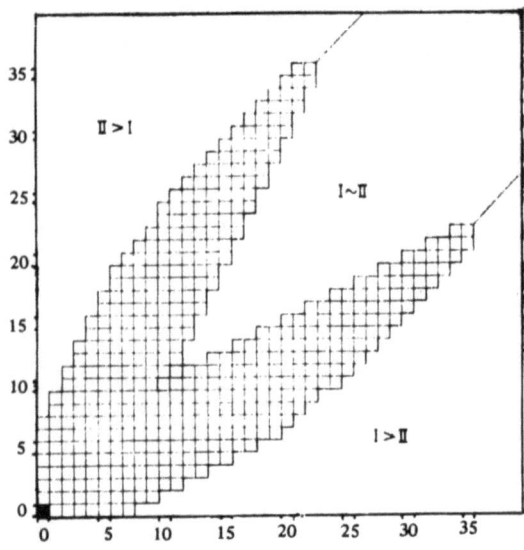

**Abb. 14** Schema für die sequentielle Signifikanzprüfung für $\alpha$ = 5% (aus *Mittenecker* 1970, S. 174).

ein Schema – siehe Abb. 14 – eingetragen. Nach jeder Eintragung kann entschieden werden, ob die bisher beobachteten Ergebnisse schon als signifikant angesehen werden können oder der Versuch noch fortgesetzt werden muß. Streng genommen müssen dabei die Einzelbeobachtungen unabhängig voneinander getroffen werden. Trotz dieser Einschränkung sei das Verfahren kurz demonstriert:

Das Schema wurde aus wahrscheinlichkeitstheoretischen Überlegungen für das fünfprozentige Signifikanzniveau entwickelt. Die Grundüberlegung besteht darin, daß unter Zufallsbedingungen positive und negative Veränderungen mit gleicher Wahrscheinlichkeit zu erwarten sind. Wir verwenden das Schema der Abb. 14 und tragen, sobald sich eine positive Verhaltensänderung ergeben hat, dies als Kreuz in das leere Kästchen rechts neben dem schwarzen Ursprungskästchen ein. Ergibt die nächste Messung wiederum eine positive Veränderung gegenüber dem vorangegangenen Meßwert, so wird dieses Ergebnis rechts daneben in das nächste Kästchen eingetragen. Unterscheidet sich die Messung nicht von der vorangegangenen, dann wird sie nicht berücksichtigt. Tritt eine Verschlechterung gegenüber der vorangegangenen Messung ein, dann wird dieses Ergebnis mit einem Kreuz in das Kästchen direkt über dem zuletzt markierten vermerkt. Weitere positive Veränderungen werden dann rechts anschließend an diese Markierung eingetragen usw. Die Messungen werden nun solange fortgesetzt, bis die Felder der „Schere" verlassen werden.

Wird das Schema zur rechten Seite hin verlassen, dann bedeutet dies, daß ein signifikanter Trend in Richtung auf die Meßwerterhöhung vorliegt. Verlassen unsere Eintragungen die Schere zur oberen linken Seite, dann entspricht dies einer signifikanten Meßwerterniedrigung. Verlassen unsere Eintragungen die „Schere" im mittleren Bereich, dann bedeutet dies, daß wir auch bei weiteren Messungen keinen signifikanten Trend zu erwarten haben.

Mit den Ausführungen zur Einzelfallanalyse sollte gezeigt werden, daß die statistischen Methoden sich keinesfalls nur auf größere Stichproben anwenden lassen, sondern daß sie auch auf die konkrete, praktische Arbeit mit einzelnen Klienten übertragen werden können. Sie sind damit geeignet, den Behandlungsprozeß zu dokumentieren und den Erfolg methodischer Interventionen zu kontrollieren.

**Weiterführende Literatur**

*Huber* (1973, 1978), *Leitenberg* (1977), *Petermann* (1978, 1981, 1982), *Petermann* und *Hehl* (1979), *Roth* (1995), *Güttler* (1996), *Moser* (1995).

## 3.6 Arbeitsteil: Übungsaufgaben und Fragen zum Inhalt des dritten Kapitels

Die Auflösung der Übungsaufgaben findet der Leser im Kapitel 6.1 des Anhangs.

1. Wodurch unterscheiden sich die Aufgaben der beschreibenden und der prüfenden Statistik?
2. Wodurch unterscheiden sich Nominal-, Ordinal- und Intervallskala voneinander und welche Bedeutung haben diese Unterschiede für das weitere statistische Vorgehen?
3. Bei einer Befragung ergab sich folgendes Ergebnis: Unter 100 befragten berufstätigen Männern waren 30 Hilfsarbeiter, 20 Facharbeiter, 25 Angestellte und 25 Beamte.
   a) Auf welchem Skalenniveau wurden die Daten erhoben?
   b) Stellen Sie das Ergebnis im Kreisdiagramm dar.
4. Bei einer Untersuchung erhielten 50 Probanden einen Aggressionsfragebogen, der eine Messung der Aggressionsrichtung erlaubt. In der Richtung „extrapunitiv" (nach außen gerichtete Aggressivität) ergaben sich die folgenden Meßwerte X:

X: 8, 6, 11, 8, 12, 18, 20, 12, 10, 4, 11, 15, 13, 7, 9, 9, 11, 13, 14, 16, 2, 19, 11, 10, 12, 5, 7, 16, 17, 11, 14, 8, 10, 11, 12, 10, 14, 13, 10, 9, 19, 5, 12, 10, 8, 4, 11, 15, 16, 13.
a) Übertragen Sie bitte diese Urliste in eine Häufigkeitstabelle.
b) Bestimmen Sie für diese Verteilung den Modus, Median, mittleren Quartilabstand, arithmetischen Mittelwert und die Standardabweichung.
c) Mit welchen der errechneten statistischen Kennwerte hätten Sie das Ergebnis charakterisiert? Begründung.
d) Bestimmen Sie Md, $Q_1$ und $Q_3$ auf graphischem Wege.

5. Bei welcher Datensituation erhalten wir für den Modus, Median und arithmetischen Mittelwert ein und denselben Wert?

6. Das monatliche Familieneinkommen in einer kleinen Siedlung entspricht den folgenden Angaben (pro Familie in DM):
200, 300, 400, 500, 400, 200, 700, 200, 800, 200, 900, 1000, 1000, 1100, 1500, 1600, 1500, 1200, 50000.
Welches Maß der zentralen Tendenz würden Sie wählen, um das durchschnittliche Monatseinkommen in dieser Siedlung zu beschreiben? Begründung.

7. Bei einem Wissenstest löst Herr Wißfit von 160 Aufgaben 122 richtig. Welche Aussage können Sie über den Wissensstand des Herrn Wißfit machen?

8. Die Meßwerte eines Tests verteilen sich entsprechend dem Bild der Normalverteilung bei einem arithmetischen Mittelwert von 50 und einer Standardabweichung von 10.
a) Ist die Verteilung der Meßwerte durch diese beiden Angaben vollständig bestimmt? Begründung.
b) Welchen Prozentrang erhält eine Person, die bei diesem Test den Wert X = 43 erzielt?
c) Wie groß ist bei diesem Test die Wahrscheinlichkeit, daß jemand den Meßwert X = 63 oder einen höheren Wert erzielt? Bitte berücksichtigen Sie hier die exakte Klassengrenze.

9. Wieso gelingt es bei der Konstruktion psychologischer Testverfahren, so glatte Mittelwerte und Standardabweichungen (z. B. $\bar{x}$ = 100 und s = 10 bei vielen Intelligenztests) zu erzielen?

10. Welche Sachverhalte werden in der Korrelationsstatistik betrachtet?

11. Welche Aussage kann man in der Korrelationsstatistik über den ursächlichen Zusammenhang zwischen den erhobenen Merkmalspaaren machen?

12. Interpretieren Sie bitte verbal die folgenden Korrelationskoeffizienten:
r = 0,04    r = 1,0    R = –0,95    $r_\phi$ = –1,09    r = 0,53

13. Die Mitglieder einer Jugendgruppe wurden befragt; nach dem Ergebnis konnte jedem Mitglied ein entsprechender Rangplatz bezüglich seiner Beliebtheit und der Höhe des Taschengeldes zugeordnet werden (Rangplatz 1 entspricht dabei der größten Beliebtheit bzw. das meiste Taschengeld). Dabei zeigte sich folgendes Ergebnis:

| Mitglied:    | A   | B | C | D   | E | F | G | H |
|---|---|---|---|---|---|---|---|---|
| Beliebtheit: | 5   | 3 | 6 | 8   | 1 | 4 | 7 | 2 |
| Taschengeld: | 7,5 | 5 | 4 | 7,5 | 3 | 6 | 2 | 1 |

   a) Berechnen Sie bitte den Grad des Zusammenhanges zwischen den erhobenen Merkmalen.
   b) Interpretieren Sie den errechneten Wert.
   c) Handelt es sich beim errechneten Wert um einen signifikanten Korrelationskoeffizienten?
   d) Wie würden Sie im vorliegenden Fall ein R = –0,92 interpretieren?

14. Um den Zusammenhang zwischen Kontaktfähigkeit und Sympathie festzustellen, werden 43 Schüler von ihrem Lehrer nach den Kategorien „sympathisch" und „weniger sympathisch" eingestuft. Außerdem schätzt er deren Kontaktfähigkeit nach den Kategorien „eher hoch" und „eher niedrig" ein. 27 Schüler werden dabei in ihrer Kontaktfähigkeit als „eher hoch" eingestuft, 17 von ihnen fallen gleichzeitig in die Kategorie „sympathisch". Insgesamt werden 25 Schüler als „sympathisch" eingestuft.

   a) Berechnen Sie bitte den Grad des Zusammenhanges zwischen den beiden Variablen.
   b) Wie würden Sie diesen Koeffizienten interpretieren?
   c) Berechnen Sie mit dem entsprechenden Verfahren, ob dieser Wert statistisch gesichert ist ($\alpha = 0,05$).

15. Unter welchen Bedingungen berechnet man die Maßkorrelation?

16. Schildern Sie kurz die Vorteile und das Grundprinzip der Faktorenanalyse.

17. Was versteht man in der Prüfstatistik unter den folgenden Bezeichnungen?
    a) Population und Stichprobe
    b) Nullhypothese
    c) Fehlertyp I und II
    d) Signifikanzniveau
    e) unabhängige Stichproben
    f) einseitige Fragestellung.

18. Wie groß muß ein errechneter Chi-Quadrat-Wert mindestens sein, damit er bei df = 2 und $\alpha = 0,01$ signifikant ist?
19. Eine Theorie behauptet, daß Freundschaften und Ehen, in denen die Partner ihre eigene Geschwisterkonstellation wiederholen, mehr Aussicht auf Dauer, Glück und Erfolg haben als Verbindungen, bei denen dies nicht der Fall ist. Eine Überprüfung dieser Hypothese an 50 zufällig ausgewählten, lange verheirateten und geschiedenen Personen ergab folgendes Ergebnis (+ entspricht einer harmonischen/dauerhaften und – einer konfliktträchtigen/ geschiedenen Ehe):

    Eigene Geschwisterkonstellation wurde wiederholt: + – + + + – +
    + + + + – + + – + + + – + (n = 20)

    Eigene Geschwisterkonstellation in der Ehe wurde nicht wiederholt: + – – – + – + + – – – + – – – – – – + + – – – – + + – + – +
    (n = 30)

    a) Wie lautet im vorliegenden Fall die Nullhypothese?
    b) Prüfen Sie mit dem entsprechenden statistischen Verfahren, ob die Nullhypothese beibehalten werden kann ($\alpha = 0,05$).
    c) Berechnen Sie bitte den Grad des Zusammenhanges zwischen den beiden Merkmalen.
    d) Würden Sie im vorliegenden Fall die Enge des Zusammenhanges überhaupt berechnen? Begründung.

20. Welche Grundvoraussetzungen müssen gegeben sein, damit man den Chi-Quadrat-Test für unabhängige Stichproben anwenden kann? Welche(s) Verfahren würden Sie anwenden, wenn diese Voraussetzungen nicht gegeben sind?

21. In einem Ausbildungskurs arbeiten unter gleichen Bedingungen männliche und weibliche Jugendliche. Ihre Leistungen werden nach einem Punktesystem durch die Ausbilder beurteilt. Dabei einigte man sich für die Auszubildenden auf folgende Werte (höhere Werte entsprechen besserer Leistung):

    Männliche Azubis: 8, 10, 11, 13, 10, 10, 15, 9, 12, 11, 14, 11, 12, 10, 9 (n = 15)

    Weibliche Azubis: 9, 9, 11, 10, 12, 10, 8, 7, 13, 12, 11, 9, 8, 10, 8 (n = 15)

    a) Auf welchem Skalenniveau wurden die Daten *mindestens* erhoben?
    b) Entscheiden Sie bitte mit einem einschlägigen Prüfverfahren, ob ein geschlechtsspezifischer Unterschied vorliegt, der nicht mehr durch den Zufall erklärt werden kann ($\alpha = 0,05$).

22. Ist es generell möglich, daß der t-Test bei gleichem Ausgangsmaterial und gleichem Signifikanzniveau zu einem signifikanten Ergebnis führt, während z. B. der Wilcoxon-White-Test oder der Vorzeichentest zu einem nicht-signifikanten Ergebnis führen? Begründung.
23. Bei einem Selbstsicherheitstraining soll der Erfolg der angewandten Methode überprüft werden. Vor Trainingsbeginn und am Ende der Behandlung erhalten die Teilnehmer (n = 13) einen entsprechenden Selbstsicherheitstest (hohe Meßwerte entsprechen dabei großer Selbst*unsicherheit*). Folgende Ergebnisse wurden bei der Trainingsgruppe erhoben:

| Teilnehmer: | A | B | C | D | E | F | G | H | I | J | K | L | M |
|---|---|---|---|---|---|---|---|---|---|---|---|---|---|
| Vorher: | 31 | 36 | 29 | 35 | 28 | 37 | 41 | 30 | 28 | 32 | 27 | 29 | 24 |
| Nachher: | 25 | 29 | 28 | 27 | 30 | 29 | 30 | 22 | 24 | 25 | 30 | 31 | 27 |

10 nichtbehandelte Interessenten der Warteliste füllten zur gleichen Zeit den Test aus und dienten als Kontrollgruppe. Sie erzielten folgende Werte:

| Teilnehmer: | N | O | P | Q | R | S | T | U | V | W |
|---|---|---|---|---|---|---|---|---|---|---|
| Vorher: | 32 | 29 | 35 | 38 | 27 | 37 | 31 | 34 | 29 | 33 |
| Nachher: | 27 | 23 | 36 | 40 | 25 | 32 | 30 | 37 | 31 | 29 |

a) Hat das Training einen Einfluß auf die Testwerte? ($\alpha = 0{,}05$)
b) Schwanken die Werte in der Kontrollgruppe nur zufällig? ($\alpha = 0{,}05$)

24. Ein Sozialpädagoge betreut einen Jugendlichen in einem Heim. Eines seiner Ziele besteht darin, daß dieser wesentlich häufiger als bisher kooperatives Verhalten zeigt. Um die Wirkungen seiner Arbeit kontrollieren zu können, bittet er die Lehrer des Jugendlichen, dessen Verhalten zu beobachten und es jeden Freitag auf einer 11stufigen Skala (1: überhaupt nicht kooperativ – 11: sehr kooperativ) einzustufen. Die Einzelurteile der Lehrer faßt er zu einem (aufgerundeten) Mittelwert pro Woche zusammen. Dabei ergibt sich folgendes Bild:

| Baselinephase:: | 2 | 1 | 3 | 2 | 4 | 3 | 1 | | | |
| Interventionsphase: | 4 | 6 | 3 | 5 | 6 | 8 | 8 | 9 | 9 | 9 |

a) Stellen Sie bitte das Ergebnis graphisch dar.
b) Versuchen Sie zu zeigen, daß die Veränderungen in der Interventionsphase im Vergleich zur Baselinephase nicht mehr als zufällig anzusehen sind ($\alpha = 0{,}05$).

# 4 Auswahl einschlägiger Erhebungsmethoden für sozialwissenschaftliche und sozialpädagogische Arbeitsfelder

*Lernziele:*
Die Auseinandersetzung mit den folgenden Kapiteln soll den Leser

- über die generellen Anforderungen, die an sozialwissenschaftliche Erhebungsmethoden gestellt werden, informieren;
- ihm einen Einblick in die einschlägigen Erhebungsmethoden geben;
- ihn auf Fehlerquellen bei den einzelnen Verfahren hinweisen und
- ihn befähigen und ermuntern, eigene, kleinere, praxisbezogene Untersuchungen durchzuführen.

Bisher haben wir uns hauptsächlich mit den verschiedenen statistischen Möglichkeiten der Auswertung von Erhebungen beschäftigt, ohne uns näher damit zu befassen, wie man eigentlich zu diesen Daten kommt. Im folgenden wollen wir die unterschiedlichen „Erhebungsinstrumente" etwas näher betrachten. Bei der Auswahl der einzelnen Methoden wurden vor allem die Verfahren berücksichtigt, die sich am ehesten für Untersuchungen in sozialpädagogischen Praxisfeldern eignen.

Der wissenschaftliche Erkenntnisweg unterscheidet sich vom „laienhaften" durch sein systematisches und methodisches Vorgehen. Der Wissenschaftler versucht seine Aussagen so zu formulieren, daß sie von anderen logisch nachvollzogen und auf ihre empirische Gültigkeit hin überprüft werden können. Damit dies auch möglich ist, müssen die Erhebungsmethoden einigen Qualitätsanforderungen entsprechen, die als „Gütekriterien" bezeichnet und folgendermaßen umschrieben werden können:

Die Methoden sollen möglichst *objektiv* sein, d.h. die Durchführung, Auswertung und die Interpretation der Daten soll nicht durch individuelle, subjektive Faktoren beeinflußbar sein. Wie kann man nun diese Objektivität überprüfen? Man läßt verschiedene Personen mit der gleichen Methode Daten zu demselben Untersuchungsobjekt erheben und vergleicht die Ergebnisse und Interpretationen. Bestehen keine oder nur ganz geringe Unterschiede bei der Durchführung, der Auswertung und der Interpretation zwischen den verschiedenen Versuchsleitern, dann kann die Methode als objektiv angesehen werden. Ist dies nicht der Fall, dann muß sie überarbeitet und stärker standardisiert werden und/oder die Versuchsleiter müssen intensiver in der Anwendung dieser Methode geschult werden.

Die Methoden müssen außerdem die Daten *zuverlässig* erheben. Das Kriterium der Zuverlässigkeit (Reliabilität) besagt, daß bei einer Wiederholung der Messung unter gleichen Bedingungen auch die gleichen Ergebnisse erzielt werden. So erwartet man bei einem Persönlichkeitstest, daß er bei wiederholter Anwendung bei ein und derselben Person zu weitestgehend identischen Werten führt, sofern das untersuchte Persönlichkeitsmerkmal als stabil angesehen werden kann.

Das zentrale Gütekriterium ist die *Gültigkeit* (Validität) einer Erhebungsmethode. Bei einer wissenschaftlichen Methode muß nachgewiesen sein, daß sie auch das mißt, was sie zu messen vorgibt. Wie bei der Berechnung der Zuverlässigkeit gibt es auch hier verschiedene Möglichkeiten, die Gültigkeit eines Verfahrens festzustellen:

- *Inhaltsvalidität* („Augenscheinvalidität"): Eine Erhebungsmethode ist inhaltsvalide, wenn ihre Einzelaufgaben den zu untersuchenden Merkmalsbereich inhaltlich ausgeglichen repräsentieren.
- *Empirische Validität:* Die Gültigkeit wird dadurch bestimmt, daß man das Untersuchungsergebnis mit einem Außenkriterium (in welchem das untersuchte Merkmal zentral enthalten ist) vergleicht und die Enge des Zusammenhangs bestimmt. So wäre ein Intelligenztest empirisch valide, wenn seine Ergebnisse mit der Einschätzung der Intelligenz durch andere Personen, mit den Schulnoten oder den Ergebnissen anderer, schon als gültig nachgewiesener Intelligenztests übereinstimmt.
- *Konstruktvalidität:* Das Untersuchungsergebnis muß mit allen möglichen Außenkriterien zusammenhängen, durch welche das Merkmal definiert und operationalisiert ist. Die Konstruktvalidität („theoretische Gültigkeit") setzt – und dies ist ihre Hauptschwierigkeit – eine bestehende Theorie über das zu messende Merkmal voraus, damit man auch angeben kann, welche Außenkriterien zur Gültigkeitsbestimmung herangezogen werden können und müssen. Da diese Theorien in der Praxis meist nur unvollständig vorhanden sind, kann niemand genau sagen, wieviele Korrelationen mit Außenkriterien bestimmt werden und wie hoch sie sein müssen, damit die Konstruktvalidität einer Methode auch als belegt gelten kann.

Wir werden bei der Besprechung der einzelnen Erhebungsmethoden zeigen, daß die Gütekriterien eher als Idealforderungen anzusehen sind und daß in der praktischen Forschungsrealität leider (noch?) deutliche Zugeständnisse an die realen Gegebenheiten gemacht werden müssen. Am weitesten haben sie sich bei der Konstruktion psychologischer Testverfahren durchgesetzt, deren Einsatzmöglichkeiten im Bereich der sozialwissenschaftlichen Forschung allerdings auf spezifische Fragestellungen eingeschränkt sind.

## 4.1 Die Gestaltung der Untersuchungsstichprobe

In der sozialwissenschaftlichen Forschung untersucht man in der Regel nicht alle, sondern nur einen Teil der möglichen Merkmalsträger. Eine Erhebung bei der Grundgesamtheit (Population) verbindet sich meistens mit einem sehr hohen Kosten- und Zeitaufwand, der in keinem Verhältnis zur Qualitätsverbesserung der Ergebnisse steht. Repräsentative Stichproben, die ein verkleinertes, „maßstabgetreues" Abbild der Population darstellen, liefern uns sehr gute Ergebnisse. Eine Vollerhebung ist nur sinnvoll, wenn die Grundgesamtheit nur von wenigen Personen oder Objekten gebildet wird. Wie genau man aus diesen repräsentativen Stichproben auf die Merkmalsverteilung in der Grundgesamtheit schließen kann, zeigen uns regelmäßig die Hochrechnungen an den Wahlabenden im Fernsehen. Allerdings ist es bei vielen sozialen Phänomenen schwieriger, die problemrelevanten, repräsentativen Auswahlkriterien zu bestimmen.

Diese Repräsentativität ist aber stets erforderlich, wenn mit den Ergebnissen auf die Verhältnisse in der Population geschlossen werden soll.

In der sozialpädagogischen Praxis hat die Forderung nach repräsentativen Stichproben keine so zentrale Bedeutung, da die Untersuchungsergebnisse vorwiegend dazu dienen, Hypothesen im konkreten Arbeitsfeld zu überprüfen und den Erfolg bestimmter Interventionen zu untersuchen.

Besteht beispielsweise die Annahme, daß man drogenabhängiges Verhalten nicht ambulant, sondern nur in langfristiger stationärer Therapie behandeln kann, dann genügt es zu zeigen, daß 10 von 25 sozialpädagogisch und ambulant betreuten Drogenabhängigen geheilt werden konnten, um diese Hypothese zu widerlegen. Die Untersuchten müssen dabei keine repräsentative Stichprobe aller Drogenabhängigen darstellen. Umgekehrt kann man aber nicht folgern, daß durch ein Ergebnis, bei dem von den 25 behandelten Klienten keiner gebessert werden konnte, die Hypothese „bewiesen" sei. Sie hat ja den Anspruch, für alle Drogenabhängigen zu gelten. Aber auch eine repräsentative Stichprobe würde diesen „Beweis" nicht erlauben, da wir nicht sicher sagen können, ob die Kategorien, die als repräsentativ für Drogenabhängigkeit angesehen wurden, auch wirklich die Population voll repräsentieren und ob es nicht außerhalb dieser Stichprobe einige Drogenabhängige gibt, bei denen eine ambulante Therapie erfolgreicher wäre.

Generell gilt, je stärker die Ergebnisse verallgemeinert werden sollen, desto exakter muß die Stichprobe den Gegebenheiten in der Population entsprechen. Dies ist vor allem bei den „hypothesengenerierenden" und weniger bei den „hypothesenprüfenden" Fragestellungen bedeutsam. Wir werden deshalb auf die verschiedenen Möglichkeiten, repräsentative Stichproben aus einer Grundgesamtheit zu bilden, nur in Form eines Überblicks eingehen, da sie in der sozialpädagogischen Praxis keine so zentrale Bedeutung besitzen.

### 4.1.1 Die Zufallsstichprobe

Wie bei der Auslosung der Lottozahlen muß bei einer Zufallsstichprobe jedes Element der Population die gleiche Chance haben, in die Stichprobe gezogen zu werden. Die zufallsgesteuerte Auswahl ist immer dann erforderlich, wenn wir nur wenig gesicherte Kenntnisse über die Struktur der Grundgesamtheit besitzen.

Es existieren verschiedene Wege, wie man eine Zufallsstichprobe zusammenstellen kann. Von einer *reinen* Zufallsstichprobe spricht man, wenn nach dem „Lottoprinzip" alle Elemente der Population aus einer Urne unter Zufallsbedingungen gezogen werden. Dieses Verfahren stößt allerdings an seine Grenzen, wenn die Population zu groß wird und nicht mehr in die Urne paßt. In solchen Fällen kann man sich damit behelfen, daß man die Elemente aus einer Kartei nach einer vorher bestimmten, zufälligen Reihenfolge entnimmt. Diese Reihenfolge muß vorher entweder ausgewürfelt oder einer Tafel für Zufallszahlen (Tafel 12 im Anhang) entnommen werden. So kann man z. B. „blind" auf die Tabelle der Zufallszahlen zeigen und mit der Karteikarte beginnen, die der getroffenen Zahl entspricht, und geht dann nach den folgenden Zufallszahlen oder einem anderen System (jede x-te Karteikarte) vor. Es muß dabei nur sichergestellt sein, daß jedes Element die gleiche Wahrscheinlichkeit besitzt, in die Stichprobe aufgenommen zu werden.

Ein anderes Vorgehen besteht darin, die Grundgesamtheit zuerst in verschiedene Untergruppen (Schichten) einzuteilen und aus jeder

Schicht eine getrennte Stichprobe zu ziehen. Diese *geschichtete* Zufallsstichprobe hat den Vorteil, daß man eine Aufteilung nach interessierenden Merkmalen vornehmen kann. Will man z. B. eine Zufallsstichprobe von Fachhochschulstudenten erstellen und möchte dabei fachrichtungsspezifische Unterschiede betrachten, dann wäre es sinnvoll, eine Schichtung nach den Fachrichtungen vorzunehmen und aus diesen, entsprechend ihrer zahlenmäßigen Besetzung, eine Zufallsstichprobe zu ziehen.

Die bisher geschilderten Zufallsstichproben können nur gebildet werden, wenn die Elemente der Grundgesamtheit real oder symbolisch (z. B. Karteikarten) vorhanden und manipulierbar sind. Diese Voraussetzung ist aber nicht immer gegeben. In diesen Fällen versucht man durch eine „Mehrstufen- oder Klumpenauswahl" zu einer zufallsgesteuerten Stichprobe zu kommen. Diese mehrstufige Stichprobe bildet man meistens dadurch, daß man z. B. den Flächenplan einer Großstadt in eine bestimmte Anzahl von Teilgebieten („Klumpen") einteilt. Aus diesen Teilen zieht man eine einfache Zufallsstichprobe. Die Elemente dieser ausgewählten Klumpen werden entweder alle in die Stichprobe aufgenommen (*Klumpenstichprobe*) oder, wenn diese noch zu groß sind, in weitere Klumpen unterteilt, die anschließend unter Zufallsbedingungen reduziert werden und die Grundlage für die Zufallsstichprobe der dort wohnenden Personen liefern (*mehrstufige Auswahl*).

## 4.1.2 Das Quoten-Verfahren

Diese Auswahltechnik wird vorwiegend in der kommerziellen Meinungsforschung angewandt; der Unterschied zu einer geschichteten Zufallsstichprobe besteht darin, daß hier nicht mehr genau die zu untersuchenden Personen oder Objekte vorgeschrieben werden. Der Untersucher/Interviewer kann sich innerhalb der vorgeschriebenen Quote nach eigenem Belieben die entsprechenden „Elemente" seiner Stichprobe auswählen. Es wird ihm nicht mehr vorgeschrieben, die Frau X in der Y-Straße 10a in Nürnberg zu befragen, sondern der Quotenplan schreibt ihm vor, eine Frau über 50 Jahre, die verheiratet ist und ein Haushaltsmonatseinkommen zwischen 2000.– und 2500.– DM erhält, in die Untersuchung aufzunehmen. Welche Quoten festgelegt werden, hängt von der Verteilung der wesentlichen Merkmale in der Grundgesamtheit ab, so daß deren Struktur bekannt sein muß.

Da sich der Untersucher/Interviewer bei diesem Auswahlverfahren selbständig die Versuchspersonen sucht, kann die Quotenstichprobe nur eine Annäherung an die Zufallsstichprobe darstellen. Der Interviewer wählt seine Zielpersonen meist in seiner engeren sozialen Umgebung aus und geht dabei nicht nach dem Zufallsprinzip vor. Aus diesem Grund ist das Quotenverfahren ein umstrittenes Auswahlverfahren.

*Elisabeth Noelle* (1963) widerspricht allerdings den Vorwürfen der theoretischen Statistiker (z. B. *Kellerer* 1963), indem sie nachweist, daß eine gute Quotenstichprobe bei Wahlvorhersagen mindestens so gute Ergebnisse liefert wie die anderen Stichprobentechniken, bei denen die Ausfälle und Verweigerungen ein großes Problem darstellen.

Die Anwendung von Quotenplänen ist aber nur möglich, wenn die für das Untersuchungsproblem wichtige Struktur der Population bekannt ist. Bei vielen sozialpsychologischen Fragestellungen ist dies aber nicht der Fall, so daß der aufwendigeren Zufallsstichprobe der Vorzug gegeben werden muß.

### 4.1.3 Willkürliche und bewußte Auswahlverfahren

Unter einer willkürlichen Auswahl versteht man z. B. das Verhalten eines Interviewers, der sich nicht an einem „kontrollierten" Zufallsprozeß orientiert, sondern seine Befragten nach Belieben an einer Straßenecke anspricht. Solche Auswahlen – die wir ab und zu in Zeitung, Radio oder Fernsehen vorgestellt bekommen – haben praktisch keine wissenschaftliche Aussagekraft, da die Elemente der Grundgesamtheit nicht die gleiche Chance haben, ausgewählt zu werden.

Bewußte Auswahlen werden hingegen geplant und entsprechend dem Untersuchungsproblem zusammengesetzt. So kann man beispielsweise das Verhalten autoritärer und liberaler Personen untersuchen, extreme Gruppen miteinander vergleichen oder „Experten" zu einem bestimmten Thema befragen. Problematisch dabei ist aber stets die unkritische Verallgemeinerung der Ergebnisse, da nicht sicher ist, für welche Grundgesamtheit die getroffene Auswahl typisch ist.

Eine besondere Schwierigkeit tritt auf, wenn die beteiligten Personen bei einer bewußten Auswahl sich freiwillig melden, so daß die Stichprobe sich selbst bildet, wie dies bei schriftlichen Befragungen beispielsweise der Fall ist. Bei den schriftlichen Befragungen ist man in der Regel froh, wenn man bei intensivem Nachfassen etwa $2/3$ der Fragebögen ausgefüllt zurückbekommt (*Friedrichs* 1990). Die Stichprobe der Rücksender unterscheidet sich mit Sicherheit von derjenigen der Verweigerer, so daß die Ergebnisse nicht generalisiert werden können.

Trotz dieser Bedenken spielt diese Auswahlmethode bei psychologischen und sozialpädagogischen Untersuchungen und damit bei der empirisch orientierten Theorienbildung eine große Rolle. So hat *Freud* beispielsweise die psychoanalytische Theorie aus Fallanalysen von Patienten, die vorwiegend aus der Mittel- und Oberschicht stammten, entwickelt, *Masters* und *Johnson* untersuchten an freiwilligen Personen die physiologischen Vorgänge bei der sexuellen Erregung, und die Lerntheorien wurden weitgehend aus den Ergebnissen von Tierexperimenten entwickelt. Viele Erkenntnisse der Allgemeinen Psychologie sind streng genommen Ergebnisse, die nur auf die Grundgesamtheit der sich freiwillig zu psychologischen Experimenten meldenden Psychologiestudenten verallgemeinert werden können.

**Weiterführende Literatur**

*Friedrichs* (1990), *Kromrey* (1980), *Noelle* (1963), *Scheuch* (1974), *Koolwijk* und *Wieken-Mayser* (1974)

## 4.2 Die Beobachtung

Jede wissenschaftliche Aufgabe geht auf eine Beobachtung im weitesten Sinne zurück. Die Beobachtung ist der grundlegende Weg, mit dem im alltäglichen und wissenschaftlichen Leben Erkenntnisse über die Gegebenheiten in der Realität gewonnen werden. In der Wissenschaft ist man allerdings bemüht, möglichst systematisch zu beobachten, um die subjektiven Fehlerquellen weitgehend ausschließen zu können.

### 4.2.1 Formen der Beobachtung

Wenn wir beobachten, dann konzentrieren wir unsere Aufmerksamkeit auf einen ganz bestimmten Sachverhalt und versuchen, gezielt wahrzunehmen. Dies kann auf unterschiedliche Weise geschehen: Wir können die interessierenden Phänomene frei oder mit Hilfe strukturierter Beobachtungsschemata beschreiben, am zu beobachtenden Handlungsablauf aktiv teilnehmen oder aus einer Distanz heraus (vielleicht sogar hinter einer Einwegscheibe) das Geschehen aufzeichnen oder heimlich bzw. offen unsere Beobachtungen durchführen. Daneben kann man unterscheiden, ob es sich um eine natürliche oder experimentell arrangierte Situation handelt. Kombinieren wir diese Möglichkeiten (systematisch – unsystematisch, teilnehmend – nichtteilnehmend, heimlich – offen und natürlich – experimentell), dann kommen wir auf 16 Beobachtungsarten, die sich für Untersuchungen anbieten. Welche Art wir auswählen, ist abhängig vom vorhandenen Wissensstand und der konkreten Fragestellung. Je weniger wir beispielsweise über das zu untersuchende Phänomen wissen, desto unsystematischer und teilnehmender werden wir natürliche Situationen beobachten, daraus Hypothesen über die Zusammenhänge entwickeln und diese dann mit systematischeren, strukturierten Beobachtungsschemata in experimentellen Situationen überprüfen. Das wissenschaftliche Beobachten im engeren Sinne besteht in der systematischen Beobachtung experimentell herbeigeführter Situationen. Dabei konzentrieren wir uns auf Verhaltensweisen und Prozesse, die sich während des Beobachtens ständig verändern. Durch diesen Wandel sind die Anforderungen, die an den Beobachter, aber auch an das Beobachtungsschema gestellt werden, sehr hoch. Die damit verbundenen Fehlerquellen sollen kurz betrachtet werden.

### 4.2.2 Fehlerquellen

Die Fehlerquellen beim **Beobachter** sind durch die Subjektivität unserer Wahrnehmung bedingt. Wahrnehmung ist stets ein Kompromiß zwischen den objektiven Wahrnehmungsreizen und den subjektiven Erwartungen der wahrnehmenden Person. Unsere Wahrnehmung ist selektiv und wird sehr stark durch individuelle Einstellungen, Motive und kulturelle Rahmenbedingungen bestimmt. Dies kann zu Auslassungen, Verschiebungen und Fehlinterpretationen des beobachteten Verhaltens führen. Der Beobachter glaubt etwas wahrzunehmen, das vom Beobachteten ganz anders gemeint war. Daneben sind die Aufmerksamkeitsschwankungen bei längeren Beobachtungszeiten eine weitere Störvariable.

Beim **Beobachtungsschema** liegen die möglichen Fehlerquellen in den einzelnen Kategorien, nach denen beobachtet wird. Diese können zu einseitig sein und wichtige Verhaltensbereiche nur ungenau erfassen. Jede systematische Beobachtung kann nur so genau sein wie das ihr zugrundeliegende Kategoriensystem. Je exakter dies definiert und operationalisiert ist, desto besser können die Beobachter mit diesem Instrument geschult werden und damit objektive Ergebnisse erzielen. Die Kategorien müssen eine repräsentative Auswahl der zu untersuchenden, problemrelevanten Verhaltensweisen sein. Ihre Anzahl darf dabei aber nicht zu groß werden, damit der Beobachter nicht überfordert wird. Wichtig ist ferner, genau zu klären, was unter einer Beobachtungseinheit zu verstehen ist.

Eine weitere Fehlerquelle ist **situativer Art** und trifft auf die meisten sozialwissenschaftlichen Erhebungsmethoden zu: Jede Beobachtung – außer der „heimlichen", verdeckten – findet in einem sozialen Beziehungssystem und nie in einem sozialen „Faraday-Käfig" statt, so daß die Anwesenheit des Beobachters nie neutral sein wird, sondern in diesem sozialen Kraftfeld einen Einfluß auf die beobachteten Verhaltensabläufe hat.

Die beschriebenen Fehlerquellen – sie bestehen prinzipiell auch bei den anderen Erhebungsmethoden – können durch eine intensive Untersuchungsplanung und Untersucherschulung so reduziert werden, daß mit diesen Methoden (noch) brauchbare Ergebnisse erzielt werden können.

### 4.2.3 Die Konstruktion der Kategorien

Bei den meisten konkreten Fragestellungen kann man nicht auf schon ausgearbeitete und bewährte Beobachtungsschemata zurückgreifen, sondern muß sich ein eigenes, der Problemstellung entsprechendes Raster entwickeln. Dies gelingt am besten, wenn man aus den Untersuchungshypothesen zuerst die bedeutsamen Beobachtungskategorien ableitet und mit diesem groben Schema eine Voruntersuchung durchführt. Die Erfahrungen aus diesem Pretest werden dann zur Konstruktion des endgültigen Schemas verwendet.

Bevor man das Kategoriensystem „ernsthaft" anwendet, ist es sinnvoll, die einzelnen Bereiche nach den folgenden Regeln zu überprüfen:

– Die Kategorien dürfen sich stets nur auf jeweils eine Bedeutungsdimension beziehen und müssen einander ausschließen.
– Sie müssen präzise definiert und operationalisiert sein, so daß durch eine Beobachterschulung sichergestellt werden kann, daß eine objektive und zuverlässige Verhaltensregistrierung möglich ist.
– Sie müssen den interessierenden Verhaltensbereich umfassend repräsentieren.

*Beispiele einiger Beobachtungsschemata*

Möchte man die Interaktionen in Gruppen beobachten und analysieren, dann besteht die einfachste systematische Beobachtung darin, daß man die Interaktionshäufigkeiten und -richtungen für jedes Gruppenmitglied in eine Interaktionsmatrix – siehe Abb. 15 – einträgt und nach der festgesetzten Beobachtungszeit auszählt. So informieren die Zeilensummen dieser Matrix darüber, wie häufig ein Gruppenmitglied

|  | passiv: | Gruppenmitglieder | | | | | | | Summe aktiv | Rang aktiv |
|---|---|---|---|---|---|---|---|---|---|---|
| aktiv: | | A | B | C | D | E | F | G | Gruppe | | |
| A → | | | | | | | | | | | |
| B → | | | | | | | | | | | |
| C → | | | | | | | | | | | |
| D → | | | | | | | | | | | |
| E → | | | | | | | | | | | |
| F → | | | | | | | | | | | |
| G → | | | | | | | | | | | |
| Summe passiv | | | | | | | | | | | |
| Rang passiv | | | | | | | | | | | |

Bemerkungen zum Beobachtungsablauf:

**Abb. 15** Beobachtungsschema für Interaktionshäufigkeiten (nach *Antons* 1974, S. 62).

angesprochen, die Spaltensummen, wie häufig jemand aktiv wurde. Aus den Daten kann man entnehmen, wer in der Gruppe das meiste Interesse auf sich zieht, wer isoliert wird und wer am häufigsten aktiv ist. Dieses rein quantitative Beobachtungsschema kann natürlich weiter strukturiert werden. So kann man negative/ablehnende Interaktionen von den positiven durch Symbole unterscheiden, man kann die sprachlichen Äußerungen zeitlich registrieren usw.

Das bekannteste Beobachtungsschema zur Interaktionsprozeßanalyse (IPA) wurde von *Bales* (1972) für die Analyse von Diskussionsgruppen entwickelt. Seine ursprünglich 85 Kategorien reduzierte er mit der Zeit auf 12, die in Abb. 16 in etwas veränderte Form dargestellt werden.

Bei der Arbeit mit dem Beobachtungsschema hat sich der Beobachter in die Rolle der Gruppenmitglieder einzufühlen, als ob er derjenige wäre, an den sich die Aktivitäten richten. Er ordnet diese Aktivitäten mit Hilfe der Kategorien, die ausführlich operational definiert sind, so daß die Beobachter nach entsprechender Einarbeitung objektiv und zuverlässig Ergebnisse erzielen.

Das Beobachtungsschema von *Bales* ist recht differenziert und erfordert mehrere Beobachter pro Gruppe; jeder Beobachter konzen-

| Beobachtungskategorien: | | Häufigkeit/Partner | Summe |
|---|---|---|---|
| \multicolumn{2}{l}{Beobachtete Person:......} | | |
| A: Positive Reaktionen im sozialemotionalen Bereich | 1. **Zeigt Solidarität**, bestärkt den anderen, hilft, belohnt | | |
| | 2. **Entspannt die Atmosphäre**, scherzt, lacht, zeigt Befriedigung | | |
| | 3. **Stimmt zu**, nimmt passiv hin, versteht, stimmt überein, gibt nach | | |
| B: Versuche der Beantwortung im Aufgabenbereich | 4. **Macht Vorschläge**, gibt Anleitung, wobei Autonomie des anderen impliziert ist | | |
| | 5. **Äußert Meinung**, bewertet, analysiert, drückt Gefühle oder Wünsche aus | | |
| | 6. **Orientiert**, informiert, wiederholt, klärt, bestätigt | | |
| C: Fragen im Aufgabenbereich | 7. **Erfragt Orientierung**, Information, Wiederholung, Bestätigung | | |
| | 8. **Fragt nach Meinungen**, Stellungnahmen, Bewertung, Analyse, Ausdruck von Gefühlen | | |
| | 9. **Erbittet Vorschläge**, Anleitungen, mögliche Wege des Vorgehens | | |
| D: Negative Reaktionen im sozialemotionalen Bereich | 10. **Stimmt nicht zu**, zeigt passive Ablehnung, Förmlichkeit, gibt keine Hilfe | | |
| | 11. **Zeigt Spannung**, bittet um Hilfe, zieht sich zurück | | |
| | 12. **Zeigt Antagonismus**, setzt andere herab, verteidigt oder behauptet sich | | |

**Abb. 16** Beobachtungsschema zur Interaktionsanalyse (nach *Bales* 1972, S. 148f.).

triert sich dabei auf ein bis zwei Gruppenmitglieder und registriert deren Interaktionen mit den anderen.

*Bales* nimmt an, daß sein Kategoriensystem für Diskussionsgruppen generell geeignet ist. Allerdings erfordert die Arbeit mit diesem Schema einen großen Aufwand und ist nicht immer als ökonomisch anzusehen. In der Zwischenzeit wurde es überarbeitet und erweitert (*Bogotta* 1962, nach *Manz* 1974), wodurch es aber für die Praxisforschung nicht handlicher wurde. Dort ist es auch wohl am ehesten angebracht, nur mit den vier Hauptkategorien (A, B, C, D) zu arbeiten – dies wird in Abb. 16 schon nahegelegt – oder entsprechend der

Untersuchungsfragestellung nur einzelne Kategorien anzuwenden. Es ist ferner möglich, die Kategorien unter anderen Gesichtspunkten zu verbinden:

- Probleme der Orientierung: Kategorien 6 und 7
- Probleme der Bewertung: Kategorien 5 und 8
- Probleme der Kontrolle: Kategorien 4 und 9
- Probleme der Entscheidung: Kategorien 3 und 10
- Probleme der Spannungsbewältigung: Kategorien 2 und 11
- Problem der Integration: Kategorien 1 und 12.

### 4.2.4 Auswertung

Die mit dem Beobachtungsschema gewonnenen Daten lassen sich in verschiedener Hinsicht auswerten:

- Graphische Darstellung sämtlicher Aktivitäten in den einzelnen Kategorien während der Beobachtungszeit.
- Berücksichtigt man den zeitlichen Ablauf durch einen gleichmäßig laufenden Papierstreifen („Interaktionsaufnahmegerät"), dann kann man untersuchen, ob bestimmte Interaktionen zu bestimmten Handlungen führen, oder ob während des Interaktionsprozesses bestimmte Kategorien dominieren.
- Letztlich können die Ergebnisse auch in Matrizen übertragen werden, aus denen deutlich wird, wer mit wem in der Gruppe innerhalb welcher Verhaltenskategorien aktiv wurde.

Die gewonnenen Häufigkeiten in den einzelnen Kategorien können mit anderen Beobachtungsergebnissen, die unter vergleichbaren Bedingungen erzielt wurden, auf die Zufälligkeit ihrer Unterschiede analysiert werden. Die Erhebungen finden dabei auf dem Nominalskalenniveau statt, so daß in der Regel das entsprechende Chi-Quadrat-Verfahren zur Signifikanzberechnung herangezogen wird.

**Weiterführende Literatur**

*Bales* (1972), *Cranach* und *Frenz* (1969), *Friedrichs* und *Lüdtke* (1973), *Friedrichs* (1990), *Manz* (1974), *König* (1973), *Kromrey* (1980)

## 4.3 Die Inhaltsanalyse

Wie die anderen sozialwissenschaftlichen Erhebungsmethoden knüpft die Inhaltsanalyse (Aussagenanalyse, Dokumentenanalyse, „content analysis") an ein alltägliches Vorgehen an. Jeder von uns versucht laufend den Inhalt von Zeitungsartikeln, Büchern, Fernsehsendungen oder Anzeigen zu verstehen, indem er subjektiv-intuitiv die bedeutsamen Aussagen dieser Informationsträger verarbeitet. Die Inhaltsanalyse als Forschungsmethode hat diesen Prozeß systematisiert und objektiviert, damit auch auf diesem Weg zuverlässige und gültige Ergebnisse erzielt werden können.

Die Hauptanwendungsbereiche der Inhaltsanalyse liegen im Bereich der Kommunikationsforschung generell. Man kann mit ihr die verschiedenartigsten Informationen analysieren: Anzeigen, politische Propaganda, Einstellungen von Massenmedien, Sprachverhalten, geschichtliche Dokumente, Antworten auf offene Fragestellungen, Vergleiche künstlerischer Stilrichtungen u.v.a.m.

Die Inhaltsanalyse hat viele Gemeinsamkeiten mit der systematischen Beobachtung. Wir beobachten allerdings mit ihr keine aktuell ablaufenden Handlungsprozesse, sondern Texte, Tonbandaufzeichnungen, Filme oder auch Bilder, die aufgezeichnet wurden, ohne daß der auswertende Beobachter anwesend war. So kann man das Beobachtungsschema von *Bales* auch als Schema einer Inhaltsanalyse ansehen, wenn der zu untersuchende Inhalt auf Videobändern konserviert ist. Es handelt sich bei der Inhaltsanalyse um ein „nicht-reaktives" Verfahren, da eine Interaktion zwischen Forscher und Untersuchtem in den meisten Fällen nicht besteht, d.h. die Verzerrungen durch das soziale Kraftfeld der Untersuchungssituation sind weitgehend ausgeschlossen. Ansonsten bestehen aber die gleichen zentralen Probleme, die wir auch bei der systematischen Beobachtung kennengelernt haben: Kategorienbildung, Beobachtungseinheit, Stichprobengestaltung und Schulung der Beobachter/Kodierer.

Die Inhaltsanalyse unterscheidet sich von der Textinterpretation, die man im Deutschunterricht übt, durch ihre Systematik und das Bestreben, eine möglichst objektive, von jedem nachvollziehbare und wiederholbare Auswertung zu ermöglichen. Dieses Ziel ist allerdings nicht leicht zu erreichen, da die auszuwertenden Daten häufig mehrdeutig sind. Dies läßt sich gut veranschaulichen, wenn wir uns den Kommunikationsprozeß – er wird ja bei der Inhaltsanalyse untersucht – einmal etwas näher betrachten.

### 4.3.1 Inhaltsanalyse und Kommunikation

Eine Kommunikation verläuft zwischen den Polen Sender – Empfänger, vollzieht sich aber nicht direkt. Der Sender muß seine Botschaft/ Aussage zuerst verschlüsseln (kodieren) und über einen Informationsträger (Medium wie Sprache, Schrift, Gestik, Bilder usw.) dem Empfänger übermitteln, der diese Zeichen nach seinen Möglichkeiten entschlüsselt (dekodiert). Die schematische Darstellung dieses Prozesses veranschaulicht die Abb. 17:

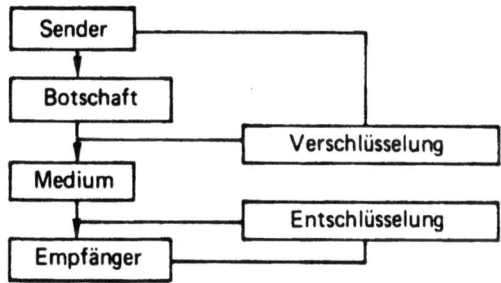

**Abb. 17** Schematische Darstellung des Kommunikationsprozesses.

Die *Fehlerquellen* für die Inhaltsanalyse bestehen zum Teil darin, daß sowohl bei der Verschlüsselung als auch bei der Entschlüsselung Informationsverzerrungen und -verluste auftreten, da die verwendeten Begriffe oder Zeichen nicht immer eindeutig sind und unsere Wahrnehmung außerdem selektiv arbeitet. Diese Fehlerquellen werden uns bei den Befragungsmethoden noch näher beschäftigen; dort hat man allerdings – anders als bei der nicht-reaktiven Inhaltsanalyse – die Möglichkeit, bestehende Unsicherheiten durch Rückfragen („feedback") zu beseitigen.

Bei der Inhaltsanalyse versucht man diese Fehlerquelle dadurch zu verringern und zu kontrollieren, daß der auszuwertende Inhalt nach ganz bestimmten Zuordnungsregeln mit einem exakt definierten Kategoriensystem behandelt wird, so daß verschiedene „Verkoder" beim gleichen Inhalt zu praktisch gleichen Ergebnissen kommen.

Mit der Inhaltsanalyse kann man an verschiedenen Punkten des Kommunikationsprozesses entsprechend der (6 W)-Frage – *W*er sagt *w*as zu *w*em, *w*ie, *w*arum und mit *w*elchem Erfolg – ansetzen. Dies soll in Abb. 18 veranschaulicht werden.

Die Inhaltsanalyse wird am häufigsten angewandt, um die Merkmale einer Botschaft zu analysieren; diese Analyse ist aber einseitig, wenn man nicht gleichzeitig die Informationsverarbeitung beim Empfänger mit berücksichtigt. Nicht alles, was in der Botschaft ausgesagt wird, erreicht auch die entsprechende Zielgruppe und wirkt dort in der angestrebten Richtung.

| Ziel | Teil der Frage | Problemstellung der Untersuchung |
|---|---|---|
| Beschreibung von Merkmalen der Botschaft | Was? | – Beschreibung von Trends in den Kommunikationsinhalten<br>– Beziehung von bekannten Merkmalen des Senders auf die Art der produzierten Mitteilungen<br>– Vergleich der Kommunikationsinhalte mit anderen Ergebnissen oder Normen |
| | Wie? | – Analyse von Propaganda oder Überredungstechniken<br>– Stilanalyse |
| | An wen? | – Beziehen von bekannten Merkmalen des Empfängers auf für sie entwickelte Inhalte<br>– Analyse von Kommunikationsmustern |
| Rückschlüsse auf Vorgänge vor der Mitteilung | Warum? | – Förderung politischer Einstellungen<br>– Analyse psychologischer Eigenschaften des 'Autors'<br>– Analyse kultureller Gegebenheiten und deren Wandel<br>– Auffindung legaler Beweise |
| | Wer? | – Klärung umstrittener Autorenschaft |
| Rückschlüsse auf die Wirkung der Kommunikation | Mit welchem Erfolg? | – Lesbarkeit, Verständlichkeit<br>– Analyse des Kommunikationsflusses<br>– Analyse der Art der Wahrnehmungsverarbeitung |

**Abb. 18** Die Untersuchungsansätze der Inhaltsanalyse (nach *Friedrichs* 1990, S. 320).

### 4.3.2 Das Kategoriensystem

Bei der Inhaltsanalyse entscheidet – wie bei der Beobachtung – die exakte Definition und Operationalisierung der Auswertungskategorien über die Qualität der Ergebnisse. Wie kommt man aber zu einem optimalen Kategoriensystem?

Der erste Schritt besteht darin, daß man sich möglichst klar darüber wird, welche Hypothesen untersucht werden sollen. Erst wenn die konkreten Fragestellungen vorliegen, kann man darüber entscheiden, welches Textmaterial bedeutsam ist, ob und wie aus dem vorliegenden Datenmaterial eine repräsentative Stichprobe zu ziehen ist und wie

## 4.3 Die Inhaltsanalyse

das inhaltsanalytische Kategoriensystem auszusehen hat, damit die Stimmigkeit der Hypothesen überprüft werden kann.

Liegt fest, welches Datenmaterial ausgewertet werden soll, dann müssen wir uns fragen, welche Einheiten auszuzählen sind. Dabei kann es sich um Buchstaben, Wortklassen oder Aussageeinheiten handeln. So kann man beispielsweise den Aktionsquotienten eines Textes bestimmen, indem man die Anzahl der Verben einer Texteinheit auf die der Adjektive bezieht. *Busemann* (1925) konnte damit zeigen, daß der Aktionsquotient altersabhängig ist und seine Höhe ein Indikator für emotionale Labilität und geringe Leistungsmotivation darstellt. Seine Auswertungseinheiten/Kategorien bestanden lediglich aus Verben und Adjektiven. Will man mit der Inhaltsanalyse aber andere Aspekte, wie z. B. Einstellungen, untersuchen, dann muß man in der Regel größere Aussageeinheiten bestimmen.

Die Kategorien bilden das eigentliche Verbindungsstück zwischen den Untersuchungshypothesen und dem zu untersuchenden Text- oder Bildmaterial. Sie dienen nicht dazu, die Eigenschaften des Untersuchungsmaterials vollständig zu erfassen, sondern sie betrachten es selektiv unter dem Blickwinkel der Fragestellung. In dieser Hinsicht müssen sie allerdings die wesentlichen Bedeutungsdimensionen vollständig erfassen. „Da die Kategorien die Substanz der Untersuchung enthalten, kann eine Inhaltsanalyse nicht besser sein als ihre Kategorien" (*Berelson* 1952, S. 147).

Ein gutes Kategoriensystem wird den folgenden Anforderungen gerecht:

– Eindimensionalität: Jede Kategorie darf sich nur auf eine Bedeutungsdimension beziehen.
– Ausschließlichkeit: Jede auswertbare sprachliche Einheit darf sich nur einer Kategorie, einer Dimension zuordnen lassen.
– Vollständigkeit: Die Kategorienreihe muß für die bestehenden Hypothesen umfassend konstruiert sein.
– Genaue Operationalisierung der Kategorien.

Diese Anforderungen kennen wir schon von den Kategorien der systematischen Beobachtung; sie haben auch für die anderen sozialwissenschaftlichen Erhebungsmethoden Geltung.

Die gewonnenen Kategorien sind operational zu definieren, damit eine objektive Auswertung möglich wird. Dazu genügt in der Regel nicht ein Oberbegriff, sondern es müssen zusätzliche typische Beispiele angeführt oder alle zu einer Kategorie gehörenden sprachlichen Elemente aufgelistet werden. Die Kategorien werden auf diese Weise konkretisiert und „mit Fleisch aufgefüllt". Häufig ist es sinnvoll, den vorläufig entwickelten Kategorienkatalog in einem Vortest zu überprüfen, zu ergänzen und zu präzisieren. Dabei ist es auch möglich, Hinweise auf die Objektivität und Zuverlässigkeit des Kategoriensystems zu erhalten, indem man den gleichen Text mehrmals von einem oder durch verschiedene Kodierer auswerten läßt. Durch eine intensive Einweisung in das Kategoriensystem läßt sich, ähnlich wie bei den Beobachtungsschemata, eine gute Objektivität und Zuverlässigkeit erreichen.

Ein Beispiel für ein ausgearbeitetes, inhaltsanalytisches Kategoriensystem haben wir schon kennengelernt: die Interaktionsprozeßanalyse von *Bales*. In der Regel kann man bei eigenen Untersuchungen nicht auf fertige, praxisbewährte Auswertungsschemata zurückgreifen, sondern muß sich entsprechend der vorliegenden Hypothesen ein eigenes Schema entwickeln. Einige Beispiele für inhaltsanalytische Kategoriensysteme findet der interessierte Leser bei *Holsti* (1969) oder *Lisch* und *Kriz* (1978).

### 4.3.3 Die Auswertung

Bei der Auswertung werden die Häufigkeiten in den einzelnen Kategorien bestimmt und tabellarisch oder graphisch dargestellt. Daneben gibt es spezielle Verrechnungsarten, von denen wir den *Aktionsquotienten Busemann*s schon erwähnt haben. Er berechnet sich aus dem Verhältnis der Zeitwörter (Verben) zu den Eigenschaftswörtern (Adjektiva), wobei die Hilfszeitwörter „sein, haben, werden" unberücksichtigt bleiben. *Busemann* konnte dabei eine altersspezifische Abhängigkeit des Aktionsquotienten (AQ) feststellen. Auch kann man mit dem AQ recht gut unterschiedliche Textgattungen charakterisieren. So liegt der AQ für Märchen bei 4,1, für klassische Prosa bei 2,5 und für naturwissenschaftliche Texte bei 1,13. Auch lassen sich z. B. charakteristische Unterschiede zwischen den Rollen in Goethes „Faust" mit dem AQ beschreiben: Faust 2,8, Mephisto 3,6 und Gretchen 5,2 (*Lisch* und *Kriz* 1978).

Ein anderer, relativ leicht zu berechnender Index ist der *TTR-Wert* (Type-Token-Ratio), bei dem die Anzahl verschiedener Wörter (types) auf die Gesamtzahl der Wörter (tokens) bezogen wird. Er ist ein Indikator für die Vielfalt des gezeigten Wortschatzes. Je größer er ist, desto weniger eingeengt ist die Wortwahl. *Chotlos* (1944) konnte einen Zusammenhang zwischen dem TTR-Wert eines Textes und der Intelligenz seines Verfassers nachweisen. Ferner besteht nach *Roshal* (1953) eine Korrelation zwischen dem TTR-Wert und dem erfolgreichen Verlauf einer Therapie.

Ein weiterer Index wurde von *Dollard* und *Mowrer* (1947) eigens für die Psychotherapieforschung entwickelt: Der DRQ-Wert (Discomfort-Relief-Quotient). Sie schlagen vor, die Anzahl aller Wörter, die unangenehme (discomfort) Gefühle ausdrücken, durch die Anzahl aller Wörter, die Gefühle beschreiben (egal, ob angenehm oder unangenehm), zu dividieren. Diesen Wert sehen sie als einen Indikator für psychische Spannungen an. Trotz der relativ ungenauen Definition berichten die Autoren von einer hohen Übereinstimmung zwischen verschiedenen Auswertern.

Als letztes Beispiel für die Index-Auswertung sei ein Versuch von *Ertel* (1972) beschrieben, bei dem der „Dogmatismus" von Texten (und deren Autoren) gemessen werden sollte. Dabei untersucht er einen Text nach sechs Aspekten, die sein *D-Maß* bestimmen. Er berechnet dabei den relativen Anteil der D+-Aussagen zu allen D-Aussagen in den folgenden Bereichen:

- Anzahl und Größe (D+ z. B. alle, jeder; D– z. B. ziemlich, viele, wenige);
- Häufigkeit des Auftretens (D+ z. B. jedesmal, niemals; D– z. B. selten, manchmal);
- graduelle Aussagen (D+ z. B. am höchsten, vollständig; D– z. B. ziemlich, in gewissem Maße);
- Exklusion und Inklusion (D+ z. B. ausnahmslos, ausschließlich; D– z. B. auch, ebenso wie);
- Sicherheit der Aussage (D+ z. B. selbstverständlich, notwendigerweise; D– z. B. anscheinend, vermutlich);
- Modalität der Aussage (D+ z. B. muß, sollte; D– z. B. braucht nicht, kann nicht).

Anschließend berechnet er für jede Kategorie den relativen Anteil der D+- an allen D–-Aussagen nach der Formel:

$$D = \frac{\Sigma D^+}{\Sigma D^+ + \Sigma D^-}$$

Neben der Auszählung der reinen Häufigkeiten in den Kategorien (Frequenzanalyse) und der Indexberechnung kann man zusätzlich auch noch die Richtung und Intensität der Einstellungen und Bewertungen berücksichtigen. Bei dieser Bewertungs- oder Valenzanalyse stuft man die Stärke der erfaßten Einstellungen grob auf einer Skala, die z. B. von (1) sehr positiv bis (5) sehr negativ reicht, ein. In diesem Zusammenhang wurden einige komplexe Auswertungstechniken entwickelt (*Osgood*, *Saporta* und *Nunally* 1956), die aber wegen ihres Arbeitsaufwandes für die sozialpädagogische (Praxis-)Forschung weniger Bedeutung besitzen.

Eine andere Frage bei der Auswertung zielt auf ein spezielleres Problem: Wie kann man Veränderungen, die bei der Inhaltsanalyse von

Beratungsgesprächen oder im Verlauf von Gruppensitzungen ablaufen, auf ihre Signifikanz hin untersuchen? Hierzu bietet sich ein Verfahren an, das schon kurz dargestellt wurde: der *Friedman*-Test. Bei ihm werden die inhaltsanalytischen Meßwerte der Klienten (oder anderer Untersuchungsobjekte, wie Medien) zuerst in Rangplätze übertragen. Die weitere Verrechnung ist aus der Tabelle 18 zu entnehmen.

**Tabelle 18** Der *Friedman*-Test zur Bestimmung signifikanter inhaltsanalytischer Trends im Ablauf verschiedener Beratungsgespräche.

| Klient | Bedingungen/Messungen in der zeitlichen Abfolge (k = 5) | | | | |
|---|---|---|---|---|---|
| | A | B | C | D | E |
| 1 | 1 | 2,5 | 2,5 | 4 | 5 |
| 2 | 3 | 1 | 2 | 4 | 5 |
| 3 | 4 | 1 | 2 | 5 | 3 |
| 4 | 2 | 1 | 5 | 4 | 3 |
| 5 | 1 | 3,5 | 2 | 5 | 3,5 |
| 6 | 3 | 1 | 4 | 5 | 2 |
| 7 | 1 | 2 | 3 | 4 | 5 |
| 8 | 2 | 1 | 3 | 5 | 4 |
| 9 | 1 | 2 | 3 | 4 | 5 |
| 10 | 1,5 | 1,5 | 3 | 4,5 | 4,5 |
| $T_i$ | 19,5 | 16,5 | 29,5 | 44,5 | 40,0 |
| $T_i^2$ | 280,25 | 272,25 | 870,25 | 1980,25 | 1600,0 | $\sum T_i^2 = 5103$ |

Wir setzen die entsprechenden Werte in die Formel 23 ein und erhalten:

$$\chi_F^2 = \frac{12}{10 \cdot 5 \cdot (5+1)} \cdot 5103 - 3 \cdot 10 \cdot (5+1) = \underline{24,12}$$

df = k − 1 = 4

Wir entnehmen der Tafel 2, daß unsere Prüfgröße auf dem 1%-Niveau signifikant ist und lehnen die Nullhypothese ab. Die Messungen in der zeitlichen Abfolge zeigen einen Trend, der nicht mehr durch den Zufall, sondern den Einfluß der Beratungsgespräche erklärt werden kann.

Die Inhaltsanalyse ist eine Erhebungsmethode, die man bei sehr unterschiedlichen Fragestellungen anwenden kann. Bei sorgfältiger Untersuchungsplanung und Auswerterschulung ist sie eine objektive und zuverlässige Erhebungsmethode. Schwieriger ist es hingegen, ihre Validität nachzuweisen. Sie kann als inhaltsvalide angesehen werden, wenn die Kategorien das Untersuchungsproblem plausibel repräsentieren. Die empirische Validität muß im Einzelfall belegt werden, da meist ein neues Kategoriensystem konstruiert werden muß. Bei den häufiger erprobten Systemen (IPA oder TTR) liegen Hinweise auf deren Gültigkeit vor. Die Konstruktvalidität wird zum momentanen Zeitpunkt nicht überprüfbar sein, da die bestehenden theoretischen Bezugssysteme noch nicht genügend ausgearbeitet sind.

**Weiterführende Literatur**

*Berelson* (1952), *Friedrichs* (1990), *Herkner* (1974), *Holsti* (1969), *Kromrey* (1980), *Lisch* und *Kriz* (1978), *Mayntz* u.a. (1974), *Silbermann* (1974)

## 4.4 Die Befragung

Das beliebteste und am häufigsten angewandte Erhebungsinstrument der sozialwissenschaftlichen Forschung ist zweifellos die mündliche oder schriftliche Befragung. Dies liegt sicher auch daran, daß wir unser alltägliches Wissen vorwiegend durch die Antworten anderer Personen auf unsere Fragen aufbauen und ergänzen. Wie bei den anderen sozialwissenschaftlichen Methoden versucht man dieses alltägliche Vorgehen zu systematisieren und zu objektivieren, um möglichst zuverlässige Antworten zu erhalten.

Die Ergebnisse einer Befragung sind aber häufig nicht so zuverlässig, wie man es bei einem so häufig angewandten Verfahren erwarten würde. Wir erhalten mit ihr meistens nur Meinungen zu bestimmten Fragestellungen, die mit dem realen Verhalten des Befragten nicht übereinstimmen müssen.

### 4.4.1 Formen der Befragung

Man kann Befragungen nach dem Grad ihrer Strukturierung in unstrukturierte (Exploration), teilstrukturierte und vollstrukturierte Interviews einteilen. Bei der ungelenkten, frei geführten Exploration handelt es sich in der Regel um eine Voruntersuchung, bei welcher der Gesprächsleiter die interessierenden Themenkreise kennt und diese in freier, möglichst wenig lenkender Gesprächsform mit einer überschaubaren Anzahl an Gesprächspartnern „auslotet". Dabei versucht er alle möglichen Reaktionsweisen, Haltungen und Assoziationen, die sich mit diesen Problembereichen verbinden, zu erkennen, Hypothesen über mögliche Zusammenhänge zu entwickeln und umfangreiche Daten für die Konstruktion eines strukturierten Fragebogens zu erhalten. Dieser Fragebogen orientiert sich dann nicht mehr allein an der subjektiven Vorstellung des Forschers vom Untersuchungsproblem. Neben der Einzelexploration haben sich auch Gruppendiskussionen als gute Möglichkeit erwiesen, die Themenkreise einer Untersuchung „hautnah" kennenzulernen. Die Auswertung der Gesprächsinhalte wird durch eine Inhaltsanalyse durchgeführt, wobei meistens die Kategorien erst schrittweise bei der Auswertung – entsprechend der Äußerungen der Gesprächspartner – entstehen. Diese Kategorien stellen dann das Rohmaterial für die Strukturierung des Fragebogens dar.

Beim *teilstrukturierten* Interview liegt schon ein festes Frageschema vor. Die Reihenfolge und Formulierung der Fragen kann aber vom Interviewer variiert und der Gesprächssituation angepaßt werden. Dies führt allerdings wie bei der Exploration dazu, daß der subjektive Spielraum des Gesprächsleiters groß ist und diese Erhebungsmethode den Gütekriterien nicht mehr (voll) entsprechen kann.

Aus diesem Grund werden die meisten wissenschaftlichen Befragungen mit dem *standardisierten Interview* durchgeführt. Diese Befragung ist voll strukturiert, d.h. die Reihenfolge und Formulierung der Fragen sowie die Antwortkategorien liegen fest, so daß die Objektivität der Durchführung und Auswertung weitgehend gesichert ist. Auch die spontanen Reaktionsweisen des Befragten sind dadurch eingeengt. Er reagiert nur noch mit vorher festgelegten Antwortmöglichkeiten; dies erleichtert die Auswertung und verbessert die Zuverlässigkeit der Methode.

Die meisten Interviews werden mündlich durchgeführt; dies erfordert in der Regel einen hohen finanziellen, zeitlichen und personellen Aufwand. Vergleichsweise billig ist eine schriftliche Befragung, bei der man auch den Interviewer als Fehlerquelle ausschließen kann. Erfahrungsgemäß erhält man aber nur einen Teil der Fragebögen zurück; die Rücklaufquote erreicht auch bei intensiven schriftlichen und telefonischen „Anmahnungen" nur etwa 2/3 der verteilten Fragebögen. Dies führt dazu, daß die Ergebnisse schriftlicher Befragungen praktisch nicht verallgemeinert werden können und nur für die Rücksender der Stichprobe gelten. Eine weitere Fehlerquelle bei der schriftlichen Befragung besteht darin, daß es unsicher und unkontrolliert bleibt, in welcher Situation der Fragebogen ausgefüllt wurde.

### 4.4.2 Die Exploration

Der große Vorteil der unstrukturierten Befragung besteht darin, daß der Gesprächsleiter lediglich mit offenen Fragen die interessierenden

Themenbereiche anspricht, auf die Antworten des Gesprächspartners eingeht und daran seine weiteren Fragen orientiert. Er versucht dabei möglichst alle Vorstellungen, Einstellungen, Motive und Verhaltensweisen, die sich mit dem Thema verbinden, anzusprechen und weiter zu verfolgen. Seine Gesprächsaktivität ist dabei meistens gering und orientiert sich an den Grundregeln der klientenzentrierten Gesprächsführung (*Rogers* 1978, *Tausch* und *Tausch* 1979).

Der Gesprächsleiter versucht bei der Exploration eine Gesprächssituation zu schaffen, in welcher die spontane Auseinandersetzung des Gesprächspartners mit dem angesprochenen Themenbereich gefördert wird, d.h. er versucht sich in die Äußerungen des Gesprächspartners einzufühlen, seine Antworten zu akzeptieren, ohne sie zu werten, und ihm das Gefühl zu vermitteln, ein geachteter, interessanter Partner zu sein. Dies darf jetzt aber nicht so geschehen, daß der Gesprächsleiter seine „freundlich-neutrale" Maske aufsetzt und nur noch „Hmmm" von sich gibt, sondern es muß hier ein echtes Interesse am Erleben und Verhalten des anderen in bezug auf das Forschungsproblem deutlich werden. Bei dieser Gesprächsführung erhalten wir eine Anzahl komplexer Äußerungen, die uns darüber informieren, welche Einstellungsinhalte beim Befragten psychologisch bedeutsam sind, wenn er an das Forschungsproblem denkt.

Da es sich bei der Exploration in der Regel um die Analyse bestehender Motivations- und Einstellungssysteme (gegenüber Politikern, Institutionen, Minoritäten usw.) handelt, sollten sich die Gesprächsthemen auch an den Erkenntnissen der Einstellungsforschung orientieren. Einstellungen versteht man als System dreier Komponenten, zu denen die Exploration Daten liefern muß:

(1) Kognitive Komponente: Darunter versteht man das objektive (Fakten) und subjektive (Glauben) Wissen des Befragten vom Einstellungsobjekt.
(2) Affektive Komponente: Sie bezieht sich auf die Gefühle und Erlebnisse, die sich mit dem Einstellungsobjekt verbinden.
(3) Verhaltenskomponente: Sie bezieht sich auf das tatsächliche Verhalten gegenüber dem Einstellungsobjekt, aber auch auf die beabsichtigten und letztlich nicht ausgeführten Reaktionen.

Die Aufzeichnung der Exploration erfolgt handschriftlich oder durch ein Tonbandgerät. Die Tonbandaufzeichnung hat dabei entscheidende Vorteile: Man kann sich beim Gespräch voll auf den Partner konzentrieren, die Inhalte werden nicht verzerrt oder verkürzt, die verbalen und averbalen Gesprächsinhalte (Pausen, Sprechdauer, Tonfall usw.) bleiben reproduzierbar, und die Objektivität der Auswertung kann überprüft werden.

Auswertungspunkt: Vorstellung vom „typischen" arbeitslosen Jugendlichen   Blatt 1

| | | 1 | 2 | 3 | 4 | 5 | 6 | 7 | 8 | 9 | 10 | 11 | 12 | 13 | 14 | 15 | 16 | 17 | 18 | 19 | 20 | Σ n=20 | ♂ 10 | ♀ 10 |
|---|---|---|---|---|---|---|---|---|---|---|---|---|---|---|---|---|---|---|---|---|---|---|---|---|
| Generelle Einstellung | + | – | | | | – | | | | | | – | | – | | – | – | | – | | – | 9 | 3 | 6 |
| | – | | | | | | | – | | – | | | | | | | | – | | | | 4 | 3 | 1 |
| | ± | | | – | – | | | | – | | – | | | – | | | | – | | – | | 7 | 4 | 3 |
| nicht ersichtlich, keine Angaben | | | | | | | | | | | | | | | | | | | | | | – | – | – |
| Positive Äußerungen: | | | | | | | | | | | | | | | | | | | | | | | | |
| sympathisch, aufgeschlossen | ↑ | – | | | | | | | | | – | | | – | | – | | | – | – | – | 5 | 3 | 2 |
| fröhlich, lustig, hat Humor | ↑ | | | | | | | | | – | | | | – | | | | | – | | | 4 | 1 | 3 |
| unternehmungslustig, ✓ | ↑ | | | | | | | | | | | | | – | –+ | | | | | | | 3 | – | 3 |
| geht gerne ins Kino, zum Tanzen | ✓ | | | | | | | | | | | | | | | | | | | | | | | |
| ruhig, eher etwas zurückgezogen, zurückhaltend | ↑ | | | – | | | | | | | – | | – | – | – | – | | | | – | – | 8 | 2 | 6 |
| freut sich über seine viele Freizeit und darüber, daß er nicht wie andere arbeiten muß | ↑ | | | – | | | | | | | | | | | | | | | | | | 1 | 1 | – |
| sportlich, spielt vielleicht Fußball, ✓ interessiert sich für Sport, sieht gerne Sportsendungen | ↑ ✓ | | | | | – + | | | – | | | | | | – + | | | – | | | | 6 | 2 | 4 |
| etwas ↓ verunsichert, | ✓ | | | | | | | | | | | | | | | | | | | | | | | |
| etwas ↓ enttäuscht, traurig, weil keine Arbeit | ↑ | | | + – | | | | | | | | | | | | | | – | | | – | 4 | 2 | 2 |

**Abb. 19** Strichliste für die Auswertung explorativ gewonnener Daten zum Untersuchungsthema „Arbeitslose Jugendliche".

Nach aller Erfahrung hat ein mitlaufendes Tonband – wenn es begründet, die Erlaubnis des Gesprächspartners eingeholt und eine anonyme Behandlung zugesichert wurde – keinen Einfluß auf die Gesprächsinhalte.

Die Tonbandprotokollierung führt allerdings zu einer zeitlichen und finanziellen Mehrbelastung, die bei der Planung berücksichtigt werden muß. Häufig ist es aber möglich, die Auswertung während des Abspielens der Tonbänder durchzuführen, so daß auf ein zusätzliches Abschreiben der Bänder verzichtet werden kann.

Die Auswertung geschieht auf inhaltsanalytische Art, wobei man meistens nur einen Teil der Kategorien vorher erstellen kann. Man verwendet dabei „Strichlisten", die genügend Platz für die Gesprächsäußerungen enthalten, und überträgt die entsprechenden Inhaltseinheiten so, daß ersichtlich bleibt, von welchem Gesprächspartner welche Angaben stammen. Abb. 19 zeigt einen Ausschnitt aus einer Auswertungsliste.

Die Liste stellt eine geordnete Übertragung der Gesprächsinhalte dar, soweit sie sich auf das Auswertungsthema beziehen. Die Äußerungen, welche zu einer sinnvollen Auswertungskategorie gehören, werden gleich oder am Ende der Auswertung zusammengefaßt. Bei unserem Beispiel wird dies durch Pfeile angedeutet. Je nach Stichprobenzusammensetzung kann man bei der Auswertung auch schon quantitative Vergleiche durchführen, um auftauchende Hypothesen auf ihre erste Übereinstimmung mit empirischen Daten zu untersuchen.

Die Exploration ist ein weitgehend qualitatives Verfahren und entspricht den Gütekriterien nur in geringem Ausmaß. Ihre Ergebnisse können deshalb nicht verallgemeinert, bestehende Hypothesen auch nicht mit ihr überprüft werden. Mit ihr gelingt es aber gut, neue Hypothesen zu entwickeln, einen strukturierten Fragebogen mit den entsprechenden Antwortkategorien zu konstruieren und die eingeengte Problemsicht des Forschers durch die verschiedenen Perspektiven der Gesprächspartner zu erweitern.

Zwischen der Exploration und dem voll strukturierten Fragebogen bestehen natürlich fließende Übergänge. So kann die Exploration bei bestimmten Themenbereichen ergänzt werden durch andere, schon bewährte Erhebungsmethoden (Polaritätsprofile, Testverfahren u.ä.).

### 4.4.3 Die vollstrukturierte, standardisierte Befragung

Beim vollstrukturierten Fragebogen versucht man die subjektiven Fehlerquellen der Exploration zu beseitigen und die Befragung zu einem wissenschaftlichen Erhebungsinstrument zu machen. Bevor wir die Probleme der Fragebogenkonstruktion betrachten, erscheint es sinnvoll, nochmals den Kommunikationsprozeß im Zusammenhang mit der strukturierten Befragung darzustellen, um die möglichen Störvariablen deutlich zu sehen. Die folgenden Ausführungen lehnen sich eng an *Kromrey*s Darstellung an (1980, S. 192f.).

### 4.4.3.1 Die strukturierte Befragung als Kommunikationsprozeß

Am Ausgangspunkt der strukturierten Befragung steht der Forscher (F), der seine Hypothesen überprüfen will. Diese hat er so operationalisiert, daß sie durch strukturierte Fragen untersucht werden können. Diese verbalen Fragen entsprechen seinen Gedanken und Überlegungen (G); nun benötigt er empirische Daten zum Sachverhalt (S) des Untersuchungsproblems:

1a) F benötigt Daten zum sozialen Sachverhalt S;

1b) F denkt G1 und formuliert dazu eine konkrete Frage W1 (Wortverständnis des Forschers:

2) F verschlüsselt G1 in W1.

Im Normalfall konstruiert der Forscher den Fragebogen; anschließend übernimmt ein mehr oder weniger geschulter Interviewerstab die Feldarbeit, d.h. sie führen die Interviews mit den in der Stichprobe vorgesehenen Befragten (B) durch:

3) Der Interviewer (I) übermittelt W1 an B; der Interviewer wird dabei zum Medium zwischen Forscher/Sender und Befragtem/Empfänger. Der Befragte entschlüsselt den Wortlaut der Frage nun nach seinem Bezugssystem und Frageverständnis:

4) B hört W1 und entschlüsselt sie in G2 (seine Gedanken über die Frage) und entwickelt seine Gedanken über die Antwort:

5) B denkt G3; er formuliert nun die Antwort, die ihm angemessen erscheint entweder offen oder durch die Auswahl der entsprechenden Antwortkategorie bei „geschlossener" Fragestellung:

6) B verschlüsselt G3 in W2. Bei einer geschlossenen Fragestellung kreuzt der Interviewer die entsprechende Antwortkategorie an:

7a) I hört W2 und entschlüsselt in G4 (Antwortverständnis des Interviewers);

7b) I wählt nun aus G4 das „Wesentliche" heraus und verschlüsselt dies in W3 (Antwort des Befragten im Bezugssystem von I)

Nach Ablauf des Interviews wertet der Forscher die Fragebögen aus, entschlüsselt die Antworten nach seinem Bezugssystem entweder nach:

8a) F entschlüsselt bei geschlossener Fragestellung W2 in G5 (Antwortverständnis des Forschers) und interpretiert W2 als Indikator für S (untersuchter Sachverhalt) oder
8b) bei offener Fragestellung: F entschlüsselt W3 in G5 und interpretiert W3 als Indikator für S.

Die Schritte von 1b bis 8b wurden nur am Beispiel einer Frage dargestellt; dabei dürfte deutlich geworden sein, daß wir bei einem strukturierten Fragebogen nur die Reste eines Kommunikationsprozesses erhalten. Es handelt sich bei der strukturierten Befragung um eine Kommunikation „mit eingebauten Hindernissen". Bei der Fragebogenkonstruktion muß man deshalb versuchen, diese Hindernisse möglichst klein zu halten.

### 4.4.3.2 Konstruktion eines strukturierten Fragebogens

Bei der Fragebogenentwicklung und der anschließenden Feldarbeit müssen die technischen und sozialpsychologischen Fehlerquellen möglichst gering gehalten werden, damit sie die Kommunikationsinhalte wenig beeinflussen können. Am ehesten lassen sich die technischen Schwierigkeiten in den Griff bekommen: Der Fragebogen darf nicht zu lang sein, seine Instruktionen und Fragen müssen für alle Befragten gleich lauten, die Sprache muß für alle verständlich sein (Problem schichtspezifischer Sprachstile), die Schulung der Interviewer muß einheitlich sein, damit ihr Sprachverhalten übereinstimmt.

Schwieriger ist es, die sozialpsychologischen Rahmenbedingungen zu kontrollieren. Jedes Gespräch findet in einem sozialen Kraftfeld statt. Der Interviewer kann auch bei bester Schulung sein äußeres Erscheinungsbild, sein ungefähres Alter, seine Zugehörigkeit zum weiblichen oder männlichen Geschlecht usw. nicht verbergen und bewirkt dadurch ganz bestimmte Einstellungen, Vorurteile und Erwartungshaltungen beim Befragten. Diese „Ankerwirkung" hat einen nachweislichen Einfluß auf Art und Inhalt der Antworten (siehe auch Tabelle 19, S. 133).

*Schematisches Vorgehen bei der Konstruktion eines Fragebogens*

(1) Klare Formulierung der Untersuchungshypothesen. Das Untersuchungsziel und die Hypothesen müssen eindeutig formuliert sein. Man kann nicht einfach die „Probleme der Behinderten" untersuchen, wenn man sich nicht klar geworden ist, was man genau darunter versteht und welche Annahmen überprüft werden sollen.

(2) Der zu untersuchende Sachverhalt muß in die wesentlichen Dimensionen/Merkmalsebenen aufgelöst werden. So könnten diese

Dimensionen beim „Behinderten-Thema" in den folgenden Bereichen liegen: Entwicklung behinderter Kinder, Erziehungsstile von Eltern/ Betreuern behinderter Kinder, Persönlichkeitseigenschaften Behinderter, schulische und berufliche Förderung, gesellschaftliche Barrieren, Vorurteile usw. Man kann diese Dimensionen mit einem (mehrdimensionalen) Koordinatensystem vergleichen, durch welches das Untersuchungsproblem repräsentiert wird.

(3) Formulierung der unabhängigen Variablen: Bei einer Untersuchung handelt es sich meistens nicht um empirische, beschreibende Fragestellungen, sondern mit den Daten sollen ganz bestimmte Zusammenhänge belegt werden. Bei unserem Beispiel könnte man die Hypothese untersuchen, daß Personen, die wenig Kontakt zu Behinderten haben, eine negativere Einstellung zu ihnen haben als die Befragten mit vielen Kontakten. Die unabhängige Variable wäre dabei die Kontakthäufigkeit zu Behinderten, die abhängige die Art der Einstellung.

(4) Informationssammlung zum Untersuchungsphänomen: Die vorhandenen Informationen müssen aufgearbeitet werden (Literaturstudium, Explorationen, Beobachtungen u.ä.), um ein möglichst umfassendes Bild über die Untersuchungsthematik zu erhalten.

(5) Konstruktion des Fragebogens: Wichtig ist, daß in den vorangegangenen Phasen klar wurde, was konkret untersucht werden soll. Soll ein Sachverhalt erst einmal beschrieben und abgegrenzt werden (beschreibende Fragestellung), dann müssen wir möglichst viele Fragen formulieren, damit der Sachverhalt umfassend analysiert werden kann. Die Befragungsstichprobe muß dabei relativ groß und repräsentativ für die Untersuchungsthematik sein, damit die Ergebnisse auch generalisiert werden können. In der Praxis geht es häufig aber um die Prüfung von Hypothesen: z. B. daß die Behandlung/Beratung A der Behandlung B überlegen ist oder daß eine bestimmte Art der Öffentlichkeitsarbeit zu einer Einstellungsänderung in Richtung X führt. Zur Überprüfung benötigt man in der Regel weniger Fragen und eine kleinere Stichprobe. Man muß sich dabei bei jeder Frage überlegen, was sie zur Bestätigung/Falsifizierung der Hypothese beitragen kann.

*Regeln für die Frageformulierung*

Die Hypothesen sind das Orientierungssystem; sie bestimmen, welche Fragen zu stellen sind. Sie sollen mit den entsprechenden Antworten bestätigt oder verworfen werden können. „Die Frage ist demnach das Bindeglied zwischen den Variablen der Hypothesen und den Antworten" (*Friedrichs* 1990, S. 204). In der Regel sind die Untersuchungshypothesen aber zu komplex, um mit einer Frage untersucht zu werden, so daß eine Hypothese meist durch mehrere Fragen repräsentiert wird.

Nach welchen Grundsätzen formuliert man nun die einzelnen Fragen? In der Untersuchungspraxis haben sich einige Regeln herauskristallisiert, die bei der Fragebogenkonstruktion beachtet werden sollten:

(1) Die Fragen sollen möglichst kurz und einfach formuliert und in ihrem Bedeutungsumfeld eindeutig sein.
(2) Sie sollten einen „Gesprächscharakter" besitzen, d.h. sie sollen nicht „gestelzt" wirken und müssen auch nicht druckreif durchformuliert sein.
(3) Der Befragte darf durch die Frage nicht überfordert werden.
(4) Suggestivfragen sind zu vermeiden, da mit ihnen den Befragten die Antwort in den Mund gelegt wird (z.B. „Sie sind doch sicher auch der Meinung, daß ...").
(5) Alternativfragen („Oder"-Fragen) engen die Reaktionsmöglichkeiten des Befragten auf zwei Möglichkeiten ein, obwohl meistens – genau betrachtet – mehrere Möglichkeiten existieren.
(6) Die Fragen sollen interessant wirken und das Selbstbewußtsein des Befragten unterstützten.

Wir müssen demnach bei der Fragenkonstruktion sehr behutsam versuchen, die Fragen aus dem eigenen Bezugsrahmen in das Bezugssystem des möglichen Befragten zu übertragen.

Bei den *Frageformen* unterscheiden wir zwischen offenen und geschlossenen Fragen. Die offenen Fragen lassen dem Befragten bei der Beantwortung völlige Freiheit. Sie setzen allerdings voraus, daß die antwortende Person sich verbal gut ausdrücken kann. Bei der Auswertung geht man dann nach dem inhaltsanalytischen Verfahren vor. Bei der geschlossenen Frage sind die möglichen Antwortkategorien schon formuliert, d.h. der inhaltsanalytische Teil der Auswertung wurde schon in einem Pretest abgeschlossen. Die Antwortkategorien müssen die gesamte Breite der Antwortmöglichkeiten abdecken und sollen sich in der Regel gegenseitig ausschließen, damit nur eine Kategorie angekreuzt werden kann.

Zwischen den beiden Frageformen entsteht ein weiterer Unterschied: Bei der offenen Frage muß der Befragte überlegen und sich erinnern; er muß etwas „produzieren". Dies ist meistens schwieriger als das Wiedererkennen und „Reproduzieren" bei der geschlossenen Fragestellung.

Unter den Gesichtspunkten der Objektivität und der Zuverlässigkeit von Durchführung und Auswertung ist die geschlossene Fragestellung der offenen eindeutig überlegen.

*Aufbau des Fragebogens*

Bevor die eigentliche Befragung beginnt, ist es sinnvoll, den Befragten über den Sinn und das Ziel der Untersuchung, die verantwortliche Institution und über die Wahrung der Anonymität der befragten Personen zu informieren. Er sollte dadurch motiviert werden, ernsthaft und aufrichtig an der Befragung teilzunehmen.

Das Interesse an der Befragung wird ferner geweckt, wenn am Anfang die allgemeineren, möglichst neutralen Fragen stehen, bei denen Erfolgserlebnisse erzielt werden können.

In der Regel werden Fragen zum gleichen Themenkreis so vorgegeben, daß man schrittweise vom Allgemeinen zum Besonderen, vom Vertrauten zum weniger Vertrauten vorgeht. Man spricht in diesem Zusammenhang von „Trichterfragen", weil damit immer konzentrierter auf den Themenkreis eingegangen wird. Allerdings ist dieses Vorgehen nicht immer empfehlenswert, da manchmal die Reihenfolge der Fragen einen verzerrenden Einfluß, einen Ausstrahlungseffekt auf die nachfolgenden Fragen haben.

Untersucht man z. B. die Einstellung zur Todesstrafe, so unterscheiden sich die Antworten sicher, wenn man die entsprechenden Fragen nach dem Thema „Anwachsen der Gewaltkriminalität" oder „Möglichkeiten der Resozialisierung durch den modernen Strafvollzug" stellt. Fragen, die stark aufeinander ausstrahlen können, sollten deshalb im Fragebogen räumlich/zeitlich voneinander getrennt werden. Befürchtet man dennoch einen Einfluß, dann kann man sich dadurch helfen, daß man die Reihenfolge der „problematischen" Themenbereiche bei der Hälfte der Fragebögen ändert.

Den Beginn eines neuen Themenbereiches bereitet man durch überleitende Bemerkungen und Fragen vor. Je nach ihrer Aufgabe im Fragebogen kann man zwischen Einleitungs-, Übergangs- und Filterfragen unterscheiden, wobei die Filterfragen die Aufgabe haben, die Befragten in weitere Untergruppen einzuteilen, an die dann spezielle Fragen zu stellen sind.

Bei fast allen Befragungen werden Informationen über Alter, Geschlecht, Beruf, Familienstand, Schulbildung, Konfession, Einkommen u.ä. eingeholt, um die Zusammensetzung der Stichprobe zu beschreiben und gruppenspezifische Auswertungen durchführen zu können. Diese „demographischen" Daten gehören an das Ende des Fragebogens; sie werden meistens am Anfang der Befragung als zu neugierig, verhörartig und unangenehm erlebt. Am Ende der Untersuchung hat sich meistens eine persönliche Beziehung aufgebaut, der Befragte hat sich an das „Frage-Antwort-Spiel" gewöhnt und sieht auch ein, daß diese Daten für die Auswertung wichtig sein können.

### 4.4.3.3 Die Wissenschaftlichkeit der Befragung

Die Befragung ist das am häufigsten angewandte Erhebungsverfahren der Sozialwissenschaften. Daraus könnte man den Schluß ziehen, daß es wohl auch das bewährteste und gültigste ist. Diese Folgerung ist leider falsch, da bei der Befragung im Vergleich mit der Beobachtung oder der Inhaltsanalyse die Gütekriterien weniger gesichert sind.

Dies liegt daran, daß wir die Fehlerquellen, die im Kommunikationsprozeß liegen, beim Interview nicht im ausreichenden Umfang kontrollieren können. Dies sei an einem Untersuchungsergebnis von *Hyman* (nach *Mayntz* u.a. 1974, S. 117) demonstriert. Er untersuchte den geschlechtsspezifischen Interviewereinfluß auf die Antworten zur Feststellung: „Gefängnisse sind zu gut für Sittlichkeitsverbrecher; sie sollten öffentlich ausgepeitscht werden." Tabelle 19 zeigt die Ergebnisse bei den verschiedenen Interviewsituationen.

**Tabelle 19** Geschlechtsspezifischer Interviewereinfluß auf das Ergebnis einer Befragung.

| Interviewsituation | Zustimmung % | Ablehnung % | Unentschieden % |
|---|---|---|---|
| Männer von Männern befragt | 44 | 48 | 8 |
| Männer von Frauen befragt | 39 | 58 | 3 |
| Frauen von Frauen befragt | 49 | 47 | 4 |
| Frauen von Männern befragt | 61 | 28 | 11 |

Ein weiteres Problem besteht in der Repräsentativität der Ergebnisse. Theoretisch kann man natürlich eine wunderbare Zufallsstichprobe erstellen. Leider ist man aber darauf angewiesen, daß die bestimmten Personen auch bereit sind mitzuarbeiten. Dies ist aber nicht grundsätzlich der Fall, so daß man bei mündlichen Befragungen mit etwa 25 Prozent Ausfällen (Adressen stimmen nicht mehr, Personen sind nicht anzutreffen oder verweigern) rechnen muß. Bei schriftlichen Befragungen (über den Postweg) sind die Ausfälle noch wesentlich größer. Damit wird die Generalisierbarkeit der Ergebnisse häufig problematisch.

Die Gültigkeit der Befragungsergebnisse ist davon abhängig, ob die Fragen auch wirklich Indikatoren für die Untersuchungshypothesen sind, die ja mit ihnen überprüft werden sollen. Da die Gültigkeit einer Methode u.a. von ihrer Objektivität und Zuverlässigkeit abhängt, bestehen weitere Bedenken in dieser Hinsicht. Die Validität wird ferner durch zwei Antworttendenzen gefährdet:

(1) Die Bejahungstendenz: Unabhängig vom Frageninhalt neigen viele Personen dazu, gestellte Fragen eher zu bejahen als zu verneinen.

(2) Die Tendenz zur „sozialen Erwünschtheit": Es besteht beim Interview häufig die Neigung, Fragen so zu beantworten, daß man beim Interviewer einen möglichst positiven Eindruck hinterläßt.

Die geäußerten Bedenken sollen zu einer kritischen Haltung gegenüber den Befragungstechniken führen. In der empirischen Sozialforschung können wir auf sie natürlich nicht verzichten, da wir oft keine andere, bessere Methode zur Verfügung haben. Man sollte aber stets versuchen, die Befragungsergebnisse durch andere Kontrolldaten abzusichern, um das vage Kriterium der „Augenschein-Validität" zu ergänzen.

**Weiterführende Literatur**

*Friedrichs* (1990), *Holm* (1975), *Koolwijk* u.a. (1975), *Mayntz* u.a. (1974), *Kromrey* (1980), *Rogers* (1978), *Tausch* und *Tausch* (1979), *Scheuch* (1974)

## 4.5 Die Soziometrie

Die Soziometrie oder der soziometrische Test wurde von *Moreno* (1934) entwickelt, der mit dieser speziellen Befragungsart die Struktur einer Gruppe, ihr „emotionales Beziehungsgeflecht" analysieren wollte. „Soziometrie ist die quantitative Untersuchung zwischenmenschlicher Beziehungen unter dem Aspekt der Bevorzugung, Gleichgültigkeit und Ablehnung in einer Wahlsituation" (*Höhn* und *Seidel* 1969, S. 375). Bei diesem Verfahren – die Bezeichnung „Test" ist eigentlich nicht zutreffend – werden die Gruppenmitglieder (meist schriftlich) aufgefordert, Fragen der folgenden Art zu beantworten: Mit wem möchtest Du am liebsten (am wenigsten gern) Deine Freizeit verbringen? ... in einem Team zusammenarbeiten? ... einen gemeinsamen Urlaub verbringen? u.ä.

Die Wahlmöglichkeiten können dabei auf eine bestimmte Anzahl begrenzt werden, wodurch die weitere statistische Verarbeitung vereinfacht wird. Allerdings gehen dabei interessante Informationen über die Wählenden verloren: So kann es aufschlußreich sein, wenn eine Person nur eine andere positiv wählt und gleichzeitig 10 andere ablehnt. Engen wir die Anzahl der Wahlmöglichkeiten ein, dann können wir keine Aussage mehr über das „emotionale Ausdehnungsvermögen" (*Moreno*) der Gruppenmitglieder machen.

Die Kriterien der Wahl sind abhängig von der bestehenden Gruppensituation. Es besteht aber ein hoher Zusammenhang zwischen den Wünschen nach Sitznachbarn, Spielpartnern oder Arbeitskollegen. Bei den Wahlen geht es meistens weniger um zweckgerichtete Überlegungen als um die Manifestation undifferenzierter Sympathie oder Antipathie. Es läßt sich empirisch allerdings in den meisten Gruppen eine unterschiedliche Struktur in den Dimensionen Beliebtheit/Sympathie und Leistungsfähigkeit/Tüchtigkeit nachweisen (*Hofstätter* 1986).

Mit dem soziometrischen Verfahren kann man recht gut den Zustand und die Veränderungen in der Struktur überschaubarer Gruppen beschreiben. Damit stellt es eine wichtige sozialpädagogische Untersuchungsmethode dar.

*Die Auswertung der Wahlen*

Die Wahlen werden zuerst in eine Soziomatrix übertragen. Dabei kann man sich entweder auf die erste (positive oder/und negative) Wahl beschränken und sie durch + oder – in die Matrix eintragen (siehe Tab. 20). Man kann aber auch eine einfache Gewichtung vornehmen: Wurden z. B. drei Wahlen pro Person vorgeschrieben, dann kann man die erste mit 3, die zweite mit 2 und die dritte mit 1 Punkt gewichten und diesen Wert in die Matrix eintragen. Dadurch wird die weitere Verarbeitung meist unübersichtlicher, so daß in der Regel nur die Erstwahlen berücksichtigt werden. Tabelle 20 zeigt die Soziomatrix einer Jugendgruppe, bei der die Anzahl der Wahlen nicht begrenzt war. Die Reihenfolge der Wahlen wurde dabei nicht berücksichtigt.

Diese Soziomatrix kann jetzt in unterschiedlicher Weise weiter verarbeitet werden: Wir können sie als Grundlage für eine anschauliche graphische Darstellung des „emotionalen Beziehungsgeflechtes" der Gruppe heranziehen (Soziogramm) oder aus ihr ganz bestimmte Kennwerte, die typisch für die Gruppe oder einzelne Mitglieder sind, berechnen. Betrachten wir diese beiden Möglichkeiten bei unserem Beispiel.

*Graphische Darstellung soziometrischer Daten*

Die häufigste Art der graphischen Darstellung ist das Netzsoziogramm, welches von *Moreno* entwickelt wurde. Man zeichnet dabei zuerst in der Blattmitte die am meisten gewählten „Stars" der Gruppe mit Kreisen oder Dreiecken und deren entsprechende Nummern ein. Um sie herum ordnet man die Gruppenmitglieder, die sie gewählt haben. Dabei symbolisiert man jede positive Wahl mit einem durchgezogenen Strich, welcher bei der gewählten Person mit einem Pfeil

**Tabelle 20** Soziomatrix einer Jugendgruppe (rekonstruiert aus *Höhn* und *Seidel*. 1976)

|  |  | Gewählte |  |  |  |  |  |  |  |  |  |  |  |  | Anzahl der abgegebenen Wahlen | | |
|---|---|---|---|---|---|---|---|---|---|---|---|---|---|---|---|---|---|
|  |  | 1 | 2 | 3 | 4 | 5 | 6 | 7 | 8 | 9 | 10 | 11 | 12 | 13 | + | − | Gesamt |
| W ä h l e n d e | 1 | / | + | + | + | + | − |   |   |   |   |   |   | − | 4 | 2 | 6 |
|  | 2 | + | / | + |   | + |   |   |   |   |   |   |   | − | 3 | 1 | 4 |
|  | 3 | + | + | / |   |   |   |   |   |   |   |   |   | − | 2 | 1 | 3 |
|  | 4 | + |   | + | / |   |   | − |   |   |   |   |   | − | 2 | 2 | 4 |
|  | 5 | + |   |   | + | / |   |   |   |   |   |   |   |   | 2 | − | 2 |
|  | 6 | + |   |   |   | + | / |   |   |   |   |   |   | − | 2 | 1 | 3 |
|  | 7 | − |   |   |   |   |   | / | + | + |   |   |   | − | 2 | 2 | 4 |
|  | 8 |   |   |   |   |   |   | + | / | + |   |   |   |   | 2 | − | 2 |
|  | 9 |   |   |   |   |   |   | + | + | / |   |   |   | − | 2 | 1 | 3 |
|  | 10 |   |   |   | + |   |   | + |   |   | / |   |   | − | 2 | 1 | 3 |
|  | 11 |   |   |   |   |   |   | + | + |   |   | / |   |   | 2 | − | 2 |
|  | 12 | + |   |   |   |   |   | + |   |   |   |   | / | − | 2 | 1 | 3 |
|  | 13 |   | − | − |   |   |   | − |   |   |   |   | − | / | − | 4 | 4 |
|  | + | 6 | 2 | 3 | 3 | 3 | − | 5 | 3 | 2 | − | − | − | − |  |  |  |
|  | − | 1 | 1 | 1 | − | − | − | 3 | 0 | − | − | − | 1 | 9 |  |  |  |
|  | Σ | 7 | 3 | 4 | 3 | 3 | − | 8 | 3 | 2 | − | − | 1 | 9 |  |  |  |
|  | Erhaltene Wahlen | | | | | | | | | | | | | | | | |

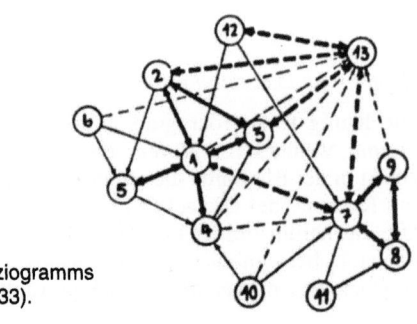

**Abb. 20** Beispiel eines Netzsoziogramms (aus *Höhn* und *Seidel* 1976, S. 33).

endet. Gegenseitige Wahlen werden verdickt mit Pfeilen an beiden Enden dargestellt. Die „Randfiguren" und „Außenseiter" werden im weiteren Umfeld plaziert. Die ablehnenden Wahlen trägt man entweder in anderer Farbe oder durch punktierte Linien auf die gleiche Weise ein.

Eine übersichtliche graphische Darstellung der Soziomatrix gelingt in der Regel nicht auf Anhieb. Meist sind mehrere Entwürfe erforderlich, um ein möglichst übersichtliches Bild zu erreichen. Daneben gibt es verschiedene Soziogrammarten (Zielscheibensoziogramm, Koordinatensoziogramm, Netzsoziogramm), bei denen unterschiedliche Aspekte betont werden. Es geht aber stets darum, eine möglichst anschauliche Darstellung des emotionalen Beziehungsgeflechtes der untersuchten Gruppe zu erstellen. Abb. 20 stellt das Netzsoziogramm unserer Soziomatrix (Tab. 20) dar.

Das Soziogramm, aber auch die Soziomatrix können nun qualitativ interpretiert werden. So fallen bei Abb. 20 einige typische Positionen auf: Nr. 1 ist der eindeutige „*Star*" (am meisten gewählt), während Nr. 7 eine eher umstrittene Position innehat („*Oppositionsführer*"). Diese beiden Stars lehnen sich gegenseitig ab und haben um sich herum Untergruppen gebildet. Nr. 13 wird von den meisten Gruppenmitgliedern abgelehnt und stellt das „*schwarze Schaf*", den Außenseiter der Gruppe, dar. Nr. 6 sucht Anschluß an die Untergruppe von Nr. 1 und Nr. 11 an die von Nr. 7, während Nr. 10 und Nr. 12 zwischen beiden Cliquen zu schwanken scheinen; sie wählen selbst, werden aber nicht gewählt („*Randfigur*"). Eine völlig isolierte Position (wird nicht gewählt und wählt selbst nicht) ist in der untersuchten Gruppe nicht vorhanden. Nr. 12 zeigt am ehesten eine „*Mitläufer-Haltung*"; sie übernimmt die Werturteile der beiden Untergruppen – ohne zu ihnen zu gehören –, wählt die beiden Stars und lehnt das schwarze Schaf (13) ab.

Das Problem dieser Gruppe dürfte demnach in den beiden sich „feindlich" gegenüberstehenden Cliquen, der Existenz von Randfiguren und des abgelehnten schwarzen Schafes liegen. Man würde hier durch gruppenpädagogische Maßnahmen versuchen, eine bessere Integration der Mitglieder zu erreichen. Den Erfolg dieser Maßnahmen könnte man durch ein weiteres Soziogramm untersuchen und dokumentieren.

*Kennwertberechnung*

Für die statistische Charakterisierung einzelner Positionen oder der gesamten Gruppe wurde eine Reihe von Kennwerten entwickelt, von denen eine kleine Auswahl vorgestellt wird:

*Soziometrischer Status S* eines Gruppenmitglieds: Er ist von der Anzahl der positiven bzw. negativen Wahlen bestimmt und berechnet sich nach den Formeln

$$S^+ = \frac{\text{Anzahl der erhaltenen positiven Wahlen}}{n-1} \text{ bzw.}$$

$$S^- = \frac{\text{Anzahl der erhaltenen negativen Wahlen}}{n-1}$$

wobei n der Anzahl der Grupenmitglieder entspricht. Der berechnete Wert schwankt zwischen den Grenzen 0 und 1. Bei der Interpretation des Statusindexes ist mit zu bedenken, nach welchem Kriterium (Sympathie/Leistung) die Wahl durchgeführt wurde.

*Emotionales Ausdehnungsvermögen E:* Dieser Kennwert kann nur bestimmt werden, wenn die Anzahl der Wahlen frei gestellt wurde und diese in der Dimension Sympathie/Antipathie durchgeführt wurden. Die Formeln lauten:

$$E^+ = \frac{\text{Anzahl der von X abgegebenen positiven Wahlen}}{n-1} \text{ bzw.}$$

$$E^- = \frac{\text{Anzahl der von X abgegebenen negativen Wahlen}}{n-1}$$

*Gruppenkohäsionsindex K:* Eine Kennzahl für den Gruppenzusammenhang kann nach folgender Formel bestimmt werden:

$$K = \frac{\text{Zahl der gegenseitigen Wahlen}}{\text{Zahl der prinzipiell möglichen gegenseitigen Wahlen}}$$

Bei n Gruppenmitgliedern und unbeschränkter Wahlmöglichkeit kann man die Anzahl der prinzipiell möglichen, gegenseitigen Wahlen nach der Formel $\frac{n \cdot (n-1)}{2}$ berechnen. Ist die Anzahl der Wahlen auf x beschränkt, dann ergibt sich der entsprechende Wert nach $\frac{n}{2} \cdot x$.

Die Liste der Kennwerte könnte stark erweitert werden. *Nehnevaja* (1955) stellt in ihrem Sammelreferat 50 unterschiedliche Indizes vor, mit deren Hilfe soziometrische Ergebnisse charakterisiert werden können.

Die Soziometrie ist eine Erhebungsmethode, die ihren Wert bei verschiedenartigen sozialpädagogischen Fragestellungen nachweisen konnte. Ihre Anwendung ist allerdings auf relativ kleine Gruppen, deren Mitglieder sich schon kennen, beschränkt.

Eine große Anzahl von Untersuchungsergebnissen belegt, daß mit dem soziometrischen Erhebungsverfahren valide Befunde erzielt werden können (*Höhn* und *Seidel* 1969).

**Weiterführende Literatur**

*Höhn* (1969, 1979), *Moreno* (1967), *Nehnevaja* (1955, 1973).

## 4.6 Skalierungsverfahren

Die Skalierungsverfahren sind Erhebungsmethoden, die häufig zusammen mit einer Befragung durchgeführt werden. Bei ihnen geht es vorwiegend darum, Wahrnehmungen und Einstellungen mit Hilfe vorgegebener Eigenschaftsskalen zu präzisieren. Das einfachste Verfahren besteht darin, daß man dem Probanden Eigenschaftslisten vorgibt und ihn bittet, diejenigen anzukreuzen, welche seiner Meinung nach auf das Untersuchungsobjekt zutreffen. Diese *Auswahllisten* („Check-Listen") haben gegenüber der freien Beschreibung den Vorteil, daß mehrere Beurteilungen gut miteinander verglichen und einfach zu einem Gesamtergebnis zusammengefaßt werden können. Wesentlich ist dabei aber, daß die Eigenschaften (Items) der Liste für den Untersuchungsgegenstand repräsentativ sind, d.h. die Auseinandersetzungsmöglichkeiten mit ihm voll abdecken. Es ist in der Regel erst nach einer explorativen Voruntersuchung möglich, eine solche umfassende Auswahlliste zu erstellen. Je repräsentativer die Eigenschaften für den Untersuchungsgegenstand sind, desto (inhalts-)valider ist die „Check-Liste".

Auswahllisten lassen sich relativ leicht erstellen, anwenden und auswerten. Ihre Brauchbarkeit wird allerdings durch einige Fehlerquellen eingeengt. So ist die Zustimmungstendenz der Probanden sehr unterschiedlich: Einige neigen dazu, möglichst viele Eigenschaften auszuwählen, während andere sich auf nur wenige Items beschränken. Die unterschiedliche Zustimmungstendenz verbindet sich häufig mit der Neigung, dem Beurteilungsobjekt möglichst viele positive („Mildefehler") oder negative („Strengefehler") Eigenschaften zuzuschreiben.

Bei den Auswahllisten wird lediglich eingestuft, ob eine Eigenschaft zutrifft oder nicht; dieser einfache Vorgang kann dadurch verfeinert werden, daß der Beurteiler aufgefordert wird, die Intensität seines Eindrucks auf einer mehrstufigen Skala anzukreuzen. Durch die graduelle Abstufung der Einzelurteile wird eine genauere quantitative Auswertung möglich.

Die Fehlerquellen der Auswahllisten bleiben bei den Eigenschaftsskalierungen bestehen; sie werden sogar noch erweitert durch die Neigung mancher Urteiler, sich an der Skalenmitte zu orientieren („Fehler der zentralen Tendenz") oder alle anderen Einstufungen im Lichte des ersten positiven oder negativen Eindrucks zu sehen („Hof-Effekt"). Man muß demnach versuchen, diese Fehlermöglichkeiten durch entsprechende Instruktionen einzuschränken.

Im folgenden werden wir uns auf zwei verschiedene Arten von Schätzskalen konzentrieren, die als Beispiele für die verschiedenen Skalierungsverfahren dienen sollen: das Polaritätsprofil und die Q-Sort-Technik.

### 4.6.1 Das Polaritätsprofil

Das Polaritätsprofil (Eindrucksdifferential, semantisches Differential) wurde von *Osgood, Suci und Tannenbaum* (1957) zur Untersuchung der sprachlichen Bedeutung verschiedenster Objekte (Begriffe, Personen, Gegenstände, Kunstwerke usw.) entwickelt und von *Hofstätter* (1963, 1964, 1986) auf deutsche Verhältnisse übertragen. Es besteht aus einer Liste gegensätzlicher Eigenschaftspaare, mit deren Hilfe der Untersuchungsgegenstand auf einer meist 7stufigen Skala beurteilt wird. Das semantische Differential wird den Probanden vorgelegt und etwa mit den folgenden Worten erklärt:

Auf dieser Liste finden Sie ... Eigenschaftspaare mit gegensätzlicher Bedeutung. Bitte stellen Sie sich jetzt ... (Untersuchungsobjekt) möglichst genau vor und versuchen Sie diese Vorstellung, Ihren Eindruck von ... mit Hilfe dieser Eigenschaftspaare zu beschreiben. Verbinden Sie damit eher den Eindruck von „weich", dann kreuzen Sie bitte den Skalenpunkt 1, 2 oder 3 in Richtung auf „weich" an. Je mehr Sie glauben, daß auf ... die Eigenschaft „weich" zutrifft, desto weiter müssen Sie mit Ihrem Kreuz auf die linken Skalenpunkte gehen; verbinden Sie mit ... eher die Eigenschaft „hart", dann müssen Sie dies entsprechend auf der rechten Skalenhälfte ankreuzen. Der Skalenpunkt 0 bedeutet, daß keines der beiden Eigenschaftspaare nach Ihrer Meinung zutrifft. Bitte verwenden Sie bei Ihrer Einstufung jedes Gegensatzpaar und überprüfen Sie am Schluß, ob Sie auch jede Skala angekreuzt haben. Am besten gelingt Ihnen die Einstufung, wenn Sie nicht zu lange überlegen, sondern Ihrem ersten, gefühlsmäßigen Eindruck folgen. Bitte kreuzen Sie auf jeder Skala nur einen Punkt an und vermeiden Sie – wenn möglich –, den Nullpunkt der Skala zu verwenden.

Die Praxis zeigt, daß die Instruktion nicht deutlich genug sein kann, da sonst viele Personen Schwierigkeiten mit dieser, ihnen ungewohnten Beurteilungsweise haben. *Hofstätter* arbeitet mit zwei „Standardprofilen", die er bei allen möglichen Fragestellungen anwendet. Bei seinen Eigenschaftspaaren handelt es sich (siehe Abb. 21) um eher

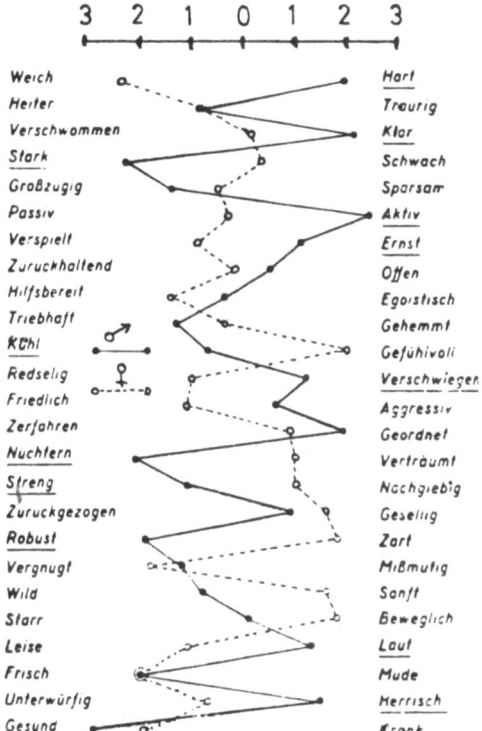

Abb. 21 Vergleich der Begriffe „männlich" und „weiblich" im Polaritätsprofil (aus *Hofstätter* 1963, S. 259).

sachfremde Begriffe, mit denen „gebundene" Assoziationen zum Untersuchungsgegenstand erhoben werden, die vorwiegend die emotionale Einstellungskomponente repräsentieren. Für manche Untersuchungsfragen ist es aber erforderlich, ein neues Polaritätsprofil zu entwickeln, das mehr die rationale, kognitive Auseinandersetzung mit dem Untersuchungsgegenstand erlaubt. Bei der Konstruktion solcher Profile ist wiederum darauf zu achten, daß die Eigenschaftspaare die semantische Auseinandersetzung mit dem Untersuchungsobjekt voll repräsentieren. Ferner ist es günstig, wenn keine zu extremen Gegensätze gewählt werden, weil die meisten Probanden sonst auf die Skalenmitte ausweichen. Empfehlenswert ist es auch, die Eigenschaftspaare gemischt anzubieten, so daß die positiven Pole nicht nur auf der rechten oder linken Seite stehen.

*Auswertung*

Am häufigsten werden die Gruppenmittelwerte (oder Einzeleinstufungen) graphisch in das Profil eingezeichnet und mit anderen Einstufungen verglichen. Abb. 21 zeigt einen solchen graphischen Vergleich zwischen den Einstufungen der Begriffe „männlich" und „weiblich".

Neben dieser anschaulichen Darstellung kann man die Ergebnisse quantitativ weiter verarbeiten. So kann man beispielsweise die Profilähnlichkeit mit Hilfe zweier statistischer Kennwerte beschreiben.

Die Ähnlichkeit des Profilverlaufes kann gut mit Hilfe einer (umgearbeiteten) Formel für die Maßkorrelation charakterisiert werden. Dieser Weg soll in verkürzter Form am Beispiel aus Abb. 21 demonstriert werden. Die Profilähnlichkeit wird dabei durch das Q-Maß beschrieben und nach der folgenden Formel berechnet:

$$Q_{xy} = \frac{k \cdot \Sigma(X \cdot Y) - \Sigma X \cdot \Sigma Y}{\sqrt{k \cdot \Sigma X^2 - (\Sigma X)^2} \cdot \sqrt{k \cdot \Sigma Y^2 - (\Sigma Y)^2}} \qquad (30)$$

wobei k der Anzahl der Polaritäten ( bei unserem Beispiel 25) entspricht, X die einzelnen Skalenwerte des einen und Y die des anderen Untersuchungsobjektes darstellt. $\Sigma(X \cdot Y)$ bezeichnet die Summe der Produkte aus X und Y in den einzelnen Polaritäten. Zur Berechnung von $Q_{xy}$ empfiehlt sich die folgende (verkürzte) Tabelle:

| Polarität | männlich | weiblich | | | |
|---|---|---|---|---|---|
| | X | Y | X · Y | $X^2$ | $Y^2$ |
| 1. weich – hart | 6,0 | 1,7 | 10,2 | 36,0 | 2,89 |
| 2. heiter – traurig | 3,2 | 3,3 | 10,56 | 10,24 | 10,89 |
| . | | | | | |
| . | | | | | |
| . | | | | | |
| 24. unterwürfig – herrisch | 5,6 | 3,5 | 19,4 | 31,36 | 11,56 |
| 25. gesund – krank | 1,2 | 2,2 | 2,64 | 1,44 | 4,84 |
| Summe $\Sigma$: | 99,0 | 98,0 | 391,56 | 451,08 | 426,10 |

Wir setzen die entsprechenden Zahlen in die Formel 30 ein und erhalten:

$$Q_{xy} = \frac{25 \cdot 391{,}56 - 99 \cdot 98}{\sqrt{25 \cdot 451{,}08 - 99^2} \cdot \sqrt{25 \cdot 426{,}1 - 98^2}} =$$

$$= -\frac{87{,}08}{1244{,}02} = \underline{-0{,}07}$$

## 4.6 Skalierungsverfahren

Das Q-Maß bewegt sich wie der Korrelationskoeffizient zwischen den Grenzen −1,00 und +1,00. In unserem Fall besteht zwischen den untersuchten Begriffen kein Zusammenhang, d.h. „männlich" wird keinesfalls als Gegenteil von „weiblich" erlebt.

Beim Q-Maß wird nur die Ähnlichkeit des Profilverlaufs, nicht aber die Abstände zwischen den Profilen berücksichtigt! Will man die Profildistanz zahlenmäßig beschreiben, dann empfiehlt es sich, das *Distanzmaß D* nach folgender Formel zu berechnen:

$$D = \sqrt{\Sigma d^2} \qquad (31)$$

wobei $d^2$ das Quadrat der einzelnen Profilabstände bedeutet; bei unserem Beispiel würde sich D wie folgt berechnen:

$$D = \sqrt{(6{,}0 - 1{,}7)^2 + (3{,}2 - 3{,}3)^2 + \ldots + (5{,}6 - 3{,}4)^2 + (1{,}2 - 2{,}3)^2}$$

Eine weitere Auswertungsmöglichkeit besteht darin, daß man die Polaritätsprofile einer Faktorenanalyse unterwirft, d.h. die Gegensatzpaare auf die grundlegenden, ursächlichen Entscheidungsdimensionen reduziert. *Osgood* erhielt dabei drei wesentliche Dimensionen, die er als *Bewertung* (angenehm − unangenehm, schlecht − gut usw.), *Potenz* (hart − weich, stark − schwach usw.) und *Aktivität* (aktiv − passiv, dynamisch − statisch usw.) bezeichnete. Ist nun bekannt, welche Eigenschaftspaare zu welchen Dimensionen gehören, dann kann man deren Skalenwerte zu einem Dimensions- oder Faktorenwert addieren. Dieses Vorgehen sei an einem anderen Polaritätsprofil demonstriert, welches entwickelt wurde, um die Erlebnisweise im Ablauf von Gruppenprozessen zu erfassen. *Ermann* und *Lermer* (1976a, 1976b) haben dazu den „Stuttgarter Bogen" entwickelt, der 6stufige Eigenschaftspolaritäten enthält, die zu drei Dimensionen/Faktoren zusammengefaßt werden können:

1. Faktor: „reaktive gegen fremdbezogene Emotionalität"
   unbehaglich − behaglich
   unverstanden − verstanden
   resigniert − hoffnungsvoll
   ausgeliefert − geschützt
   fremd − vertraut
   elend − pudelwohl

2. Faktor: „Aktivität"
   zurückhaltend − draufgängerisch
   selbstkontrolliert − impulsiv
   fliehend − kämpferisch
   nachdenklich − lebhaft
   zögernd − spontan
   müde − frisch

3. Faktor „Selbststärke"
verunsichert – sicher
kindlich/hilflos – souverän
unterlegen – überlegen
verwirrt – durchblickend
labil – stabil
erfolglos – erfolgreich

Die individuellen Skalenwerte des Klienten werden zu einem Faktorenwert addiert, dessen Veränderung im Behandlungsverlauf als Erfolgskontrolle interpretiert werden kann.

In ähnlicher Weise geht man vor, wenn Skalen konstruiert werden, die der Analyse von Einstellungen dienen. Die Entwicklung konkreter Einstellungsskalen ist allerdings recht aufwendig und ähnelt der Konstruktion psychologischer Testverfahren. In der Praxis wird man deshalb versuchen, schon entwickelte Einstellungsskalen zu verwenden; auf sie wird im Kapitel 4.7 verwiesen.

### 4.6.2 Die Q-Sort-Technik

Dieses Verfahren ist ebenfalls sehr vielseitig anwendbar. Man kann es zur Beurteilung von Personen oder Objekten, zum Vergleich der Einstufungen verschiedener Beurteiler und auch zur Überprüfung der Wirksamkeit psychotherapeutischer Interventionen anwenden. So kann man z. B. in der Psychotherapieforschung zu Beginn einer Behandlung den Klienten bitten, sich mit einer vorgegebenen Anzahl von Eigenschaften so zu beschrieben, wie er sich real erlebt (reales Selbstbild) und anschließend so, wie er gerne sein möchte (ideales Selbstbild). Diese Einstufungen werden am Ende der Behandlung wiederholt. Das spezifische Vorgehen bei der Q-Sort-Technik erlaubt nun die Berechnung der Übereinstimmung zwischen realem und idealem Selbstbild. Bei einer erfolgreichen Therapie wird erwartet, daß diese Übereinstimmung während des Behandlungsverlaufes signifikant ansteigt (*Frohburg* 1970, *Rogers* 1954).

Die Zuordnung der Eigenschaften verläuft bei dieser Technik allerdings nicht in freier, sondern in einer „erzwungenen" Verteilungsform. Der Beurteiler hat dabei eine bestimmte Anzahl von Eigenschaften (einzeln auf Kärtchen gedruckt) auf eine festliegende Anzahl an Kategorien zu verteilen, wobei er jeder Kategorie nur eine bestimmte Anzahl an Eigenschaften zuordnen darf. Die Kategorien liegen zwischen den Polen „gar nicht zutreffend" und „völlig zutreffend". Abb. 22 zeigt ein Verteilungsschema für 45 Eigenschaften („Q-Set"), die auf die leeren Kästchen verteilt werden müssen. Die vorge-

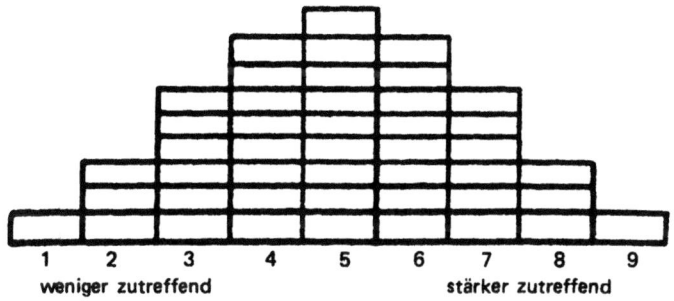

**Abb. 22** Schema eines Q-Sorts mit 45 Eigenschaften (aus *Klapprott* 1975, S. 151).

gebene Häufigkeit der einzelnen Kategorien (Skalenwerte) orientiert sich dabei an der Normalverteilung.

Bei der Durchführung des Q-Sorts kann man auf Eigenschaftslisten zurückgreifen, die in der Fachliteratur beschrieben sind (z. B. *Frohburg* 1972). Diese Q-Sets sind aber meist sehr umfassend und ihre Verteilung damit recht zeitaufwendig. Für konkrete Fragestellungen kann man sich die Eigenschaftskärtchen pragmatisch zusammenstellen; man sollte dabei allerdings darauf achten, daß die verwendeten Eigenschaften auch die Wirkungsweise des Beurteilungsobjektes repräsentieren. Will man die Ähnlichkeit von Beurteilungen messen, dann ist aber auch diese Forderung sekundär; es hat sich gezeigt, „daß die Art des verwendeten Kartensatzes nebensächlich ist, wenn es um die Interpretation von Korrelationen geht" (*Frohburg* 1970, S. 128). Für die Beurteilung von Personen könnte man das folgende Q-Set verwenden, welches aus den Dimensionen eines umfassenden Persönlichkeitstests (FPI; *Fahrenberg, Selg* und *Hampel* 1994) entwickelt wurde und dem Kategorienschema von Abb. 22. entspricht und in Tabelle 21 dargestellt wird.

Das Q-Sort kann qualitativ interpretiert werden, indem man die Eigenschaften betrachtet, die als stärker zutreffend bzw. weniger zutreffend bezeichnet wurden. Vergleicht man das reale und das ideale Selbstbild, dann sind die Eigenschaften interessant, deren unterschiedliche Zuordnung am stärksten ist. Am häufigsten wird beim Q-Sort aber ein quantitativer Vergleich durchgeführt, bei dem die Ähnlichkeit zweier Einstufungen durch den Maßkorrelationskoeffizienten r bestimmt wird. Die Auswertung und Berechnung wird durch das folgende Schema demonstriert:

**Tabelle 21** Beispiel einer Eigenschaftsliste für ein Q-Sort mit 45 Möglichkeiten in Anlehnung an die Persönlichkeitsdimensionen im FPI (*Fahrenberg, Selg* und *Hampel* 1994).

1. aktiv, lebhaft
2. unruhig
3. ungesellig
4. passiv, träge
5. unbeherrscht
6. realistisch
7. selbstzufrieden
8. selbstsicher
9. mißlaunig
10. niedergedrückt
11. launisch
12. psychisch belastbar
13. ängstlich
14. bekümmert
15. unbeschwert
16. jähzornig
17. gesund
18. kontaktfreudig
19. unternehmungslustig
20. zurückgezogen
21. schweigsam
22. eigenbrötlerisch
23. fröhlich
24. tatkräftig
25. leicht reizbar
26. egoistisch
27. leicht enttäuscht
28. zögernd
29. autoritär
30. mißtrauisch
31. nachsichtig
32. vertrauensvoll
33. tolerant
34. schüchtern
35. kontaktgehemmt
36. leicht aufgeregt
37. sicher im Auftreten
38. experimentierfreudig
39. überheblich
40. zu selbstkritisch
41. unbekümmert
42. träumerisch
43. traurig, niedergeschlagen
44. unkritisch
45. selbstlos, sich aufopfernd

| Eigenschaft | Einstufung des | | | | |
|---|---|---|---|---|---|
| | Selbstbildes X | Idealbildes Y | $X \cdot Y$ | $X^2$ | $Y^2$ |
| 1. aktiv, ... | 3 | 7 | 21 | 9 | 49 |
| 2. unruhig | 7 | 4 | 28 | 49 | 16 |
| 3. ungesellig | 5 | 3 | 15 | 25 | 9 |
| . | | | | | |
| . | | | | | |
| 45. selbstlos, ... | 8 | 5 | 40 | 64 | 25 |
| $\Sigma$: | | | | | |

$$r = \frac{n \cdot \Sigma X \cdot Y - \Sigma X \cdot \Sigma Y}{\sqrt{n \cdot \Sigma X^2 - (\Sigma X)^2} \cdot \sqrt{n \cdot \Sigma Y^2 - (\Sigma Y)^2}}$$

Wir setzen die entsprechenden Summen in die Formel für die Maßkorrelation ein und erhalten ein Maß für die Ähnlichkeit der beiden Einstufungen.

Die Q-Sort-Technik ist vielseitig einsetzbar; bisher liegen praktisch aber nur aus dem Bereich der klinischen Psychologie Belege vor, daß es sich bei ihr um ein (konstrukt-)valides Erhebungsverfahren handelt.

**Weiterführende Literatur**

*Bergler* (1975), *Hofstätter* (1963, 1986), *Minsel* und *Heinz* (1983), *Frohburg* (1970, 1972), *Osgood, Suci* und *Tannenbaum* (1957)

## 4.7 Psychologische Testverfahren

Die bisher beschriebenen Erhebungsmethoden werden häufig angewandt, ohne daß die Untersuchungsplaner genau überlegen, ob es sich dabei um wissenschaftliche Verfahren im engeren Sinne handelt. Bei ihnen ist die Frage, inwiefern sie den Gütekriterien entsprechen, meistens nur unzureichend geklärt. Bei den Verfahren im Bereich der psychologischen Diagnostik bemüht man sich allerdings seit Jahrzehnten sehr intensiv um diesen Themenbereich. Man konzentriert sich bei der Testkonstruktion und -entwicklung auf Verfahren, die den Ansprüchen an Objektivität, Zuverlässigkeit und Gültigkeit in befriedigendem Ausmaß entsprechen.

Die Anzahl der so entwickelten Verfahren ist so groß, daß wir in unserem Zusammenhang nur eine grobe, stichwortartige Einteilung vorstellen können. Der interessierte Leser und Untersuchungsplaner sei auf die weiterführenden Literaturangaben verwiesen. Es ist bei vielen sozialwissenschaftlichen Untersuchungen individueller Verhaltensweisen sicher sinnvoll, auf bewährte psychologische Testverfahren zurückzugreifen.

Wir können den Gesamtbereich der psychodiagnostischen Erhebungsverfahren in drei Gruppen einteilen, die sich mit einigen schon betrachteten Verfahren überschneiden:

- Diagnostische Gesprächsführung (Anamnese, Exploration)
- Ausdruckspsychologie (Beobachtung, Inhaltsanalyse)
- Testverfahren (direkte und indirekte Tests).

Bei der diagnostischen Gesprächsführung versucht man in einer meist unstrukturierten Weise die individuell bedeutsamen Lernsituationen und -erfahrungen zu explorieren, um dadurch das Verhalten und Erleben der entsprechenden Person erklären und Möglichkeiten einer Verhaltensänderung entwickeln zu können. Dabei werden allerdings nicht nur die rein sprachlichen, sondern auch die averbalen Kommunikationsinhalte beachtet, d.h. man arbeitet mit den besprochenen Erhebungsmethoden Beobachtung, Befragung/Exploration und Inhaltsanalyse. Diese spielen auch bei den indirekten Testverfahren eine große Rolle. Da die Probanden in der Regel nicht wissen, welche Persönlichkeitsbereiche mit diesen Verfahren untersucht werden, bezeichnet man sie als indirekte Techniken. So sollen etwa angefangene Sätze ergänzt, zu vieldeutigen Bildern möglichst spannende Geschichten erzählt, Kleckse gedeutet, Menschen und Bäume gezeichnet oder eine Schriftprobe erstellt werden. Man nimmt nun an, daß diese Produkte das Ergebnis persönlichkeitsspezifischer, individueller Projektionen sind und versucht, aus ihnen durch eine inhaltsanalytisch orientierte Auswertung auf die wesentlichen Persönlichkeitszüge zu schließen. Diese „projektiven" Verfahren werden vorwiegend (noch?) im Bereich der Klinischen Psychologie angewandt, erfordern sehr viel Zeit und fachliche Erfahrung. Sie entsprechen auch nur teilweise den Gütekriterien und sind deshalb für sozialwissenschaftliche Fragestellungen nur bedingt geeignet.

Am ehesten kann man hingegen auf die direkten Testverfahren zurückgreifen, welche eine große Anzahl psychologischer Phänomene in standardisierter Form zu erfassen versuchen. In den entsprechenden Handanweisungen erhält man Informationen über das theoretische Bezugssystem, in dem der Test entwickelt wurde und in welchem Ausmaß er als objektiv zuverlässig und gültig angesehen werden kann.

Die direkten Verfahren kann man grob in Leistungs- und Persönlichkeitstests einteilen. Die Leistungstests konzentrieren sich auf die Diagnose des Intelligenzniveaus, der Intelligenzstruktur sowie spezieller praktischer Fähigkeiten (Konzentrationsfähigkeit, Handgeschick, mechanisch-technisches Verständnis, Belastbarkeit usw.). Bei den Persönlichkeitstests versucht man, durch vollstrukturierte Fragebögen die wesentlichen – meist durch Faktorenanalyse bestimmten – Persönlichkeitseigenschaften zu erfassen. So versuchen z. B. *Fahrenberg*, *Hampel* und *Selg* (1994, S. 44 f.) in der aktualisierten Form des **Freiburger-Persönlichkeits-Inventars (FPI-R)** gesicherte Aussagen in den folgenden, statistisch weitgehend unabhängigen Persönlichkeitsdimensionen zu erheben:

(1) **Lebenszufriedenheit** (gute Laune, zuversichtlich – unzufrieden, bedrückt, negative Lebenseinstellung)

(2) **Soziale Orientierung** (sozial verantwortlich, hilfsbereit, mitmenschlich – selbstbezogen, unsolidarisch)

- (3) **Leistungsorientierung** (leistungsorientiert, aktiv, ehrgeizig-konkurrierend – wenig energisch, wenig ehrgeizig-konkurrierend)
- (4) **Gehemmtheit** (unsicher, kontaktscheu – ungezwungen, selbstsicher und kontaktbereit)
- (5) **Erregbarkeit** (empfindlich, unbeherrscht – ruhig, gelassen, selbstbeherrscht)
- (6) **Aggressivität** (aggressives Verhalten, spontan und reaktiv, sich durchsetzend – wenig aggressiv, kontrolliert, zurückhaltend)
- (7) **Beanspruchung** (angespannt, überfordert, sich oft „im Streß" fühlend – wenig beansprucht, nicht überfordert, belastbar)
- (8) **Körperliche Beschwerden** (viele Beschwerden, psychosomatisch gestört – wenige Beschwerden, psychosomatisch nicht gestört)
- (9) **Gesundheitssorgen** (Furcht vor Erkrankungen, gesundheitsbewußt, sich schonend – wenig Gesundheitssorgen, gesundheitlich unbekümmert, robust)
- (10) **Offenheit** (offenes Zugeben kleiner Schwächen und allgemeiner Normverletzungen, ungeniert – auf guten Eindruck bedacht, mangelnde Selbstkritik, verschlossen).

Neben diesen 10 Persönlichkeitsdimensionen können aus den Einstufungen auch noch die (übergeordneten) Faktoren „**Extraversion – Introversion**" und „**Emotionale Labilität – Stabilität**" bestimmt werden.

Die Probanden müssen dabei 212 Fragen zu ihrer Person mit „stimmt" oder „stimmt nicht" beantworten. Das Fragebogenergebnis wird dann mit den entsprechenden alters- und geschlechtsspezifischen Normen verglichen und interpretiert.

Eine Reihe von Persönlichkeitstests konzentriert sich auf die Diagnose abgrenzbarer Interessen oder Einstellungsbereiche. so existieren verschiedene Fragebögen, mit denen aggressive Neigungen, Angst, Bildungsmotivation, Interessenschwerpunkte, die Einstellung zum eigenen Selbst, Erziehungsverhalten, Suizidgefährdung u.v.a. erfaßt werden können. Die Vorteile dieser Testverfahren für die empirische Sozialforschung liegen darin, daß es sich schon um entwickelte und praktisch bewährte Erhebungsmethoden handelt, die nach dem Prinzip der Skalierungsverfahren entwickelt wurden. Es liegen deshalb in der Regel auch umfangreiche Ergebnis- und Normtabellen (Alters-, Geschlechts-, Berufs-, Bildungs- und/oder klinische Normen) vor, auf welche die eigenen Untersuchungsergebnisse bezogen werden können.

Die Konstruktion der psychologischen Testverfahren ist sehr zeit- und kostenintensiv. Die meisten Verfahren sind nicht über den Buchhandel erhältlich, sondern müssen über die Testzentrale des Berufsverbandes Deutscher Psychologen (Robert Bosch Breite 25, 37079 Göttingen) bestellt werden. Sie werden nur an bestimmte Berufsgruppen ausgeliefert, damit eine unkontrollierbare und mißbräuchliche Anwendung möglichst vermieden werden kann.

**Weiterführende Literatur**

*Brickenkamp* (1975), *Groffmann* und *Michel* (1982, 1983), *Haase* (1978), *Hiltmann* (1977), *Meili* und *Steingrüber* (1978), *Schmidtchen* (1975), *Wellhöfer* (1977), ZUMA (1983).

## 4.8 Sonstige Erhebungsmethoden

Unsere bisherige Darstellung machte deutlich, daß wir keinesfalls von einer abgeschlossenen Sammlung sozialwissenschaftlicher Erhebungsmethoden sprechen können. Die Entwicklung und Verbesserung der Untersuchungstechniken dauert noch an und ist offen für neue, kreative Ansätze. Die beschriebenen Verfahren können miteinander kombiniert werden, sie ergänzen sich teilweise recht gut und besitzen je nach Problemstellung, finanzieller und personeller Ausgangslage unterschiedliche Vor- und Nachteile.

Eine Reihe unkonventioneller Erhebungsmethoden kann man dem Buch über „nichtreaktive Meßverfahren" (*Webb, Campell, Schwartz* und *Sechrest* 1975) entnehmen. Sie schildern eine Reihe recht einfallsreicher Verfahren, bei denen die Probanden nicht auf die Untersucheraktivitäten und -aufgaben reagieren müssen. Wie bei der Inhaltsanalyse kann man mit den nichtreaktiven Methoden die sozialpsychologischen Fehlerquellen, die in jede reaktive Erhebung eingehen, weitgehend ausschalten. Der Grundgedanke dieser Verfahren könnte von Sherlock Holmes stammen: Einzelne oder Gruppen benützen bei ihren Verhaltensweisen Flächen und Räume, in denen sie Spuren hinterlassen, Schilder und Hinweise aufstellen oder Veränderungen bewirken, aus denen man Rückschlüsse auf ihr Verhalten und die abgelaufenen sozialen Prozesse ziehen kann. Im folgenden sollen exemplarisch einige unterschiedliche Formen nichtreaktiver Meßverfahren skizziert werden.

*Physische Spuren:* Abnutzung und Ablagerung: Beispiele dafür sind abgetretene Fußbodenplatten in einem Museum als Indikator für

Besucherwege, Beschmutzung und Zahl der Eselsohren in Büchern als Hinweise auf Lesehäufigkeit und Interessenschwerpunkte, die Untersuchung der Popularität von Radiosendern durch Ablesen der eingestellten Sender bei geparkten Autos, Untersuchung des Alkoholverbrauches durch Analyse des Mülltonneninhaltes bestimmter Stadtbezirke, die Untersuchung geschlechtsspezifischer Einstellungsunterschiede durch die Inhaltsanalyse von Beschriftungen in Herren- und Damentoiletten oder den Umfang von Zerstörungen in Jugendzentren als Funktion unterschiedlicher Führungsstile.

*Archive, Berichte und Verzeichnisse:* Fluktuationen, Fehlzeiten, Krankheitsfälle können als Indikatoren für das Betriebsklima herangezogen werden; regionale Wahlergebnisse informieren über die politischen Haltungen in dieser Region, Berichte informieren über die Bedeutungsschwerpunkte, welche einem Ereignis zugemessen wurden usw.

*Schilder und Wegweiser:* Spielverbote für Kinder können als Hinweis auf die Kinderfeindlichkeit einer Gegend angesehen werden; die Anzahl der Graffitis in Bahnhöfen sind Indikatoren für die Einstellung gegenüber bestimmten Themen, die Anzahl mehrsprachiger Hinweisschilder kann als Gradmesser der Anpassung an ausländische Mitbürger oder Besucher verstanden werden.

Dieser kurze Abriß soll genügen und zeigen, daß die empirische Sozialforschung nicht auf Fragebogenuntersuchungen eingeengt ist, sondern daß der methodischen Phantasie noch viel Raum verbleibt, um naheliegende, leicht erhebbare Indikatoren zu erkennen. Damit sind die Möglichkeiten vorhanden, die stark verbal ausgerichtete Forschungsperspektive zu erweitern.

Wir müssen aber auch die nichtreaktiven Verfahren kritisch betrachten und fragen, in welchem Umfang die angewandten Techniken den Gütekriterien entsprechen. Dies ist in den meisten Fällen noch ungeklärt.

**Weiterführende Literatur**

*Albrecht* (1975), *Webb, Campell, Schwartz* und *Sechrest* (1975), *Petermann* und *Noack* (1995).

## 4.9 Arbeitsteil: Fragen zum Inhalt des vierten Kapitels

1. Was versteht man unter den „Gütekriterien" einer Erhebungsmethode?
2. Wie stellt man fest, ob eine Untersuchungsmethode den Anforderungen der „Augenschein-Validität" und denen der Konstruktvalidität entspricht?
3. Wie würden Sie eine Zufallsstichprobe für eine Untersuchung erstellen, mit der Sie den Behandlungserfolg bei verschiedenen Patientengruppen untersuchen wollen?
4. Wann spricht man von einer repräsentativen Stichprobe, und bei welchen Untersuchungszielen ist eine Repräsentativität erforderlich?
5. Was versteht man unter einer „Klumpen-Stichprobe", und bei welchen Fragestellungen ist sie empfehlenswert?
6. Wie geht man bei einer „Quoten-Stichprobe" vor, und in welchen Forschungsbereichen wird sie am meisten angewandt? Welche Fehlerquellen beinhaltet sie im Vergleich zur Zufallsstichprobe?
7. Nach welchen Kriterien kann man die verschiedenen Beobachtungsarten einteilen?
8. Welche Beobachtungsform würden Sie mit welcher Begründung zur Untersuchung der folgenden Gruppen/Situationen wählen, und wie würden Sie konkret vorgehen?
   - Beziehung zwischen einem Sozialarbeiter und seinem Klienten in einer Beratungsstelle;
   - Interaktion von Jugendlichen in einem Heim;
   - Verhalten von Schöffen bei der Urteilsbesprechung mit dem Richter;
   - Verhalten von Studenten bei einer Lehrveranstaltung.
9. Welche Fehlerquellen bestehen bei der systematischen Beobachtung?
10. Entwickeln Sie ein Kategoriensystem für ein Beobachtungsschema, mit dem Sie das aggressive Verhalten von Kindergartenkindern untersuchen können.
11. Auf welchem Skalenniveau erhebt man bei der Interaktionsprozeßanalyse (*Bales*) die Daten, und was bedeutet dies für die weitere statistische Verarbeitung?
12. Welche Gemeinsamkeiten/Überschneidungen sehen Sie zwischen der systematischen Beobachtung und der Inhaltsanalyse?

13. Welche Fehlerquellen, die bei der systematischen Beobachtung bestehen, entfallen bei der Inhaltsanalyse und welche entstehen neu?
14. Welcher Zusammenhang besteht zwischen den Untersuchungshypothesen und dem inhaltsanalytischen Kategoriensystem?
15. Wie berechnet man bei einer Inhaltsanalyse den „Aktionsquotienten" (*Busemann*), und welche Aussagekraft besitzt er?
16. Wie kam *Ertel* zu seinem „Dogmatismuswert", und welche Probleme sehen Sie bei dessen Interpretation?
17. Mit welchen Schwierigkeiten ist bei schriftlichen Befragungen zu rechnen, und wie kann man sie verringern?
18. Beschreiben Sie den Kommunikationsprozeß bei einer strukturierten Befragung. Welche Fehlerquellen sind in diesem Prozeß enthalten?
19. Wie wertet man die Ergebnisse einer Exploration aus?
20. Worauf muß man bei der Konstruktion eines Fragebogens generell achten, wenn man mit ihm die Einstellungen verschiedener Personengruppen untersuchen und aus den Ergebnissen eine Verhaltensprognose entwickeln möchte?
21. Welche sozialpsychologischen Fehlerquellen spielen bei mündlichen Befragungen eine Rolle, und durch welche Maßnahmen kann man ihren Einfluß reduzieren/kontrollieren?
22. Welche Gründe sprechen gegen die Suggestiv-, Alternativ- und gegen die Warum-Fragen?
23. Unter welchen Umständen würden Sie die „geschlossene" Fragestellung einer „offenen" vorziehen?
24. Was versteht man unter einer „Filterfrage"?
25. Aus welchen Gründen erhebt man die demographischen Daten erst am Ende einer Befragung?
26. Die Befragung ist die in den Sozialwissenschaften am häufigsten angewandte Erhebungsmethode. Ist diese Beliebtheit auch empirisch gerechtfertigt?
27. In welchem Sinn kann man die Soziometrie als eine spezielle Form der Befragung ansehen?
28. Was versteht man unter einer Soziomatrix, und wie unterscheidet sie sich von einem Soziogramm?
29. Was versteht man beim Soziogramm unter einem „Star", einer „Clique", einem „schwarzen Schaf" und einer „Randfigur"?
30. Welche generellen Informationen kann man aus der Soziomatrix gewinnen?
31. Welche Fehlerquellen existieren bei den Skalierungsverfahren?

32. Was versteht man unter einem „semantischen Differential", und welche Phänomene können damit gemessen werden?
33. Welche drei Dimensionen/Faktoren haben *Osgood* u.a. bei ihren Untersuchungen mit dem semantischen Differential auf faktorenanalytischem Weg gewonnen?
34. Wie kann man bei der Auswertung und Darstellung von Daten vorgehen, die mit einem Polaritätenprofil gewonnen wurden?
35. Was versteht man unter der Q-Sort-Technik?
36. Wie würden Sie vorgehen, wenn Sie die Unterschiede zwischen dem realen und dem idealen Selbstbild eines Klienten mit der Q-Sort-Technik und dem Polaritätsprofil feststellen möchten?
37. Inwiefern stellen die psychologischen Testverfahren nur besondere Varianten der anderen Erhebungsmethoden dar?
38. Beschreiben Sie ein nichtreaktives Erhebungsverfahren, mit dem man das Leserinteresse an der vorliegenden Veröffentlichung messen könnte.

# 5 Gestaltung und Beurteilung eines sozialwissenschaftlichen Untersuchungsberichtes

Dieses abschließende Kapitel enthält einige Hinweise und Anregungen, die erfahrungsgemäß für Studenten und Praktiker eine gute Orientierungshilfe darstellen, wenn es darum geht, eine eigene Untersuchung in einem Bericht zusammenzustellen oder die Qualität einer Veröffentlichung zu beurteilen. Die Schwierigkeiten bei der Formulierung und beim Zusammenstellen der Abschlußarbeit oder der ersten Untersuchungsberichte werden um so größer, je näher der Abgabetermin heranrückt.

Bei der Gestaltung des Untersuchungsberichtes zeigt sich, wie wertvoll eine detaillierte Untersuchungsplanung (siehe Kapitel 2.2) ist. Die folgende formale Gliederung hat sich in vielen Fällen bewährt:

**(1) Vorwort/Einleitung:** Hier erfolgt der knappe Hinweis, warum dieses Thema bearbeitet wurde, welches generelle Ziel die Veröffentlichung verfolgt und bei welchen Personen man sich im Zusammenhang mit der durchgeführten Arbeit bedanken möchte.

**(2) Stand der Problemdiskussion und Ableitung/Begründung der Untersuchungsfragestellung:** Hier werden die aktuellen Theorien über das Untersuchungsproblem dargestellt und möglichst sachlich diskutiert. Aus dieser Darstellung werden die Untersuchungshypothesen logisch abgeleitet und begründet.

**(3) Darstellung der Untersuchungsmethoden:** Die Erhebungs-, Durchführungs- und Auswertungsmethoden werden in diesem Zusammenhang ausführlich dargestellt und begründet, damit der Leser die Untersuchung exakt nachvollziehen und gegebenenfalls auch wiederholen kann.

**(4) Darstellung der Ergebnisse:** In diesem Abschnitt werden die Ergebnisse möglichst knapp, klar und umfassend, aber frei von unwichtigen Einzelheiten dargestellt. Dies wird häufig erst erreicht, wenn der Autor eine gewisse Distanz zu seiner Untersuchung gewonnen hat. Es ist sehr sinnvoll, sich bei der Darstellung der Untersuchungsergebnisse aller Interpretationen, Deutungen und Folgerungen zu enthalten, damit der kritische Leser diese selbst vollziehen und sich erst im nächsten Abschnitt mit den Interpretationen des Autors auseinandersetzen kann. Diese Trennung wird allerdings in der Publikationspraxis leider nicht immer eingehalten.

**(5) Interpretation und Diskussion der Ergebnisse:** Die Untersuchungsergebnisse werden in diesem Abschnitt kritisch betrachtet, interpretiert und auf ihre Aussagekraft bezüglich der Untersuchungshypothesen analysiert.

Die Ergebnisse werden in größere Zusammenhänge eingeordnet und ihre praktischen oder theoretischen Konsequenzen umschrieben. In diesem Zusammenhang ist es auch wichtig, selbstkritisch zu den Ergebnissen und den Interpretationen Stellung zu beziehen, die Auseinandersetzungen mit anderen Untersuchungsergebnissen sachlich zu führen und alle Anzeichen von „Besserwisserei" zu vermeiden.

Die Diskussion der Ergebnisse wird häufig abgeschlossen durch Hinweise auf die Konsequenzen und neue Fragestellungen, die sich aus der vorliegenden Untersuchung ergeben. In der Regel beantwortet eine Untersuchung die gestellten Hypothesen in einer bestimmten Weise, führt aber zu neuen, differenzierteren Fragestellungen und Problemen.

**(6) Zusammenfassung:** Zum Abschluß des Berichtes werden Ziel, Methodik und Ergebnisse in knapper Form zusammengefaßt, um dem Leser einen ersten Überblick zu erlauben. In den meisten internationalen Veröffentlichungen steht dieser Punkt an erster Stelle, damit der Leser entscheiden kann, ob diese Arbeit für ihn interessant ist.

**(7) Anhang:** Den formalen Abschluß bildet in der Regel das Literaturverzeichnis, in welchem die einschlägige und für die vorliegende Untersuchung verwendete Literatur alphabetisch geordnet dargestellt wird. Bei Buchveröffentlichungen folgen noch das Sach- und Namensregister, die dem interessierten Fachmann eine detaillierte Verarbeitung ermöglichen.

Eine der ersten inhaltlichen Schwierigkeiten bereitet häufig die Formulierung des *Arbeitstitels*. Der Titel sollte einerseits möglichst kurz und prägnant sein, andererseits aber auch schon den Inhalt der Arbeit umschreiben, was ohne größeren Wortaufwand kaum zu erreichen ist. Der Titel sollte aber auch nicht mehr versprechen, als die Arbeit in Wirklichkeit liefert. Häufig gelingt es nicht, diesen Anforderungen mit einer knappen Formulierung zu entsprechen. Der Kompromiß liegt dann in der Regel darin, daß man einen knappen, allgemein gehaltenen Haupttitel und als Ergänzung einen präzisierenden Untertitel wählt, wie z. B.:

Das Helfersyndrom.
Versuch einer empirischen Analyse bei Studenten der Technik und des Sozialwesens anhand des Freiburger Persönlichkeits-Inventars.

Bei den empirischen Arbeiten – und nur für diese gelten unsere Ausführungen – entsteht häufig das Problem, wie die *Ergebnisse* dargestellt werden sollen. Bei der Beantwortung der Hypothesen ist es meistens sinnvoll, alle bedeutsamen Tabellen, Graphiken oder statistischen Kennwerte in den laufenden Text einzufügen, damit der Leser das grundlegende Datenmaterial erhält, eigene Gedanken dazu entwickeln und den Interpretationen des Verfassers folgen kann. Dabei besteht die Aufgabe der Tabellen und Graphiken darin, die Darstellungen anschaulicher zu gestalten und zu verkürzen. Richtet sich die Arbeit an einen breiteren Leserkreis, der überwiegend aus Laien besteht, oder liegen zu viele Ergebnisse vor, dann kann es sich empfehlen, die Tabellen gesondert im Anhang darzustellen und im Text die Ergebnisse nur verbal zu nennen, zu diskutieren und auf die entsprechenden Tabellen zu verweisen.

Eine weitere Unsicherheit besteht in der Art und Weise, wie *Zitate* zu behandeln sind. In der Praxis findet man unterschiedliche Formen, wobei in den letzten Jahren folgende Zitierweise bevorzugt wird: Wörtliche Zitate werden durch Anfangs- und Schlußzeichen hervorgehoben; an ihrem Ende wird der zitierte Autor, das Erscheinungsjahr seiner Arbeit und die Seite in Klammern angegeben, z. B.:

„Das Interview ist ein reaktives Meßinstrument. Auch durch noch so intensive Interviewerschulung kann dies nicht aus der Welt geschafft werden" (*Kromrey* 1980, S. 217).

Der Leser muß anhand der Angaben überprüfen können, ob das Zitat auch richtig verwendet oder aus dem Zusammenhang gerissen wurde. Die Nennung des Autorennamens und der Jahreszahl sollte mit den Angaben im Literaturverzeichnis abgestimmt sein, so daß der Leser die entsprechende Veröffentlichung sofort finden kann, z. B.:

*Kromrey, H.* (1980): Empirische Sozialforschung. Opladen: Leske & Budrich (UTB 1040).

Ein weiteres häufiges Problem liegt in der Fachsprache und der Neigung, *Fremdwörter* zu verwenden. Generell gilt, daß man sich um eine möglichst einfache, klare und sachliche Ausdrucksweise bemühen sollte. Bevor Fremdwörter verwendet werden, sollte man kurz überlegen, ob es dafür nicht bessere Worte in der deutschen Sprache gibt. Die eingedeutschten Worte wie „geskort" oder „geratet" kann man sicher besser durch „eingestuft" ersetzen, ohne gleich zu populärwissenschaftlich zu werden. Natürlich muß man bei der Sprachwahl auch die Zielgruppe berücksichtigen und kann bei einem Bericht, der sich an Fachleute richtet, auf die Fachsprache zurückgreifen, deren Aussagegehalt diesem Personenkreis geläufig ist und damit die Informationen in konzentrierter Form weiterleitet.

Die angeführten Empfehlungen für das Abfassen eines Untersuchungsberichtes entbinden den Verfasser natürlich nicht von seiner eigenen Verantwortung für dessen Inhalt. Er muß den Kompromiß finden, der durch die unterschiedlichen Erwartungen der beteiligten Personenkreise (Fachleute, Auftraggeber, Leser) erforderlich wird. Vielleicht sind in diesem Zusammenhang die Kriterien informativ, die von der ASA (American Sociological Association 1958) zur Bewertung von Forschungsberichten entwickelt wurden. Sie empfehlen, jeden Untersuchungsbericht nach 12 Kriterien zu analysieren und zu bewerten (Mangelhaft 0 Punkte, Substandard 1, Standard 2 und Hervorragend 3 Punkte). Eine durch und durch hervorragende Arbeit könnte dabei maximal auf 36 Punkte kommen. Die Kriterien sind zwar für soziologische Arbeiten entwickelt worden, sie lassen sich aber problemlos auf empirische Arbeiten generell übertragen (siehe Tabelle 22).

**Weiterführende Literatur**

*Friedrichs* (1990), *Heller* und *Rosemann* (1974), *Kliemann* (1973), *Traxel* (1974).

**Tabelle 22** Kriterien zur Bewertung eines Forschungsberichtes (ASA 1958, entnommen aus *Friedrichs* 1990, S. 396f.).

| | Mangelhaft | Substandard | Standard | Hervorragend |
|---|---|---|---|---|
| *Formulierung des Problems:* | | | | |
| 1. Klarheit der Formulierung | Formulierung ist mehrdeutig, unklar, verzerrt, inkonsistent oder irrelevant für die Studie. | Problem muß aus unvollständiger oder unklarer Formulierung erschlossen werden. | Formulierung ist eindeutig und schließt präzise Beschreibung der Forschungsziele ein. | Formulierung ist eindeutig und enthält formulierte Hypothesen wie Bedingungen für ihre Prüfung. |
| 2. Bedeutsamkeit des Problems | Kein Problem genannt, Problem ist bedeutungslos, unlösbar oder trivial. | Lösung des Problems würde für wenige Spezialisten wichtig sein. | Lösung des Problems dürfte für viele Soziologen wichtig sein. | Lösung des Problems dürfte für die meisten Soziologen wichtig sein. |
| 3. Literaturbezug | Kein Literaturbezug auf frühere Arbeiten oder nicht korrekter Literaturbezug. | Literaturbezug unvollständig oder mit Irrtümern in Zitierung oder Interpretation behaftet. | Literaturbezug ist einigermaßen vollständig. | Literaturbezug zeigt eingehend die Entwicklung des Forschungsproblems aus früheren Forschungsergebnissen. |
| *Beschreibung der Methode:* | | | | |
| 4. Angemessenheit der Methode | Problem kann mit dieser Methode nicht gelöst werden. | Nur eine versuchsweise oder Teillösung kann mit dieser Methode gewonnen werden. | Lösung des Problems mit dieser Methode möglich, aber ungewiß. | Problem ist definitiv mit dieser Methode zu lösen. |
| 5. Angemessenheit der Stichprobe oder des Feldes | Stichprobe ist zu klein, nicht passend, verzerrt oder hat unbekannte Verfahrensmerkmale. | Die einbezogenen Fälle sind sinnvoll, Ergebnisse können jedoch nicht übertragen werden. | Ergebnisse sind übertragbar mit Irrtümern beträchtlicher oder unbekannter Stärke. | Ergebnisse sind übertragbar mit bekannt kleinen Irrtümern, oder der gesamte Objektbereich wurde erfaßt. |
| 6. Replizierbarkeit | Nicht replizierbar. | Grundsätzlich replizierbar, aber nicht im Detail. | Replizierbar auch in Einzelheiten mit Hilfe zusätzlicher Informationen durch den/die Verfasser. | Auch in Einzelheiten replizierbar aufgrund der vorliegenden Informationen. |

**Tabelle 22** (Fortsetzung)

| | | | | |
|---|---|---|---|---|
| *Darstellung der Ergebnisse:* | | | | |
| 7. Vollständigkeit | Relevante Resultate wurden vorenthalten oder ausgelassen. | Relevante Resultate werden zusammengefaßt gegeben. | Relevante Ergebnisse werden dargestellt, teils in Einzelheiten, teils summarisch. | Relevante Ergebnisse werden in allen Einzelheiten gegeben. |
| 8. Verständlichkeit | Resultate sind unvollständig oder rätselhaft. | Verständnis der Resultate erfordert spezielles Wissen oder spezielle Fähigkeiten. | Eingehende Lektüre ist für das Verständnis notwendig. | Ergebnisse sind beim ersten sorgfältigen Lesen voll verständlich für ein durchschnittliches Mitglied der Profession. |
| 9. Ertrag | Kein Beitrag zur Lösung des Problems | Brauchbare Hinweise oder Vorschläge zur Lösung des Problems. | Vermutliche Lösung des Problems | Definitive Lösung des Problems. |
| *Interpretation:* | | | | |
| 10. Exaktheit | Fehler in der Berechnung, Übertragung, Formulierung, Logik oder den Fakten nachweisbar. | Dem Verfahren ohnehin anhaftende, aber keine größeren Fehler nachweisbar. | Fehler aufgrund der verwendeten Verfahren unwahrscheinlich. Keine Fehler erkennbar. | In das Verfahren wurden Exaktheitsprüfungen mit positivem Ergebnis einbezogen. |
| 11. Verzerrung | Deutliche Verzerrungen in der Darstellung der Ergebnisse und der Interpretation. | Einige Verzerrungen in der Interpretation, nicht aber in der Darstellung der Ergebnisse. | Keine Verzerrungen erkennbar. | Verfahren enthielten erfolgreiche Vorsichtsmaßnahmen gegenüber Verzerrungen. |
| 12. Nützlichkeit | Nicht nützlich. | Einfluß auf künftige Arbeiten in diesem Gebiet möglich. | Einfluß auf einige künftige Arbeiten in diesem Gebiet wahrscheinlich. | Einfluß auf alle künftigen Arbeiten in diesem Gebiet wahrscheinlich. |

# 6 Anhang

## 6.1 Lösung der Übungsaufgaben aus Kapitel 3.6

1. Mit Hilfe der Verfahren der beschreibenden Statistik werden Untersuchungsergebnisse anhand von Tabellen, Graphiken oder statistischen Kennwerten möglichst knapp und informativ dargestellt. Mit den Verfahren der Prüfstatistik untersucht man, ob beobachtete Gruppenunterschiede als „echt" oder zufallsbedingt angesehen werden müssen.
2. Die entsprechenden Zahlenwerte erfüllen unterschiedliche Postulate (Identität/Ordnung/Additivität); deshalb müssen wir als ersten Schritt stets feststellen, auf welchem Skalenniveau unsere Daten erhoben wurden, um das entsprechende Verfahren, welches auf die Postulate eingeht, auswählen zu können.
3. a) Nominalskala (Identität)
   b) $\alpha_H = 3{,}6 \cdot 30 = 108°$
   $\alpha_F = 3{,}6 \cdot 20 = 72°$
   $\alpha_A = 3{,}6 \cdot 25 = 90°$
   $\alpha_B = 3{,}6 \cdot 25 = \underline{\phantom{0}90°}$
   $\phantom{\alpha_B = 3{,}6 \cdot 25 = }360°$

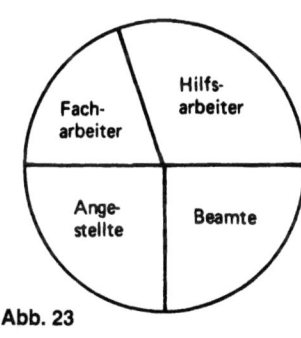

Abb. 23

4. a)

| X | f | $f_{cum}$ | fX | $fX^2$ |
|---|---|-----|-----|------|
| 2 | 1 | 1 | 2 | 4 |
| 3 | – | 1 | – | – |
| 4 | 2 | 3 | 8 | 32 |
| 5 | 2 | 5 | 10 | 50 |
| 6 | 1 | 6 | 6 | 36 |
| 7 | 2 | 8 | 14 | 98 |
| 8 | 4 | 12 | 32 | 256 |
| 9 | 3 | 15 | 27 | 243 |
| 10 | 6 | 21 | 60 | 600 |
| 11 | 7 | 28 | 77 | 847 |
| 12 | 5 | 33 | 60 | 720 |
| 13 | 4 | 37 | 52 | 676 |
| 14 | 3 | 40 | 42 | 588 |
| 15 | 2 | 42 | 30 | 450 |
| 16 | 3 | 45 | 48 | 768 |
| 17 | 1 | 46 | 17 | 289 |
| 18 | 1 | 47 | 18 | 324 |
| 19 | 2 | 49 | 38 | 722 |
| 20 | 1 | 50 | 20 | 400 |
|   |   |   | 561 | 7103 |

b) Modus: $\underline{11}$;

$Md = 10{,}5 + \dfrac{25 - 21}{7} = \underline{11{,}1}$;

$\bar{x} = \dfrac{561}{50} = \underline{11{,}22}$;

$mQ = \dfrac{13{,}67 - 8{,}67}{2} = \underline{2{,}5}$

$s = \sqrt{\dfrac{7103}{50} - 11{,}22^2} = \underline{4{,}02}$

c) Unter der Annahme, daß die Werte auf Intervallskalenniveau gemessen wurden und sich „normal" verteilen: arithmetischer Mittelwert und Standardabweichung. Hält man dies für fraglich, dann wäre der Median und der mittlere Quartilabstand zu berechnen.

d)

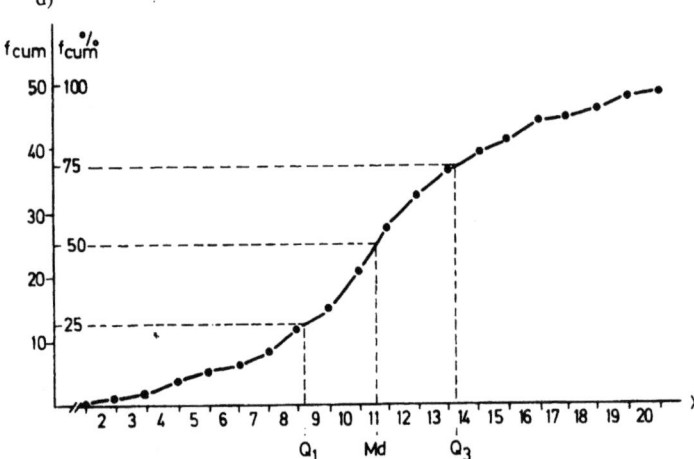

**Abb. 24** Polygonzug der kumulierten Häufigkeit.

5. Wenn sich die Meßwerte völlig nach dem Bild der *Gauß*schen Normalverteilung verteilen.
6. Medianwert, da die Meßwerte sich nicht normal verteilen und der Extremwert den arithmetischen Mittelwert verzerren würde $\bar{x} = 3252{,}63$; Md = 850).
7. Keine, weil wir die statistischen Kennwerte der Verteilung nicht kennen!
8. a) Das Bild normalverteilter Meßwerte ist völlig durch $\bar{x}$ und s bestimmt.

   b) $z = \dfrac{43 - 50}{10} = -0{,}7 \rightarrow$ PR: $24{,}1964 = 24{,}2$

   c) $z = \dfrac{62{,}5 - 50}{10} = 1{,}25 \quad p = 100 - 89{,}4350 = 10{,}565\%$

9. Weil die empirischen Daten der Eichstichprobe auf die „künstliche" Skala mit $\bar{x} = 100$ und s = 10 übertragen werden.
10. Den Grad des Zusammenhanges zwischen zwei Merkmalen und die Analyse der Regression.
11. Keine, da der ursächliche Zusammenhang vielfältiger Art sein kann und bei der Berechnung nicht berücksichtigt wird.
12. r = 0,04: sehr niedriger Zusammenhang
    r = 1,0: vollständiger (positiver) Zusammenhang
    R = −0,95: hoher, gegensätzlicher Zusammenhang
    $r_\phi = -1{,}09$: Rechenfehler!
    r = 0,53: mittlerer (positiver) Zusammenhang.

13. a) Da die Daten auf dem Rangskalenniveau erhoben wurden, berechnen wir die Rangkorrelationskoeffizienten:

    $$R = 1 - \frac{6 \cdot 48,5}{8 \cdot 63} = \underline{0,42}$$

    b) Es besteht zwischen den erhobenen Merkmalen ein mittlerer, positiver Zusammenhang.
    c) Bei einem n = 8 unterscheidet sich der errechnete Koeffizient nicht signifikant von Null. Er müßte mindestens den Wert von 0,643 erreichen, um auf dem 5%igen Niveau signifikant zu sein.
    d) Ein hoher, gegensätzlicher Zusammenhang, der mit einer Sicherheit von 99% signifikant ist.
14. a) Wir können aus den Daten die folgende Vierfeldertabelle erstellen, aus der wir $r_\phi$ berechnen:

|          |       | Kontaktfähigkeit |         |    |
|----------|-------|------------------|---------|----|
|          |       | hoch             | niedrig |    |
| Sympathie | ja    | 17               | 8       | 25 |
|          | wenig | 10               | 8       | 18 |
|          |       | 27               | 16      | 43 |

$$r_\phi = \frac{17 \cdot 8 - 10 \cdot 8}{\sqrt{25 \cdot 18 \cdot 27 \cdot 16}} = \underline{0,13}$$

b) Zwischen den beiden Variablen besteht ein geringer, positiver Zusammenhang.
c) $\chi^2 = r_\phi^2 \cdot n = 0,13^2 \cdot 43 = \underline{0,73}$ (nicht signifikant)
15. Wenn die beiden Variablen auf dem Intervallskalenniveau erhoben wurden, sich nach dem Bild der Normalverteilung verteilen und in einem linearen Zusammenhang zueinander stehen.
16. Mit Hilfe der Faktorenanalyse kann man die vielfältigen Korrelationen innerhalb einer komplexen empirischen Datenmenge ordnen und auf ihre wesentlichen Bedingungsstrukturen zurückführen. Es werden dabei die Variablengruppen festgestellt, die eng miteinander variieren, d.h. auf einen gemeinsamen Faktor, eine gemeinsame Grundeigenschaft zurückgeführt werden können. Dieser Faktor wird anschließend benannt.
17. a) Unter einer Population verstehen wir die Gesamtstichprobe, die alle Träger des Untersuchungsmerkmals umfaßt. Die Stichprobe stellt nur einen mehr oder weniger großen Teil der Population dar.
    b) Die Nullhypothese behauptet stets, daß beobachtete Unterschiede zufällig entstanden sind und nicht anders erklärt werden dürfen.
    c) Beim Fehlertyp I lehnen wir die Nullhypothese ab, obwohl sie in Wirklichkeit stimmt, während beim Fehlertyp II die Nullhypothese beibehalten wird, obwohl die beobachteten Unterschiede in Wirklichkeit „echt" sind. Diese beiden statistischen Fehlertypen können wir nicht vermeiden, solange wir mit Stichproben arbeiten.

d) Das Signifikanzniveau beschreibt, wie wahrscheinlich ein Irrtum bei der Entscheidung ist. So lehnen wir auf dem 5%igen Signifikanzniveau die Nullhypothese mit einer Sicherheit von 95 Prozent ab, da ein solches Untersuchungsergebnis nur in 5 Prozent der Fälle durch den Zufall entsteht.

e) Wenn wir zwei verschieden zusammengesetzte Stichproben miteinander vergleichen, arbeiten wir mit unabhängigen Stichproben.

f) Bei der einseitigen Fragestellung haben wir Vorinformationen aus anderen Untersuchungen, so daß wir die Ergebnisse in einer bestimmten Richtung erwarten. Die meisten Entscheidungstafeln der Signifikanztests sind zweiseitig konzipiert, so daß wir bei einseitiger Fragestellung das angegebene Signifikanzniveau halbieren können und damit „leichter" zu einem signifikanten Ergebnis gelangen. So wäre ein errechneter Wert, der bei zweiseitiger Fragestellung auf dem 5%-Niveau gesichert ist, bei einseitiger Fragestellung auf dem 2,5%-Niveau signifikant.

18. 9,21

19. a) Die beobachteten Zusammenhänge sind allein durch den Zufall erklärbar.

b) Wir können aus den vorhandenen Daten die folgende Vierfeldertabelle erstellen. Die Unterschiede/Zusammenhänge werden mit dem $\chi^2$-Test auf ihre Zufälligkeit hin untersucht:

|  |  | Geschwisterkonstellation in der Ehe wiederholt? | |  |
|---|---|---|---|---|
|  |  | ja | nein |  |
| Zustand der Ehe | harmonisch | 15 | 11 | 26 |
|  | konflikthaft | 5 | 19 | 24 |
|  |  | 20 | 30 | 50 |

$$\chi^2 = \frac{(15 \cdot 19 - 11 \cdot 5)^2 \cdot 50}{26 \cdot 24 \cdot 20 \cdot 30} = \underline{7,06}$$

Dieser Wert ist sehr signifikant, d.h. wir lehnen die Nullhypothese als Erklärung dieser Unterschiede/Zusammenhänge ab.

c) $r_\phi = \sqrt{\dfrac{7,06}{50}} = \underline{0,38}$

d) Ja, weil ein statistisch gesicherter Zusammenhang vorliegt.

20. Es müssen unabhängige Untersuchungsergebnisse vorliegen, bei den Daten muß es sich um absolute Häufigkeiten handeln (Prozentwerte müssen zurückgerechnet werden), und die Erwartungswerte in den einzelnen Klassen müssen über dem Wert 5 liegen.
Alternative Verfahren sind der *McNemar*-Test für abhängige Stichproben und bei Erwartungswerten unter 5 der exakte Wahrscheinlichkeitstest nach *Fisher*.

21. a) Die Daten wurden mindestens auf Rangskalenniveau gemessen. Demnach ist der Wilcoxon-White-Test ein geeignetes Prüfverfahren.

b) $|T_1 - T_e| = |194 - 232{,}5| = 38{,}5$

Tafel 3 ist für die vorliegenden Stichprobengrößen nicht mehr geschaffen. Wir können trotzdem mit ihr die Entscheidung treffen, da der erforderliche kritische Wert auf jeden Fall bei $n_1 = n_2 = 15$ mindestens 43 sein müßte (je größer die Stichproben, desto höhere Werte sind zur Signifikanz erforderlich). Da unser errechneter Wert kleiner als 43 ist, wird die Nullhypothese beibehalten. Wir können unsere Entscheidung aber auch exakt mit Hilfe der Formel 20 treffen: Bei einer $s_T = 24{,}109$ und einem $z = 1{,}597$ kommen wir ebenfalls zu der Entscheidung, daß die beobachteten Unterschiede als (noch) zufällig angesehen werden müssen.

22. Ja, weil beim t-Test mehr Informationen verarbeitet werden, als es bei den „skalenniedrigeren" Verfahren möglich ist.

23. a) Es handelt sich dabei um abhängige Stichproben, deren Daten mindestens auf Rangskalenniveau erhoben wurden. Anwendbar sind demnach der Vorzeichentest oder der Wilcoxon-Test für Paardifferenzen. Da der Vorzeichentest (zweiseitige Fragestellung) zu keinem signifikanten Ergebnis führt, wenden wir den Wilcoxon-Test an:

$|T_1 - T_e| = |9 - 45{,}5| = \underline{36{,}5}$ ;

dieser Wert ist sehr signifikant, so daß wir kein exakteres Verfahren, das Intervallskalenniveau erfordern würde, anwenden müßten. (Der A-Test nach *Mittenecker* führt natürlich ebenfalls zu einem sehr signifikanten Ergebnis; $A = 0{,}147$.)

b) Die Schwankungen der Werte in der Kontrollgruppe können als rein zufällig angesehen werden. Der Wilcoxon-Test für Paardifferenzen kommt zu einer nicht signifikanten Prüfgröße von 12,0; auch der A-Test ($A = 0{,}555$; df = 9) zeigt kein signifikantes Ergebnis.

24. a)

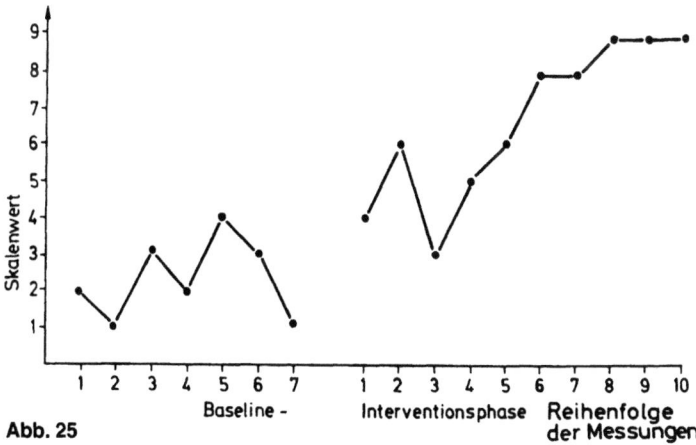

Abb. 25

b) Wir berechnen die Rangkorrelationen für die Baseline- und die Interventionsphase und entscheiden mit Hilfe der Tafel 9 über deren Signifikanz.

Baselinephase:

| Skalenwert X: | 2 | 1 | 3 | 2 | 4 | 3 | 1 |
|---|---|---|---|---|---|---|---|
| Rangplatz X: | 3,5 | 1,5 | 5,5 | 3,5 | 7 | 5,5 | 1,5 |
| Y: | 1 | 2 | 3 | 4 | 5 | 6 | 7 |
| d: | 2,5 | –0,5 | 2,5 | –0,5 | 2 | –0,5 | –5,5 |
| $d^2$: | 6,25 | 0,25 | 6,25 | 0,25 | 4 | 0,25 | 30,25 |

$$R = 1 - \frac{6 \cdot 47,5}{7 \cdot 48} = \underline{0,15}$$ dieser Koeffizient unterscheidet sich nicht signifikant von Null.

Interventionsphase:

| (X): | 2 | 6 | 3 | 5 | 6 | 8 | 8 | 9 | 9 | 9 |
|---|---|---|---|---|---|---|---|---|---|---|
| X: | 2 | 4,5 | 1 | 3 | 4,5 | 6,5 | 6,5 | 9 | 9 | 9 |
| Y: | 1 | 2 | 3 | 4 | 5 | 6 | 7 | 8 | 9 | 10 |
| d: | 1 | 2,5 | –2 | –1 | –0,5 | 0,5 | –0,5 | 1 | 0 | –1 |
| $d^2$ | 1 | 6,25 | 4 | 1 | 0,25 | 0,25 | 0,25 | 1 | 0 | 1 |

$$R = 1 - \frac{6 \cdot 15}{990} = \underline{0,91}$$

dieser Koeffizient unterscheidet sich sehr signifikant von Null, d.h. es besteht ein statistisch gesicherter Trend während der Interventionsphase.

Eine andere Möglichkeit der Signifikanztestung besteht darin, daß man die Skalenwerte der Baselinephase mit den ersten sieben Skalenwerten der Interventionsphase paarweise vergleicht und ihre Abweichungen mit dem Wilcoxon-Test für Paardifferenzen auf Signifikanz prüft. Dies sei kurz demonstriert:

| Messung | Baseline | Interv. | d | Rang d | + | – |
|---|---|---|---|---|---|---|
| 1 | 2 | 4 | –2 | 1,5 |  | 1,5 |
| 2 | 1 | 6 | –5 | 4,5 |  | 4,5 |
| 3 | 3 | 3 | 0 |  |  |  |
| 4 | 2 | 5 | –3 | 3 |  | 3 |
| 5 | 4 | 6 | –2 | 1,5 |  | 1,5 |
| 6 | 3 | 8 | –5 | 4,5 |  | 4,5 |
| 7 | 1 | 8 | –7 | 6 |  | 6 |
|  |  |  |  |  |  | $\overline{T_1 = 0}$ |

Diese Prüfgröße ist bei $\alpha = 0,05$ signifikant, d.h. die Unterschiede zwischen der Baseline- und der Interventionsphase sind nicht mehr durch den Zufall erklärbar.

## 6.2 Formelsammlung

Nummer Formel | Erläuterung auf Seite

(1) $f\% = \dfrac{f}{n} \cdot 100$ — 34

(2a) $\alpha° = \dfrac{f}{n} \cdot 360°$ — 36

(2b) $\alpha° = 3{,}6 \cdot f\%$ — 36

(3) $Md = L + \dfrac{\dfrac{n}{2} - F}{f}$ — 41

(4) $V = X_{max} - X_{min}$ — 41

(5) $mQ = \dfrac{Q_3 - Q_1}{2}$ — 42

(6) $Q_3 = L + \dfrac{\dfrac{3}{4} \cdot n - F}{f}$ — 42

(7) $Q_1 = L + \dfrac{\dfrac{n}{4} - F}{f}$ — 42

(8a) $\bar{x} = \dfrac{\sum X}{n}$ — 46

(8b) $\bar{x} = \dfrac{\sum f \cdot X}{n}$ — 46

(9a) $s = \sqrt{\dfrac{\sum (X - \bar{x})^2}{n}}$ — 48

(9b) $s = \sqrt{\dfrac{\sum X^2}{n} - \bar{x}^2}$ — 49

(9c) $s = \sqrt{\dfrac{\sum f \cdot X^2}{n} - \bar{x}^2}$ — 49

(10) $z = \dfrac{X - \bar{x}}{s}$ — 51

## 6 Anhang

| Nummer | Formel | Erläuterung auf Seite |
|---|---|---|

(11) $\quad r_\phi = \dfrac{a \cdot d - b \cdot c}{\sqrt{(a+b) \cdot (c+d) \cdot (a+c) \cdot (b+d)}}$  \hfill 58

(12) $\quad R = 1 - \dfrac{6 \cdot \sum d^2}{n \cdot (n^2 - 1)}$  \hfill 60

(13a) $\quad r = \dfrac{\sum z_x \cdot z_y}{n} = \dfrac{\sum (X - \bar{x})(Y - \bar{y})}{n \cdot s_x \cdot s_y}$  \hfill 60

(13b) $\quad r = \dfrac{n \cdot \sum X \cdot Y - \sum X \cdot \sum Y}{\sqrt{n \cdot \sum X^2 - (\sum X)^2} \cdot \sqrt{n \cdot \sum Y^2 - (\sum Y)^2}}$  \hfill 61

(14a) $\quad \chi^2 = \sum \dfrac{(f_b - f_e)^2}{f_e}$  \hfill 68

(14b) $\quad df = k - 1$  \hfill 69

(15a) $\quad f_e = \dfrac{\text{Zeilensumme} \cdot \text{Spaltensumme}}{\text{Gesamtsumme}}$  \hfill 72

(15b) $\quad \chi^2 = \dfrac{(a \cdot d - b \cdot c)^2 \cdot n}{(a+b) \cdot (c+d) \cdot (a+c) \cdot (b+d)}$  \hfill 72

(15c) $\quad r_\phi = \sqrt{\dfrac{\chi^2}{n}}$  \hfill 73

(15d) $\quad \chi^2 = n \cdot r_\phi^2$  \hfill 73

(16) $\quad df = (s - 1) \cdot (z - 1)$  \hfill 74

(17) $\quad p = \dfrac{(a+b)! \cdot (c+d)! \cdot (a+c)! \cdot (b+d)!}{n! \cdot a! \cdot b! \cdot c! \cdot d!}$  \hfill 76

(18) $\quad \chi^2_{\text{McN}} = \dfrac{(b-c)^2}{b+c}$  \hfill 78

(19) $\quad T_e = \dfrac{n_1 \cdot (n+1)}{2}$  \hfill 81

(20) $\quad s_T = \sqrt{\dfrac{n_1 \cdot n_2 \cdot (n+1)}{12}} = \sqrt{\dfrac{n_2 \cdot T_e}{6}}$  \hfill 83

| Nummer | Formel | Erläuterung auf Seite |
|---|---|---|

(21) $\quad T_e = \dfrac{n \cdot (n+1)}{4}$ $\qquad$ 86

(22) $\quad s_T = \sqrt{\dfrac{(2 \cdot n + 1) \cdot n \cdot (n+1)}{24}} = \sqrt{\dfrac{(2 \cdot n + 1) \cdot T_e}{6}}$ $\qquad$ 87

(23) $\quad \chi_F^2 = \dfrac{12}{n \cdot k \cdot (k+1)} \cdot \sum T_i^2 - 3 \cdot n \cdot (k+1)$ $\qquad$ 88

(24) $\quad F = \dfrac{\text{größere Varianz}}{\text{kleinere Varianz}} = \dfrac{s_1^2}{s_2^2}$ $\qquad$ 88

(25) $\quad s_{\text{Diff}} = \sqrt{\dfrac{\sum(X_1 - \overline{x}_1)^2 + \sum(X_2 - \overline{x}_2)^2}{n_1 + n_2 - 2} \cdot \left(\dfrac{1}{n_1} + \dfrac{1}{n_2}\right)}$ $\qquad$ 89

(26) $\quad s_{\text{Diff}} = \sqrt{\dfrac{s_1^2}{n_1} + \dfrac{s_2^2}{n_1}}$ $\qquad$ 89

(27) $\quad t = \dfrac{\overline{x}_1 - \overline{x}_2}{s_{\text{Diff}}}$ $\qquad$ 89

(28a) $\quad df = n_1 + n_2 - 2$ $\qquad$ 90

(28b) $\quad df = \dfrac{n_1 + n_2 - 2}{2}$ $\qquad$ 90

(29) $\quad A = \dfrac{\sum d^2}{(\sum d)^2}$ $\qquad$ 90

(30) $\quad Q_{xy} = \dfrac{k \cdot \sum(X \cdot Y) - \sum X \cdot \sum Y}{\sqrt{k \cdot \sum X^2 - (\sum X)^2} \cdot \sqrt{k \cdot \sum Y^2 - (\sum Y)^2}}$ $\qquad$ 142

(31) $\quad D = \sqrt{\sum d^2}$ $\qquad$ 143

## 6.3 Statistische Tafeln

**Tafel 1: Flächenanteile, die zu bestimmten z-Werten der Gaußschen Normalverteilung liegen:**

**Tafel 1a** Negative z-Werte (aus *Clauss* und *Ebner* 1967, S. 334).

| z | 0,00 | 0,01 | 0,02 | 0,03 | 0,04 | 0,05 | 0,06 | 0,07 | 0,08 | 0,09 |
|---|---|---|---|---|---|---|---|---|---|---|
| 0,0 | 0,5000000 | .496011 | .492022 | .488034 | .484047 | .480062 | .476078 | .472097 | .468119 | .464144 |
| −0,1 | .460172 | .456205 | .452242 | .448283 | .444330 | .440382 | .436440 | .432505 | .428576 | .424655 |
| −0,2 | .420740 | .416834 | .412936 | .409046 | .405165 | .401294 | .397432 | .393580 | .389739 | .385908 |
| −0,3 | .382089 | .378280 | .374384 | .370700 | .366928 | .363169 | .359424 | .355691 | .351973 | .348268 |
| −0,4 | .344578 | .340903 | .337243 | .333598 | .329969 | .326969 | .322758 | .319178 | .315614 | .312067 |
| −0,5 | .308538 | .305026 | .301532 | .297056 | .294598 | .291160 | .287740 | .284339 | .280957 | .277595 |
| −0,6 | .274253 | .270931 | .267629 | .264347 | .261086 | .257846 | .254627 | .251429 | .248252 | .245097 |
| −0,7 | .241964 | .238852 | .235762 | .232695 | .229650 | .226627 | .223627 | .220650 | .217695 | .214764 |
| −0,8 | .211855 | .208970 | .206108 | .203269 | .200454 | .197662 | .194894 | .192150 | .189430 | .186733 |
| −0,9 | .184060 | .181411 | .178786 | .176186 | .173609 | .171056 | .168528 | .166023 | .163543 | .161087 |
| −1,0 | .158655 | .156248 | .153864 | .151505 | .149170 | .146859 | .144572 | .142310 | .140071 | .137857 |
| −1,1 | .135666 | .133500 | .131357 | .129238 | .127143 | .125072 | .123024 | .121000 | .119000 | .117023 |
| −1,2 | .115070 | .113139 | .111232 | .109349 | .107488 | .105650 | .103835 | .102042 | .100273 | .098525 |
| −1,3 | .096800 | .095098 | .093418 | .091759 | .090123 | .088508 | .086915 | .085344 | .083793 | .082264 |
| −1,4 | .087757 | .079270 | .077804 | .076358 | .074934 | .073529 | .072145 | .070781 | .069437 | .068111 |
| −1,5 | .066807 | .065522 | .064256 | .063008 | .061780 | .060571 | .059380 | .058208 | .057053 | .055917 |
| −1,6 | .054799 | .053699 | .052616 | .051551 | .050503 | .049472 | .048457 | .047460 | .046479 | .045514 |
| −1,7 | .044566 | .043633 | .042716 | .041815 | .040930 | .040059 | .039204 | .038364 | .037538 | .036727 |
| −1,8 | .035930 | .035148 | .034380 | .033625 | .032884 | .032157 | .031443 | .030742 | .030054 | .029379 |
| −1,9 | .028717 | .028067 | .027429 | .026803 | .026190 | .025588 | .024998 | .024419 | .023852 | .023296 |
| −2,0 | .022750 | .022216 | .021692 | .021178 | .020675 | .020182 | .019699 | .019226 | .018763 | .018309 |
| −2,1 | .017864 | .017429 | .017003 | .016586 | .016177 | .015778 | .015386 | .015003 | .014629 | .014262 |
| −2,2 | .013903 | .013553 | .013209 | .012874 | .012546 | .012224 | .011911 | .011604 | .011304 | .011011 |
| −2,3 | .010724 | .010444 | .010170 | .009903 | .009642 | .009387 | .009138 | .008894 | .008656 | .008424 |
| −2,4 | .008198 | .007976 | .007760 | .007549 | .007344 | .007143 | .006947 | .006756 | .006569 | .006387 |
| −2,5 | .006210 | .006037 | .005868 | .005703 | .005543 | .005386 | .005234 | .005085 | .004940 | .004799 |
| −2,6 | .004661 | .004527 | .004396 | .004269 | .004145 | .004025 | .003907 | .003793 | .003681 | .003573 |
| −2,7 | .003467 | .003364 | .003264 | .003167 | .003078 | .002980 | .002890 | .002803 | .002718 | .002635 |
| −2,8 | .002555 | .002477 | .002401 | .002327 | .002256 | .002186 | .002118 | .002052 | .001988 | .001926 |
| −2,9 | .001866 | .001807 | .001750 | .001695 | .001641 | .001589 | .001538 | .001489 | .001441 | .001395 |
|  | 0,0 | 0,1 | 0,2 | 0,3 | 0,4 | 0,5 | 0,6 | 0,7 | 0,8 | 0,9 |
| −3,0 | .001350 | .000968 | .000687 | .000483 | .000337 | .000243 | .000159 | .000108 | .000072 | .000048 |

*Beispiel:*
Gesucht wird die Fläche, die bis zum Punkt $z_1 = -0{,}81$ unterhalb der Normalkurve liegt.

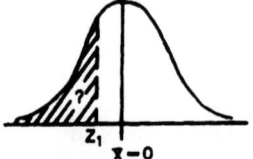

Wir suchen in der z-Spalte den Wert −0,8 und gehen in dieser Zeile waagerecht nach rechts bis zur Spalte 0,01; damit haben wir den z-Wert −0,81 und entnehmen der Tabelle die Zahl .208970.

Da bei der vorliegenden Tabelle die Fläche unter der Normalkurve gleich 1 ist, bedeutet dies, daß bis zum Punkt $z = -0{,}81$ genau 20,897 Prozent der Fälle liegen.

6.3 Statistische Tafeln

**Tafel 1b** Positive z-Werte (aus *Clauss* und *Ebner* 1967, S. 336).

| z | 0,00 | 0,01 | 0,02 | 0,03 | 0,04 | 0,05 | 0,06 | 0,07 | 0,08 | 0,09 |
|---|---|---|---|---|---|---|---|---|---|---|
| 0,0 | 0,5000000 | .503989 | .507978 | .511966 | .515953 | .519938 | .523922 | .527903 | .531881 | .535856 |
| 0,1 | .539828 | .543795 | .547758 | .551717 | .555670 | .559618 | .563560 | .567495 | .571424 | .575345 |
| 0,2 | .579260 | .583166 | .587064 | .590954 | .594835 | .598706 | .602568 | .606420 | .610261 | .614092 |
| 0,3 | .617911 | .621720 | .625616 | .629300 | .633072 | .636831 | .640576 | .644309 | .648027 | .651732 |
| 0,4 | .655422 | .659097 | .662757 | .666402 | .670031 | .673645 | .677242 | .680822 | .684386 | .687933 |
| 0,5 | .691462 | .694974 | .698468 | .702944 | .705402 | .708840 | .712260 | .715661 | .719043 | .722405 |
| 0,6 | .725747 | .729069 | .732371 | .735653 | .738914 | .742154 | .745373 | .748571 | .751748 | .754903 |
| 0,7 | .758036 | .761148 | .764238 | .767305 | .770350 | .773373 | .776373 | .779350 | .782305 | .785236 |
| 0,8 | .788145 | .791030 | .793892 | .796731 | .799546 | .802338 | .805106 | .807850 | .810570 | .813267 |
| 0,9 | .815940 | .818589 | .821214 | .823814 | .826391 | .828944 | .831472 | .833977 | .836457 | .838913 |
| 1,0 | .841345 | .843752 | .846136 | .848495 | .850830 | .853141 | .855428 | .857690 | .859929 | .862143 |
| 1,1 | .864334 | .866500 | .868643 | .870762 | .872857 | .874928 | .876976 | .879000 | .881000 | .882977 |
| 1,2 | .884930 | .886861 | .888768 | .890651 | .892512 | .894350 | .896165 | .897958 | .899727 | .901475 |
| 1,3 | .903200 | .904902 | .906582 | .908241 | .909877 | .911492 | .913085 | .914656 | .916207 | .917736 |
| 1,4 | .919243 | .920730 | .922196 | .923642 | .925066 | .926471 | .927855 | .929219 | .930563 | .931889 |
| 1,5 | .933193 | .934478 | .935744 | .936922 | .938220 | .939429 | .940620 | .941792 | .942947 | .944083 |
| 1,6 | .945201 | .946391 | .947384 | .948449 | .949497 | .950528 | .951543 | .952540 | .953521 | .954486 |
| 1,7 | .955434 | .956367 | .957284 | .958185 | .959070 | .959941 | .960796 | .961636 | .962462 | .963273 |
| 1,8 | .964070 | .964852 | .965620 | .966375 | .967116 | .967843 | .968557 | .969258 | .969946 | .970621 |
| 1,9 | .971283 | .971933 | .972571 | .973197 | .973810 | .974472 | .975002 | .975581 | .976138 | .976704 |
| 2,0 | .977250 | .977784 | .978308 | .978822 | .979325 | .979818 | .980301 | .980774 | .981237 | .981691 |
| 2,1 | .982136 | .982571 | .982997 | .983414 | .983823 | .984222 | .984614 | .984997 | .985371 | .985738 |
| 2,2 | .986097 | .986447 | .986791 | .987126 | .987454 | .987776 | .988089 | .988396 | .988696 | .988989 |
| 2,3 | .989276 | .989556 | .989830 | .990097 | .990358 | .990613 | .990862 | .991106 | .991344 | .991576 |
| 2,4 | .991802 | .992024 | .992240 | .992451 | .992656 | .992857 | .993053 | .993244 | .993431 | .993613 |
| 2,5 | .993790 | .993963 | .994132 | .994297 | .994457 | .994614 | .994766 | .994915 | .995060 | .995201 |
| 2,6 | .995339 | .995473 | .995604 | .995731 | .995855 | .995975 | .996093 | .996207 | .996319 | .996427 |
| 2,7 | .996533 | .996636 | .996736 | .996833 | .996928 | .997020 | .997110 | .997197 | .997282 | .997365 |
| 2,8 | .997445 | .997523 | .997599 | .997673 | .997744 | .997814 | .997882 | .997948 | .998012 | .998074 |
| 2,9 | .998134 | .998193 | .998250 | .998305 | .998359 | .998411 | .998462 | .998511 | .998558 | .998605 |
|  | 0,0 | 0,1 | 0,2 | 0,3 | 0,4 | 0,5 | 0,6 | 0,7 | 0,8 | 0,9 |
| 3,0 | .998650 | .999032 | .999313 | .999517 | .999663 | .999767 | .999841 | .999892 | .999928 | .999952 |

*Beispiel:*
Wie groß ist die Fläche, die bis zu $z_2 = 1{,}45$ unter der Normalkurve liegt.

Wir suchen in der Spalte z die Zeile 1,4 und gehen dann waagerecht bis zur Spalte 0,05. Dort entnehmen wir die Flächenangabe: 0,926471, d.h. 92,6471 Prozent liegen bis zu diesem Punkt unter der Kurve.

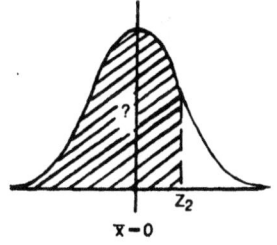

Wollen wir wissen, wie groß die Fläche zwischen $z_2$ und $z_1$ ist, dann müssen wir nur die Differenz zwischen den beiden Flächen bilden: 92,6471 − 20,8970 = 72,7501 Prozent.

## 6 Anhang

**Tafel 2** Die Chi-Quadrat-Verteilung für zweiseitige Fragestellungen (aus *Mittenecker* 1970, S. 185).

| Freiheitsgrade df | Wahrscheinlichkeit alpha $\alpha$ | | | | |
|---|---|---|---|---|---|
| | 50% | 10% | 5% | 2% | 1% |
| 1 | 0,455 | 2,706 | 3,841 | 5,412 | 6,635 |
| 2 | 1,386 | 4,605 | 5,991 | 7,824 | 9,210 |
| 3 | 2,366 | 6,251 | 7,815 | 9,837 | 11,341 |
| 4 | 3,357 | 7,779 | 9,488 | 11,668 | 13,277 |
| 5 | 4,351 | 9,236 | 11,070 | 13,388 | 15,086 |
| 6 | 5,348 | 10,645 | 12,592 | 15,033 | 16,812 |
| 7 | 6,346 | 12,017 | 14,067 | 16,622 | 18,475 |
| 8 | 7,344 | 13,362 | 15,507 | 18,168 | 20,090 |
| 9 | 8,343 | 14,684 | 16,919 | 19,679 | 21,666 |
| 10 | 9,342 | 15,987 | 18,307 | 21,161 | 23,209 |
| 11 | 10,341 | 17,275 | 19,675 | 22,618 | 24,725 |
| 12 | 11,340 | 18,549 | 21,026 | 24,054 | 26,217 |
| 13 | 12,340 | 19,812 | 22,362 | 25,472 | 27,688 |
| 14 | 13,339 | 21,064 | 23,685 | 26,873 | 29,141 |
| 15 | 14,339 | 22,307 | 24,996 | 28,259 | 30,578 |
| 16 | 15,338 | 23,542 | 26,296 | 29,633 | 32,000 |
| 17 | 16,338 | 24,769 | 27,587 | 30,995 | 33,409 |
| 18 | 17,338 | 25,989 | 28,869 | 32,346 | 34,805 |
| 19 | 18,338 | 27,204 | 30,144 | 33,687 | 36,191 |
| 20 | 19,337 | 28,412 | 31,410 | 35,020 | 37,566 |
| 21 | 20,337 | 29,615 | 32,671 | 36,343 | 38,932 |
| 22 | 21,337 | 30,813 | 33,924 | 37,659 | 40,289 |
| 23 | 22,337 | 32,007 | 35,172 | 38,968 | 41,638 |
| 24 | 23,337 | 33,196 | 36,415 | 40,270 | 42,980 |
| 25 | 24,337 | 34,382 | 37,652 | 41,566 | 44,314 |
| 26 | 25,336 | 35,563 | 38,885 | 42,856 | 45,642 |
| 27 | 26,336 | 36,741 | 40,113 | 44,140 | 46,963 |
| 28 | 27,336 | 37,916 | 41,337 | 45,419 | 48,278 |
| 29 | 28,336 | 39,087 | 42,557 | 46,693 | 49,588 |
| 30 | 29,336 | 40,256 | 43,773 | 47,962 | 50,892 |

**Tafel 3** Kritische Werte für die Prüfgröße $|T_1 - T_e|$ beim *Wilcoxon-White*-Test für unabhängige Stichproben bei zweiseitiger Fragestellung (aus *Mittenecker* 1970, S. 195).

| | 4 | 5 | 6 | 7 | 8 | 9 | 10 | 11 | 12 | 13 | 14 | $n_2$ |
|---|---|---|---|---|---|---|---|---|---|---|---|---|
| | | | | | | | | | | | | $n_1$ |
| $\alpha = 5\%$ | – | – | – | – | 8,0 | 9,0 | 10,0 | 10,0 | 11,0 | 12,0 | 13,0 | 2 |
| | – | 7,5 | 8,0 | 9,5 | 10,0 | 11,5 | 12,0 | 13,5 | 14,0 | 15,5 | 16,0 | 3 |
| | 8,0 | 9,0 | 10,0 | 11,0 | 12,0 | 13,0 | 15,0 | 16,0 | 17,0 | 18,0 | 19,0 | 4 |
| | 9,0 | 10,5 | 12,0 | 12,5 | 14,0 | 15,5 | 17,0 | 18,5 | 19,0 | 20,5 | 22,0 | 5 |
| 14 | 56,0 | | 13,0 | 15,0 | 16,0 | 17,0 | 19,0 | 20,0 | 22,0 | 23,0 | 25,0 | 6 |
| 13 | 53,0 | 50,5 | | 16,5 | 18,0 | 19,5 | 21,0 | 22,5 | 24,0 | 25,5 | 27,0 | 7 |
| 12 | 50,0 | 47,0 | 44,0 | | 19,0 | 21,0 | 23,0 | 25,0 | 26,0 | 28,0 | 29,0 | 8 |
| 11 | 47,0 | 44,5 | 42,0 | 39,5 | | 22,5 | 25,0 | 26,5 | 28,0 | 30,5 | 32,0 | 9 |
| 10 | 44,0 | 41,0 | 39,0 | 36,0 | 34,0 | | 27,0 | 29,0 | 30,0 | 32,0 | 34,0 | 10 |
| 9 | 41,0 | 38,5 | 36,0 | 33,5 | 32,0 | 29,5 | | 30,5 | 33,0 | 34,5 | 37,0 | 11 |
| 8 | 38,0 | 35,0 | 33,0 | 31,0 | 29,0 | 27,0 | 25,0 | | 35,0 | 37,0 | 39,0 | 12 |
| 7 | 34,0 | 32,5 | 30,0 | 28,5 | 26,0 | 24,5 | 22,0 | 20,5 | | 38,5 | 41,0 | 13 |
| 6 | 31,0 | 29,0 | 27,0 | 26,0 | 24,0 | 22,0 | 20,0 | 18,0 | 16,0 | | 43,0 | 14 |
| 5 | 28,0 | 25,5 | 24,0 | 22,5 | 21,0 | 19,5 | 18,0 | 15,5 | 14,0 | 12,5 | – | $\alpha = 1\%$ |
| 4 | 24,0 | 22,0 | 21,0 | 20,0 | 18,0 | 17,0 | 15,0 | 14,0 | 12,0 | – | – | |
| 3 | 20,0 | 18,5 | 17,0 | 16,5 | 15,0 | 13,5 | – | – | – | – | – | |
| $n_1$ | | | | | | | | | | | | |
| $n_2$ | 14 | 13 | 12 | 11 | 10 | 9 | 8 | 7 | 6 | 5 | 4 | |

**Tafel 4** Kritische Werte für die Prüfgröße $|T_1 - T_e|$ beim *Wilcoxon*-Test für abhängige Stichproben bei zweiseitiger Fragestellung (aus *Mittenecker* 1970, S. 196)

| n | 6 | 7 | 8 | 9 | 10 | 11 | 12 | 13 | 14 | 15 |
|---|---|---|---|---|---|---|---|---|---|---|
| $\alpha = 5\%$ | 10,5 | 12,0 | 14,0 | 16,5 | 19,5 | 22,0 | 25,0 | 31,5 | 31,5 | 35,0 |
| $\alpha = 1\%$ | – | – | 18,0 | 20,5 | 24,5 | 28,0 | 32,0 | 35,5 | 39,5 | 44,0 |

| n | 16 | 17 | 18 | 19 | 20 | 21 | 22 | 23 | 24 | 25 |
|---|---|---|---|---|---|---|---|---|---|---|
| $\alpha = 5\%$ | 38,0 | 41,5 | 45,5 | 49,0 | 53,0 | 56,5 | 60,5 | 65,0 | 69,0 | 73,5 |
| $\alpha = 1$ | 48,0 | 53,5 | 57,5 | 63,0 | 67,0 | 72,5 | 77,5 | 83,0 | 89,0 | 94,5 |

**Tafel 5** Der Vorzeichentest. Kritische Häufigkeiten für das seltene Vorzeichen bei zweiseitiger Fragestellung (aus *Mittenecker* 1970, S. 196).

| n | $\alpha$ 1% | $\alpha$ 5% | n | $\alpha$ 1% | $\alpha$ 5% |
|---|---|---|---|---|---|
| 6 | – | 0 | 41 | 11 | 13 |
| 7 | – | 0 | 42 | 12 | 14 |
| 8 | 0 | 0 | 43 | 12 | 14 |
| 9 | 0 | 1 | 44 | 13 | 15 |
| 10 | 0 | 1 | 45 | 13 | 15 |
| 11 | 0 | 1 | 46 | 13 | 15 |
| 12 | 1 | 2 | 47 | 14 | 16 |
| 13 | 1 | 2 | 48 | 14 | 16 |
| 14 | 1 | 2 | 49 | 15 | 17 |
| 15 | 2 | 3 | 50 | 15 | 17 |
| 16 | 2 | 3 | 51 | 15 | 18 |
| 17 | 2 | 4 | 52 | 16 | 18 |
| 18 | 3 | 4 | 53 | 16 | 18 |
| 19 | 3 | 4 | 54 | 17 | 19 |
| 20 | 3 | 5 | 55 | 17 | 19 |
| 21 | 4 | 5 | 56 | 17 | 20 |
| 22 | 4 | 5 | 57 | 18 | 20 |
| 23 | 4 | 6 | 58 | 18 | 21 |
| 24 | 5 | 6 | 59 | 19 | 21 |
| 25 | 5 | 7 | 60 | 19 | 21 |
| 26 | 6 | 7 | 61 | 20 | 22 |
| 27 | 6 | 7 | 62 | 20 | 22 |
| 28 | 6 | 8 | 63 | 20 | 23 |
| 29 | 7 | 8 | 64 | 21 | 23 |
| 30 | 7 | 9 | 65 | 21 | 24 |
| 31 | 7 | 9 | 66 | 22 | 24 |
| 32 | 8 | 9 | 67 | 22 | 25 |
| 33 | 8 | 10 | 68 | 22 | 25 |
| 34 | 9 | 10 | 69 | 23 | 25 |
| 35 | 9 | 11 | 70 | 23 | 26 |
| 36 | 9 | 11 | 71 | 24 | 26 |
| 37 | 10 | 12 | 72 | 24 | 27 |
| 38 | 10 | 12 | 73 | 25 | 27 |
| 39 | 11 | 12 | 74 | 25 | 28 |
| 40 | 11 | 13 | 75 | 25 | 28 |

**Tafel 6** Die F-Verteilung (aus *Bartel* 1972, S. 187f.).

F-Verteilung: 5% und 1% (jeweils unten) Sicherheitspunkte

| df$_2$ | 1 | 2 | 3 | 4 | 5 | 6 | 7 | 8 | 9 | 10 | 12 | 16 | 20 | 30 | 50 | 100 | ∞ | |
|---|---|---|---|---|---|---|---|---|---|---|---|---|---|---|---|---|---|---|
| 1 | 161 | 216 | 225 | 225 | 230 | 234 | 237 | 239 | 241 | 242 | 244 | 246 | 248 | 250 | 252 | 253 | 254 | α = |
|   | 4052 | 4999 | 5493 | 5625 | 5764 | 5858 | 5928 | 5981 | 6022 | 6056 | 6106 | 6169 | 6208 | 6258 | 6302 | 6334 | 6366 | α = |
| 2 | 18,51 | 19,00 | 19,16 | 19,25 | 19,30 | 19,33 | 19,36 | 19,37 | 19,38 | 19,39 | 19,41 | 19,43 | 19,44 | 19,46 | 19,47 | 19,49 | 19,50 | |
|   | 98,49 | 99,00 | 99,17 | 99,25 | 99,33 | 99,33 | 99,34 | 99,36 | 99,38 | 99,40 | 99,42 | 99,44 | 99,45 | 99,47 | 99,48 | 99,49 | 99,50 | |
| 3 | 10,13 | 9,55 | 9,28 | 9,12 | 9,01 | 8,94 | 8,88 | 8,84 | 8,81 | 8,78 | 8,74 | 8,69 | 8,66 | 8,62 | 8,58 | 8,56 | 8,53 | |
|   | 34,12 | 30,82 | 29,46 | 28,71 | 28,24 | 27,91 | 27,67 | 27,49 | 27,34 | 27,23 | 27,04 | 26,83 | 26,69 | 26,50 | 26,35 | 26,23 | 26,12 | |
| 4 | 7,71 | 6,94 | 6,59 | 6,39 | 6,26 | 6,16 | 6,09 | 6,04 | 6,00 | 5,96 | 5,91 | 5,84 | 5,80 | 5,74 | 5,70 | 5,66 | 5,63 | |
|   | 21,20 | 18,00 | 16,69 | 15,98 | 15,52 | 15,21 | 14,98 | 14,80 | 14,66 | 14,54 | 14,37 | 14,15 | 14,02 | 13,83 | 13,69 | 13,57 | 13,46 | |
| 5 | 6,61 | 5,79 | 5,41 | 5,19 | 5,05 | 4,95 | 4,88 | 4,82 | 4,78 | 4,74 | 4,68 | 4,60 | 4,56 | 4,50 | 4,44 | 4,40 | 4,36 | |
|   | 16,26 | 13,27 | 12,06 | 11,39 | 10,97 | 10,67 | 10,45 | 10,27 | 10,15 | 10,05 | 9,89 | 9,68 | 9,55 | 9,38 | 9,24 | 9,13 | 9,02 | |
| 6 | 5,99 | 5,14 | 4,76 | 4,53 | 4,39 | 4,28 | 4,21 | 4,15 | 4,10 | 4,06 | 4,00 | 3,92 | 3,87 | 3,81 | 3,75 | 3,71 | 3,67 | |
|   | 13,74 | 10,92 | 9,78 | 9,15 | 8,75 | 8,47 | 8,26 | 8,10 | 7,98 | 7,87 | 7,72 | 7,52 | 7,39 | 7,23 | 7,09 | 6,99 | 6,88 | |
| 7 | 5,59 | 4,74 | 4,35 | 4,12 | 3,97 | 3,87 | 3,79 | 3,73 | 3,68 | 3,63 | 3,57 | 3,49 | 3,44 | 3,38 | 3,32 | 3,28 | 3,23 | |
|   | 12,75 | 9,55 | 8,45 | 7,85 | 7,46 | 7,19 | 7,00 | 6,84 | 6,71 | 6,62 | 6,47 | 6,27 | 6,15 | 5,98 | 5,85 | 5,75 | 5,65 | |
| 8 | 5,32 | 4,46 | 4,07 | 3,84 | 3,69 | 3,58 | 3,50 | 3,44 | 3,39 | 3,34 | 3,28 | 3,20 | 3,15 | 3,08 | 3,03 | 2,98 | 2,93 | |
|   | 11,26 | 8,65 | 7,59 | 7,01 | 6,63 | 6,37 | 6,19 | 6,03 | 5,91 | 5,82 | 5,67 | 5,48 | 5,36 | 5,20 | 5,06 | 4,96 | 4,86 | |
| 9 | 5,12 | 4,26 | 3,86 | 3,63 | 3,48 | 3,37 | 3,29 | 3,23 | 3,18 | 3,13 | 3,07 | 2,98 | 2,93 | 2,86 | 2,80 | 2,76 | 2,71 | |
|   | 10,56 | 8,02 | 6,99 | 6,42 | 6,06 | 5,80 | 5,62 | 5,47 | 5,35 | 5,26 | 5,11 | 4,92 | 4,80 | 4,64 | 4,51 | 4,41 | 4,31 | |
| 10 | 4,96 | 4,10 | 3,71 | 3,48 | 3,33 | 3,22 | 3,14 | 3,07 | 3,02 | 2,97 | 2,91 | 2,82 | 2,77 | 2,70 | 2,64 | 2,59 | 2,54 | |
|   | 10,04 | 7,56 | 6,55 | 5,99 | 5,64 | 5,39 | 5,21 | 5,06 | 4,95 | 4,85 | 4,71 | 4,52 | 4,41 | 4,25 | 4,12 | 4,01 | 3,91 | |
| 11 | 4,84 | 3,98 | 3,59 | 3,36 | 3,20 | 3,09 | 3,01 | 2,95 | 2,90 | 2,86 | 2,79 | 2,70 | 2,65 | 2,57 | 2,50 | 2,45 | 2,40 | |
|   | 9,65 | 7,20 | 6,22 | 5,67 | 5,32 | 5,07 | 4,88 | 4,74 | 4,63 | 4,54 | 4,40 | 4,21 | 4,10 | 3,94 | 3,80 | 3,70 | 3,60 | |
| 12 | 4,75 | 3,88 | 3,49 | 3,26 | 3,11 | 3,00 | 2,92 | 2,85 | 2,80 | 2,76 | 2,69 | 2,60 | 2,54 | 2,46 | 2,40 | 2,35 | 2,30 | |
|   | 9,33 | 6,93 | 5,95 | 5,41 | 5,06 | 4,82 | 4,65 | 4,50 | 4,39 | 4,30 | 4,16 | 3,98 | 3,86 | 3,70 | 3,56 | 3,46 | 3,36 | |
| 13 | 4,67 | 3,80 | 3,41 | 3,18 | 3,02 | 2,92 | 2,84 | 2,77 | 2,72 | 2,67 | 2,60 | 2,51 | 2,46 | 2,38 | 2,32 | 2,26 | 2,21 | |
|   | 9,07 | 6,70 | 5,74 | 5,20 | 4,86 | 4,62 | 4,44 | 4,30 | 4,19 | 4,10 | 3,96 | 3,78 | 3,67 | 3,51 | 3,37 | 3,27 | 3,16 | |
| 14 | 4,60 | 3,74 | 3,34 | 3,11 | 2,96 | 2,85 | 2,77 | 2,70 | 2,65 | 2,60 | 2,53 | 2,44 | 2,39 | 2,31 | 2,24 | 2,19 | 2,13 | |
|   | 8,86 | 6,51 | 5,56 | 5,03 | 4,69 | 4,46 | 4,28 | 4,14 | 4,03 | 3,94 | 3,80 | 3,62 | 3,51 | 3,34 | 3,21 | 3,11 | 3,00 | |
| 15 | 4,54 | 3,68 | 3,29 | 3,06 | 2,90 | 2,79 | 2,70 | 2,64 | 2,59 | 2,55 | 2,48 | 2,39 | 2,33 | 2,25 | 2,18 | 2,12 | 2,07 | |
|   | 8,68 | 6,36 | 5,42 | 4,89 | 4,56 | 4,32 | 4,14 | 4,00 | 3,89 | 3,80 | 3,67 | 3,48 | 3,36 | 3,20 | 3,07 | 2,97 | 2,87 | |
| 16 | 4,49 | 3,63 | 3,24 | 3,01 | 2,85 | 2,74 | 2,66 | 2,59 | 2,54 | 2,49 | 2,42 | 2,33 | 2,28 | 2,20 | 2,13 | 2,07 | 2,01 | |
|   | 8,53 | 6,23 | 5,29 | 4,77 | 4,44 | 4,20 | 4,03 | 3,89 | 3,78 | 3,69 | 3,55 | 3,37 | 3,25 | 3,10 | 2,96 | 2,86 | 2,75 | |
| 17 | 4,45 | 3,59 | 3,20 | 2,96 | 2,81 | 2,70 | 2,62 | 2,55 | 2,50 | 2,45 | 2,38 | 2,29 | 2,23 | 2,15 | 2,08 | 2,02 | 1,96 | |
|   | 8,40 | 6,11 | 5,18 | 4,67 | 4,34 | 4,10 | 3,93 | 3,79 | 3,68 | 3,59 | 3,45 | 3,27 | 3,16 | 3,00 | 2,86 | 2,76 | 2,65 | |
| 18 | 4,41 | 3,55 | 3,16 | 2,93 | 2,77 | 2,66 | 2,58 | 2,51 | 2,46 | 2,41 | 2,34 | 2,25 | 2,19 | 2,11 | 2,04 | 1,98 | 1,92 | |
|   | 8,28 | 6,01 | 5,09 | 4,58 | 4,25 | 4,01 | 3,85 | 3,71 | 3,60 | 3,51 | 3,37 | 3,19 | 3,07 | 2,91 | 2,78 | 2,68 | 2,57 | |
| 19 | 4,38 | 3,52 | 3,13 | 2,90 | 2,74 | 2,63 | 2,55 | 2,48 | 2,43 | 2,38 | 2,31 | 2,21 | 2,15 | 2,07 | 2,00 | 1,94 | 1,88 | |
|   | 8,18 | 5,93 | 5,01 | 4,50 | 4,17 | 3,94 | 3,77 | 3,63 | 3,52 | 3,43 | 3,30 | 3,12 | 3,00 | 2,84 | 2,70 | 2,60 | 2,49 | |
| 20 | 4,35 | 3,49 | 3,10 | 2,87 | 2,71 | 2,60 | 2,52 | 2,45 | 2,40 | 2,35 | 2,28 | 2,18 | 2,12 | 2,04 | 1,96 | 1,90 | 1,84 | |
|   | 8,10 | 5,85 | 4,94 | 4,43 | 4,10 | 3,87 | 3,71 | 3,56 | 3,45 | 3,37 | 3,23 | 3,05 | 2,94 | 2,77 | 2,63 | 2,53 | 2,42 | |
| 22 | 4,30 | 3,44 | 3,05 | 2,82 | 2,66 | 2,55 | 2,47 | 2,40 | 2,35 | 2,30 | 2,23 | 2,13 | 2,07 | 1,98 | 1,91 | 1,84 | 1,78 | |
|   | 7,94 | 5,72 | 4,82 | 4,31 | 3,99 | 3,76 | 3,59 | 3,45 | 3,35 | 3,26 | 3,12 | 2,94 | 2,83 | 2,67 | 2,53 | 2,42 | 2,31 | |
| 24 | 4,26 | 3,40 | 3,01 | 2,78 | 2,62 | 2,51 | 2,43 | 2,36 | 2,30 | 2,26 | 2,18 | 2,09 | 2,02 | 1,94 | 1,86 | 1,80 | 1,73 | |
|   | 7,82 | 5,61 | 4,72 | 4,22 | 3,90 | 3,67 | 3,50 | 3,36 | 3,25 | 3,17 | 3,03 | 2,85 | 2,74 | 2,58 | 2,44 | 2,33 | 2,21 | |
| 26 | 4,22 | 3,37 | 2,98 | 2,74 | 2,59 | 2,47 | 2,39 | 2,32 | 2,27 | 2,22 | 2,15 | 2,05 | 1,99 | 1,90 | 1,82 | 1,76 | 1,69 | |
|   | 7,72 | 5,53 | 4,64 | 4,14 | 3,82 | 3,59 | 3,42 | 3,29 | 3,17 | 3,09 | 2,96 | 2,77 | 2,66 | 2,50 | 2,36 | 2,25 | 2,13 | |
| 28 | 4,20 | 3,34 | 2,95 | 2,71 | 2,56 | 2,44 | 2,36 | 2,29 | 2,24 | 2,19 | 2,12 | 2,02 | 1,96 | 1,87 | 1,78 | 1,72 | 1,65 | |
|   | 7,64 | 5,45 | 4,57 | 4,07 | 3,76 | 3,53 | 3,36 | 3,23 | 3,11 | 3,03 | 2,90 | 2,71 | 2,60 | 2,44 | 2,30 | 2,18 | 2,06 | |
| 30 | 4,17 | 3,32 | 2,92 | 2,69 | 2,53 | 2,42 | 2,34 | 2,27 | 2,21 | 2,16 | 2,09 | 1,99 | 1,93 | 1,84 | 1,76 | 1,69 | 1,62 | |
|   | 7,56 | 5,39 | 4,51 | 4,02 | 3,70 | 3,47 | 3,30 | 3,17 | 3,06 | 2,98 | 2,84 | 2,66 | 2,55 | 2,38 | 2,24 | 2,13 | 2,01 | |
| 35 | 4,12 | 3,27 | 2,87 | 2,64 | 2,48 | 2,37 | 2,29 | 2,22 | 2,16 | 2,11 | 2,04 | 1,94 | 1,88 | 1,79 | 1,70 | 1,63 | 1,56 | |
|   | 7,41 | 5,27 | 4,40 | 3,91 | 3,60 | 3,36 | 3,19 | 3,06 | 2,95 | 2,87 | 2,74 | 2,56 | 2,45 | 2,28 | 2,13 | 2,02 | 1,89 | |
| 40 | 4,08 | 3,23 | 2,84 | 2,61 | 2,45 | 2,34 | 2,25 | 2,18 | 2,12 | 2,07 | 2,00 | 1,90 | 1,84 | 1,74 | 1,66 | 1,59 | 1,51 | |
|   | 7,31 | 5,18 | 4,31 | 3,83 | 3,51 | 3,29 | 3,12 | 2,99 | 2,88 | 2,80 | 2,66 | 2,49 | 2,37 | 2,20 | 2,05 | 1,94 | 1,81 | |

**Tafel 6** (Fortsetzung)

F-Verteilung: 5% und 1% (jeweils unten) Sicherheitspsunkte

| $df_2$ | 1 | 2 | 3 | 4 | 5 | 6 | 7 | 8 | 9 | 10 | 12 | 16 | 20 | 30 | 50 | 100 | ∞ |
|---|---|---|---|---|---|---|---|---|---|---|---|---|---|---|---|---|---|
| 45 | 4,05 | 3,20 | 2,82 | 2,58 | 2,43 | 2,31 | 2,22 | 2,15 | 2,10 | 2,05 | 1,97 | 1,88 | 1,81 | 1,71 | 1,62 | 1,55 | 1,47 |
|    | 7,23 | 5,11 | 4,25 | 3,77 | 3,45 | 3,23 | 3,06 | 2,93 | 2,83 | 2,74 | 2,61 | 2,43 | 2,31 | 2,14 | 1,99 | 1,87 | 1,74 |
| 50 | 4,03 | 3,18 | 2,79 | 2,56 | 2,40 | 2,29 | 2,20 | 2,13 | 2,07 | 2,02 | 1,95 | 1,85 | 1,78 | 1,69 | 1,60 | 1,52 | 1,44 |
|    | 7,17 | 5,06 | 4,20 | 3,72 | 3,41 | 3,18 | 3,02 | 2,88 | 2,78 | 2,70 | 2,56 | 2,39 | 2,26 | 2,10 | 1,94 | 1,82 | 1,68 |
| 60 | 4,00 | 3,15 | 2,76 | 2,52 | 2,37 | 2,25 | 2,17 | 2,10 | 2,04 | 1,99 | 1,92 | 1,81 | 1,75 | 1,65 | 1,56 | 1,48 | 1,39 |
|    | 7,08 | 4,98 | 4,13 | 3,65 | 3,34 | 3,12 | 2,95 | 2,82 | 2,72 | 2,63 | 2,50 | 2,32 | 2,20 | 2,03 | 1,87 | 1,74 | 1,60 |
| 70 | 3,98 | 3,13 | 2,74 | 2,50 | 2,35 | 2,23 | 2,14 | 2,07 | 2,01 | 1,97 | 1,89 | 1,79 | 1,72 | 1,62 | 1,53 | 1,45 | 1,35 |
|    | 7,01 | 4,92 | 4,08 | 3,60 | 3,29 | 3,07 | 2,91 | 2,77 | 2,67 | 2,59 | 2,45 | 2,28 | 2,15 | 1,98 | 1,82 | 1,69 | 1,53 |
| 80 | 3,96 | 3,11 | 2,72 | 2,48 | 2,33 | 2,21 | 2,12 | 2,05 | 1,99 | 1,95 | 1,88 | 1,77 | 1,70 | 1,60 | 1,51 | 1,42 | 1,32 |
|    | 6,96 | 4,88 | 4,04 | 3,56 | 3,25 | 3,04 | 2,87 | 2,74 | 2,64 | 2,55 | 2,41 | 2,24 | 2,11 | 1,94 | 1,78 | 1,65 | 1,49 |
| 100 | 3,94 | 3,09 | 2,70 | 2,46 | 2,30 | 2,19 | 2,10 | 2,03 | 1,97 | 1,92 | 1,85 | 1,75 | 1,68 | 1,57 | 1,48 | 1,39 | 1,28 |
|    | 6,90 | 4,82 | 3,98 | 3,51 | 3,20 | 2,99 | 2,82 | 2,69 | 2,59 | 2,51 | 2,36 | 2,19 | 2,06 | 1,89 | 1,73 | 1,59 | 1,43 |
| 200 | 3,89 | 3,04 | 2,65 | 2,41 | 2,26 | 2,14 | 2,05 | 1,98 | 1,92 | 1,87 | 1,80 | 1,69 | 1,62 | 1,52 | 1,42 | 1,32 | 1,19 |
|    | 6,76 | 4,71 | 3,88 | 3,41 | 3,11 | 2,90 | 2,73 | 2,60 | 2,50 | 2,41 | 2,28 | 2,09 | 1,97 | 1,79 | 1,62 | 1,48 | 1,28 |
| ∞ | 3,84 | 2,99 | 2,60 | 2,37 | 2,21 | 2,09 | 2,01 | 1,94 | 1,88 | 1,83 | 1,75 | 1,64 | 1,57 | 1,46 | 1,35 | 1,24 | 1,00 |
|   | 6,64 | 4,60 | 3,78 | 3,32 | 3,02 | 2,80 | 2,64 | 2,51 | 2,41 | 2,32 | 2,18 | 1,99 | 1,87 | 1,69 | 1,52 | 1,36 | 1,00 |

**Tafel 8** Der A-Test (aus *Mittenecker* 1970, S. 194).

| df | Wahrscheinlichkeit für zweiseitigen Test $\alpha$ | | | | |
|---|---|---|---|---|---|
|    | 50% | 10% | 5% | 2% | 1% |
| 1 | 1,000 | 0,5125 | 0,5031 | 0,5005 | 0,5001 |
| 2 | 1,335 | 0,412 | 0,369 | 0,347 | 0,340 |
| 3 | 1,532 | 0,385 | 0,324 | 0,286 | 0,272 |
| 4 | 1,657 | 0,376 | 0,304 | 0,257 | 0,238 |
| 5 | 1,743 | 0,372 | 0,293 | 0,240 | 0,218 |
| 6 | 1,806 | 0,370 | 0,286 | 0,230 | 0,205 |
| 7 | 1,856 | 0,369 | 0,281 | 0,222 | 0,196 |
| 8 | 1,894 | 0,368 | 0,278 | 0,217 | 0,190 |
| 9 | 1,921 | 0,368 | 0,276 | 0,213 | 0,185 |
| 10 | 1,946 | 0,368 | 0,274 | 0,210 | 0,181 |
| 11 | 1,970 | 0,368 | 0,273 | 0,207 | 0,178 |
| 12 | 1,988 | 0,368 | 0,271 | 0,205 | 0,176 |
| 14 | 2,016 | 0,368 | 0,270 | 0,202 | 0,172 |
| 16 | 2,036 | 0,368 | 0,268 | 0,200 | 0,169 |
| 18 | 2,054 | 0,368 | 0,267 | 0,198 | 0,167 |
| 20 | 2,066 | 0,368 | 0,266 | 0,197 | 0,165 |
| 25 | 2,094 | 0,368 | 0,265 | 0,194 | 0,162 |
| 30 | 2,107 | 0,368 | 0,264 | 0,193 | 0,160 |
| 40 | 2,128 | 0,368 | 0,263 | 0,191 | 0,158 |
| 60 | 2,150 | 0,369 | 0,262 | 0,189 | 0,155 |
| 120 | 2,172 | 0,369 | 0,261 | 0,187 | 0,153 |
| ∞ | 2,201 | 0,370 | 0,260 | 0,185 | 0,151 |

**Tafel 7** Die t-Verteilung (aus *Bartel* 1972, S. 186).

| df | Irrtumswahrscheinlichkeit $\alpha$ für zweiseitige Fragestellung | | | | |
|---|---|---|---|---|---|
| | 50% | 10% | 5% | 2% | 1% |
| 1 | 1,000 | 6,314 | 12,706 | 31,821 | 63,657 |
| 2 | 0,816 | 2,920 | 4,303 | 6,965 | 9,925 |
| 3 | 0,765 | 2,353 | 3,182 | 4,541 | 5,841 |
| 4 | 0,741 | 2,132 | 2,776 | 3,747 | 4,604 |
| 5 | 0,727 | 2,015 | 2,571 | 3,365 | 4032 |
| 6 | 0,718 | 1,943 | 2,447 | 3,143 | 3,707 |
| 7 | 0,711 | 1,895 | 2,365 | 2,998 | 3,499 |
| 8 | 0,706 | 1,860 | 2,306 | 2,896 | 3,355 |
| 9 | 0,703 | 1,833 | 2,262 | 2,821 | 3,250 |
| 10 | 0,700 | 1,812 | 2,228 | 2,764 | 3,169 |
| 11 | 0,697 | 1,796 | 2,201 | 2,718 | 3,106 |
| 12 | 0,695 | 1,782 | 2,179 | 2,681 | 3,055 |
| 13 | 0,694 | 1,771 | 2,160 | 2,650 | 3,012 |
| 14 | 0,692 | 1,761 | 2,145 | 2,624 | 2,977 |
| 15 | 0,691 | 1,753 | 2,131 | 2,602 | 2,947 |
| 16 | 0,690 | 1,746 | 2,120 | 2,583 | 2,921 |
| 17 | 0,689 | 1,740 | 2,110 | 2,567 | 2,898 |
| 18 | 0,688 | 1,734 | 2,101 | 2,552 | 2,878 |
| 19 | 0,687 | 1,729 | 2,093 | 2,539 | 2,861 |
| 20 | 0,687 | 1,725 | 2,086 | 2,528 | 2,845 |
| 21 | 0,686 | 1,721 | 2,080 | 2,518 | 2,831 |
| 22 | 0,686 | 1,717 | 2,074 | 2,508 | 2,819 |
| 23 | 0,685 | 1,714 | 2,069 | 2,500 | 2,807 |
| 24 | 0,685 | 1,711 | 2,064 | 2,492 | 2,797 |
| 25 | 0,084 | 1,708 | 2,060 | 2,485 | 2,787 |
| 26 | 0,685 | 1,706 | 2,056 | 2,479 | 2,779 |
| 27 | 0,684 | 1,703 | 20,52 | 2,473 | 2,771 |
| 28 | 0,683 | 1,701 | 2,048 | 2,467 | 2,763 |
| 29 | 0,683 | 1,699 | 2,045 | 2,462 | 2,756 |
| 30 | 0,683 | 1,697 | 2,042 | 2,457 | 2,750 |
| 32 | | | 2,037 | | 2,739 |
| 35 | | | 2,032 | | 2,728 |
| 36 | | | 2,027 | | 2,718 |
| 38 | | | 2,025 | | 2,711 |
| 40 | | | 2,021 | | 2,704 |
| 45 | | | 2,013 | | 2,688 |
| 50 | | | 2,008 | | 2,678 |
| 55 | | | 2,005 | | 2,668 |
| 60 | | | 2,000 | | 2,660 |
| 70 | | | 1,994 | | 2,648 |
| 80 | | | 1,990 | | 2,638 |
| 100 | | | 1,984 | | 2,626 |
| $\infty$ | 0,674 | 1,645 | 1,960 | 2,326 | 2,576 |
| df | 25% | 5% | 2,5% | 1% | 0,5% |
| | Irrtumswahrscheinlichkeit $\alpha$ für einseitige Fragestellung | | | | |

**Tafel 9** Zufallshöchstwerte des *Spearman*schen Rangkorrelationskoeffizienten R (aus *Bartel* 1972, S. 134).

| Zufallshöchstwerte von R | | |
|---|---|---|
| Anzahl d. Rangpl. | Irrtumswahrscheinlichkeit $\alpha$ | |
| n | 5% | 1% |
| | einseitiges Testen | |
| 4 | 1,000 | |
| 5 | 0,900 | 1,000 |
| 6 | 0,829 | 0,943 |
| 7 | 0,714 | 0,893 |
| 8 | 0,643 | 0,833 |
| 9 | 0,600 | 0,783 |
| 10 | 0,564 | 0,746 |
| 12 | 0,506 | 0,712 |
| 14 | 0,456 | 0,645 |
| 16 | 0,425 | 0,610 |
| 18 | 0,399 | 0,564 |
| 20 | 0,377 | 0,535 |
| 22 | 0,359 | 0,508 |
| 24 | 0,343 | 0,485 |
| 26 | 0,329 | 0,465 |
| 28 | 0,317 | 0,448 |
| 30 | 0,306 | 0,432 |
| n | 10% | 2% |
| | zweiseitiges Testen | |

**Tafel 10** Zufallshöchstwerte des Maßkorrelationskoeffizienten r (aus *Bartel* 1972, S. 193, (df = n − 2).

| df | Irrtumswahrscheinlichkeit $\alpha$ | | df | Irrtumswahrscheinlichkeit $\alpha$ | |
|---|---|---|---|---|---|
| | 5% | 1% | | 5% | 1% |
| 1 | 0,997 | 1,000 | 24 | 0,388 | 0,496 |
| 2 | 0,950 | 0,990 | 25 | 0,381 | 0,487 |
| 3 | 0,878 | 0,959 | 26 | 0,374 | 0,478 |
| 4 | 0,811 | 0,917 | 27 | 0,367 | 0,470 |
| 5 | 0,754 | 0,874 | 28 | 0,361 | 0,463 |
| 6 | 0,707 | 0,834 | 29 | 0,355 | 0,456 |
| 7 | 0,666 | 0,798 | 30 | 0,349 | 0,449 |
| 8 | 0,632 | 0,765 | 35 | 0,325 | 0,418 |
| 9 | 0,502 | 0,735 | 40 | 0,304 | 0,393 |
| 10 | 0,576 | 0,708 | 45 | 0,288 | 0,372 |
| 11 | 0.553 | 0,684 | 50 | 0,273 | 0,354 |
| 12 | 0,532 | 0,661 | 60 | 0,250 | 0,325 |
| 13 | 0,514 | 0,641 | 70 | 0,232 | 0,302 |
| 14 | 0,497 | 0,623 | 80 | 0,217 | 0,283 |
| 15 | 0,482 | 0,606 | 90 | 0,205 | 0,267 |
| 16 | 0.468 | 0,590 | 100 | 0,195 | 0,254 |
| 17 | 0,456 | 0,575 | 125 | 0,174 | 0,228 |
| 18 | 0,444 | 0,561 | 150 | 0,159 | 0,208 |
| 19 | 0,433 | 0,549 | 200 | 0,138 | 0,161 |
| 20 | 0,423 | 0,537 | 300 | 0,113 | 0,148 |
| 21 | 0,413 | 0,526 | 400 | 0,098 | 0,128 |
| 22 | 0,404 | 0,515 | 500 | 0,088 | 0,115 |
| 23 | 0,396 | 0,505 | 1000 | 0,062 | 0,081 |

**Tafel 11** Wahrscheinlichkeiten ausgewählter $\chi^2$-Werte für die Rangvarianzanalyse *Friedmans* für k = 3 und k = 4 Bedingungen (aus *Siegel* 1956, S. 280f.).

k = 3 Bedingungen

| N = 2 | | N = 3 | | N = 4 | | N = 5 | |
|---|---|---|---|---|---|---|---|
| $\chi_r^2$ | p | $\chi_r^2$ | p | $\chi_r^2$ | p | $\chi_r^2$ | p |
| 0 | 1.000 | .000 | 1.000 | .0 | 1.000 | .0 | 1.000 |
| 1 | .833 | .667 | .944 | .5 | .931 | .4 | .954 |
| 3 | .500 | 2.000 | .528 | 1.5 | .653 | 1.2 | .691 |
| 4 | .167 | 2.667 | .361 | 2.0 | .431 | 1.6 | .522 |
|   |      | 4.667 | .194 | 3.5 | .273 | 2.8 | .367 |
|   |      | 6.000 | .028 | 4.5 | .125 | 3.6 | .182 |
|   |      |       |      | 6.0 | .069 | 4.8 | .124 |
|   |      |       |      | 6.5 | .042 | 5.2 | .093 |
|   |      |       |      | 8.0 | .0046 | 6.4 | .039 |
|   |      |       |      |     |       | 7.6 | .024 |
|   |      |       |      |     |       | 8.4 | .0085 |
|   |      |       |      |     |       | 10.0 | .00077 |

| N = 6 | | N = 7 | | N = 8 | | N = 9 | |
|---|---|---|---|---|---|---|---|
| $\chi_r^2$ | p | $\chi_r^2$ | p | $\chi_r^2$ | p | $\chi_r^2$ | p |
| .00 | 1.000 | .000 | 1.000 | .00 | 1.000 | .000 | 1.000 |
| .33 | .956 | .286 | .964 | .25 | .967 | .222 | .971 |
| 1.00 | .740 | .857 | .768 | .75 | .794 | .667 | .814 |
| 1.33 | .570 | 1.143 | .620 | 1.00 | .654 | .889 | .805 |
| 2.33 | .430 | 2.000 | .486 | 1.75 | .531 | 1.556 | .569 |
| 3.00 | .252 | 2.571 | .305 | 2.25 | .355 | 2.000 | .398 |
| 4.00 | .184 | 3.429 | .237 | 3.00 | .285 | 2.667 | .328 |
| 4.33 | .142 | 3.714 | .192 | 3.25 | .236 | 2.889 | .278 |
| 5.33 | .072 | 4.571 | .112 | 4.00 | .149 | 3.556 | .187 |
| 6.33 | .052 | 5.429 | .085 | 4.75 | .120 | 4.222 | .154 |
| 7.00 | .029 | 6.000 | .052 | 5.25 | .079 | 4.667 | .107 |
| 8.33 | .012 | 7.143 | .027 | 6.25 | .047 | 5.556 | .069 |
| 9.00 | .0081 | 7.714 | .021 | 6.75 | .038 | 6.000 | .057 |
| 9.33 | .0055 | 8.000 | .016 | 7.00 | .030 | 6.222 | .048 |
| 10.33 | .0017 | 8.857 | .0084 | 7.75 | .018 | 6.889 | .031 |
| 12.00 | .00013 | 10.286 | .0036 | 9.00 | .0099 | 8.000 | .019 |
|       |        | 10.571 | .0027 | 9.25 | .0080 | 8.222 | .016 |
|       |        | 11.143 | .0012 | 9.75 | .0048 | 8.667 | .010 |
|       |        | 12.286 | .00032 | 10.75 | .0024 | 9.556 | .0060 |
|       |        | 14.000 | .000021 | 12.00 | .0011 | 10.667 | .0035 |
|       |        |        |         | 12.25 | .00086 | 10.889 | .0029 |
|       |        |        |         | 13.00 | .00026 | 11.556 | .0013 |
|       |        |        |         | 14.25 | .000061 | 12.667 | .00066 |
|       |        |        |         | 16.00 | .0000036 | 13.556 | .00035 |
|       |        |        |         |       |          | 14.000 | .00020 |
|       |        |        |         |       |          | 14.222 | .000097 |
|       |        |        |         |       |          | 14.889 | .000054 |
|       |        |        |         |       |          | 16.222 | .000011 |
|       |        |        |         |       |          | 18.000 | .0000006 |

**Tafel 11** (Fortsetzung)

k = 4 Bedingungen

| N = 2 | | N = 3 | | N = 4 | | | |
|---|---|---|---|---|---|---|---|
| $\chi_r^2$ | p | $\chi_r^2$ | p | $\chi_r^2$ | p | $\chi_r^2$ | p |
| .0 | 1.000 | .2 | 1.000 | .0 | 1.000 | 5.7 | .141 |
| .6 | .958 | .6 | .958 | .3 | .992 | 6.0 | .105 |
| 1.2 | .834 | 1.0 | .910 | .6 | .928 | 6.3 | .094 |
| 1.8 | .792 | 1.8 | .727 | .9 | .900 | 6.6 | .077 |
| 2.4 | .625 | 2.2 | .608 | 1.2 | .800 | 6.9 | .068 |
| 3.0 | .542 | 2.6 | .524 | 1.5 | .754 | 7.2 | .054 |
| 3.6 | .458 | 3.4 | .446 | 1.8 | .677 | 7.5 | .052 |
| 4.2 | .375 | 3.8 | .342 | 2.1 | .649 | 7.8 | .036 |
| 4.8 | .208 | 4.2 | .300 | 2.4 | .524 | 8.1 | .033 |
| 5.4 | .167 | 5.0 | .207 | 2.7 | .508 | 8.4 | .019 |
| 6.0 | .042 | 5.4 | .175 | 3.0 | .432 | 8.7 | .014 |
| | | 5.8 | .148 | 3.3 | .389 | 9.3 | .012 |
| | | 6.6 | .075 | 3.6 | .355 | 9.6 | .0069 |
| | | 7.0 | .054 | 3.9 | .324 | 9.9 | .0062 |
| | | 7.4 | .033 | 4.5 | .242 | 10.2 | .0027 |
| | | 8.2 | .017 | 4.8 | .200 | 10.8 | .0016 |
| | | 9.0 | .0017 | 5.1 | .190 | 11.1 | .00094 |
| | | | | 5.4 | .158 | 12.0 | .000072 |

**Tafel 12** Zufallsfolge von Ziffern (aus *Bartel* 1972, S. 190)

| Spalten | | 1 | 11111 | 11112 | 22222 |
|---|---|---|---|---|---|
| | 12345 | 67890 | 12345 | 67890 | 12345 |
| Zeilen 1 | 29935 | 06971 | 63175 | 52579 | 10478 |
| 2 | 15114 | 07126 | 51780 | 77787 | 75510 |
| 3 | 03870 | 43225 | 10589 | 87619 | 22039 |
| 4 | 79390 | 39188 | 40756 | 45269 | 65959 |
| 5 | 30035 | 06954 | 79196 | 54428 | 64819 |
| 6 | 29039 | 99861 | 28759 | 79802 | 18531 |
| 7 | 78196 | 08108 | 24107 | 49777 | 09599 |
| 8 | 15847 | 85493 | 91442 | 91351 | 80130 |
| 9 | 36614 | 62248 | 49194 | 97209 | 92587 |
| 10 | 40549 | 54884 | 91465 | 43862 | 35541 |
| 11 | 40878 | 08997 | 14286 | 09982 | 90308 |
| 12 | 10229 | 49282 | 41173 | 31468 | 59455 |
| 13 | 15918 | 76787 | 30624 | 25928 | 44124 |
| 14 | 13403 | 18796 | 49909 | 94404 | 64979 |
| 15 | 66523 | 94596 | 74908 | 90271 | 10009 |
| 16 | 91665 | 36469 | 68343 | 17870 | 25975 |
| 17 | 67415 | 87515 | 08207 | 73729 | 73201 |
| 18 | 76527 | 96996 | 23724 | 33448 | 63392 |
| 19 | 19815 | 47789 | 74348 | 17147 | 10954 |
| 20 | 25592 | 53587 | 76384 | 72575 | 84347 |
| 21 | 55902 | 45539 | 63646 | 31609 | 95999 |
| 22 | 02470 | 58376 | 79794 | 22482 | 42432 |
| 23 | 18630 | 53263 | 13319 | 97609 | 35859 |
| 24 | 89673 | 38230 | 16063 | 92007 | 59503 |
| 25 | 62986 | 67364 | 06596 | 17427 | 84623 |
| 26 | 89221 | 02362 | 65787 | 74733 | 51272 |
| 27 | 04005 | 99818 | 63918 | 29032 | 94012 |
| 28 | 89546 | 38066 | 50856 | 75045 | 40645 |
| 29 | 41719 | 84401 | 59226 | 01314 | 54581 |
| 39 | 28733 | 72489 | 00785 | 25843 | 24613 |
| 31 | 65213 | 83927 | 77752 | 03086 | 80742 |
| 32 | 65553 | 12678 | 90906 | 90466 | 43670 |
| 33 | 05668 | 69080 | 73029 | 85746 | 58332 |
| 34 | 39302 | 99718 | 49757 | 49519 | 27387 |
| 35 | 64592 | 32254 | 45879 | 29431 | 38420 |
| 36 | 07513 | 48792 | 47314 | 83660 | 68907 |
| 37 | 86593 | 68501 | 56638 | 98800 | 82839 |
| 38 | 83735 | 22599 | 97977 | 81248 | 36838 |
| 39 | 08595 | 21826 | 54655 | 08204 | 87990 |
| 40 | 41273 | 27149 | 44293 | 69458 | 16828 |

## 6.3 Statistische Tafeln

**Tafel 13** Binominalverteilung für gleichwahrscheinliche Ereignisse.

| n | k | p | n | k | p | n | k | p | n | k | p | n | k | p |
|---|---|---|---|---|---|---|---|---|---|---|---|---|---|---|
| 1 | 0 | 0,5000 | 9 | 0 | 0,0020 | 13 | 0 | 0,0001 | 16 | 0 | 0,0000 | 19 | 0 | 0,0000 |
|   | 1 | 0,5000 |   | 1 | 0,0176 |    | 1 | 0,0016 |    | 1 | 0,0002 |    | 1 | 0,0000 |
| 2 | 0 | 0,2500 |   | 2 | 0,0703 |    | 2 | 0,0095 |    | 2 | 0,0018 |    | 2 | 0,0003 |
|   | 1 | 0,5000 |   | 3 | 0,1641 |    | 3 | 0,0349 |    | 3 | 0,0185 |    | 3 | 0,0018 |
|   | 2 | 0,2500 |   | 4 | 0,2461 |    | 4 | 0,0873 |    | 4 | 0,0278 |    | 4 | 0,0074 |
| 3 | 0 | 0,1250 |   | 5 | 0,2461 |    | 5 | 0,1571 |    | 5 | 0,0667 |    | 5 | 0,0222 |
|   | 1 | 0,3750 |   | 6 | 0,1641 |    | 6 | 0,2095 |    | 6 | 0,1222 |    | 6 | 0,0518 |
|   | 2 | 0,3750 |   | 7 | 0,0703 |    | 7 | 0,2095 |    | 7 | 0,1746 |    | 7 | 0,0961 |
|   | 3 | 0,1250 |   | 8 | 0,0176 |    | 8 | 0,1571 |    | 8 | 0,1964 |    | 8 | 0,1442 |
| 4 | 0 | 0,9625 |   | 9 | 0,0020 |    | 9 | 0,0873 |    | 9 | 0,1746 |    | 9 | 0,1762 |
|   | 1 | 0,2500 | 10 | 0 | 0,0010 |   | 10 | 0,0349 |   | 10 | 0,1222 |   | 10 | 0,1762 |
|   | 2 | 0,3750 |   | 1 | 0,0098 |   | 11 | 0,0095 |   | 11 | 0,0667 |   | 11 | 0,1442 |
|   | 3 | 0,2500 |   | 2 | 0,0439 |   | 12 | 0,0016 |   | 12 | 0,0278 |   | 12 | 0,0961 |
|   | 4 | 0,0625 |   | 3 | 0,1172 |   | 13 | 0,0001 |   | 13 | 0,0085 |   | 13 | 0,0518 |
| 5 | 0 | 0,0312 |   | 4 | 0,2051 | 14 | 0 | 0,0001 |    | 14 | 0,0018 |   | 14 | 0,0222 |
|   | 1 | 0,1562 |   | 5 | 0,2461 |    | 1 | 0,0009 |    | 15 | 0,0002 |   | 15 | 0,0074 |
|   | 2 | 0,3125 |   | 6 | 0,2051 |    | 2 | 0,0056 |    | 16 | 0,0000 |   | 16 | 0,0018 |
|   | 3 | 0,3125 |   | 7 | 0,1172 |    | 3 | 0,0222 | 17 | 0 | 0,0000 |    | 17 | 0,0003 |
|   | 4 | 0,1562 |   | 8 | 0,0439 |    | 4 | 0,0611 |    | 1 | 0,0001 |    | 18 | 0,0000 |
|   | 5 | 0,0312 |   | 9 | 0,0098 |    | 5 | 0,1222 |    | 2 | 0,0010 |    | 19 | 0,0000 |
| 6 | 0 | 0,0156 |   | 10 | 0,0016 |   | 6 | 0,1833 |    | 3 | 0,0052 | 20 | 0 | 0,0000 |
|   | 1 | 0,0938 | 11 | 0 | 0,0005 |    | 7 | 0,2095 |    | 4 | 0,0182 |    | 1 | 0,0000 |
|   | 2 | 0,2344 |   | 1 | 0,0054 |    | 8 | 0,1833 |    | 5 | 0,0472 |    | 2 | 0,0002 |
|   | 3 | 0,3125 |   | 2 | 0,0269 |    | 9 | 0,1222 |    | 6 | 0,0944 |    | 3 | 0,0011 |
|   | 4 | 0,2344 |   | 3 | 0,0806 |    | 10 | 0,0611 |   | 7 | 0,1484 |    | 4 | 0,0046 |
|   | 5 | 0,0938 |   | 4 | 0,1611 |    | 11 | 0,0222 |   | 8 | 0,1855 |    | 5 | 0,0148 |
|   | 6 | 0,0156 |   | 5 | 0,2256 |    | 12 | 0,0056 |   | 9 | 0,1855 |    | 6 | 0,0370 |
| 7 | 0 | 0,0078 |   | 6 | 0,2256 |    | 13 | 0,0009 |   | 10 | 0,1484 |   | 7 | 0,0739 |
|   | 1 | 0,0547 |   | 7 | 0,1611 |    | 14 | 0,0001 |   | 11 | 0,0944 |   | 8 | 0,1201 |
|   | 2 | 0,1641 |   | 8 | 0,0806 | 15 | 0 | 0,0000 |    | 12 | 0,0278 |   | 9 | 0,1602 |
|   | 3 | 0,2734 |   | 9 | 0,0269 |    | 1 | 0,0005 |    | 13 | 0,0472 |   | 10 | 0,1762 |
|   | 4 | 0,2734 |   | 10 | 0,0054 |   | 2 | 0,0032 |    | 14 | 0,0182 |   | 11 | 0,1602 |
|   | 5 | 0,1641 |   | 11 | 0,0005 |   | 3 | 0,0139 |    | 15 | 0,0052 |   | 12 | 0,1201 |
|   | 6 | 0,0547 | 12 | 0 | 0,0002 |    | 4 | 0,0417 |    | 16 | 0,0001 |   | 13 | 0,0739 |
|   | 7 | 0,0078 |   | 1 | 0,0029 |    | 5 | 0,0916 |    | 17 | 0,0000 |   | 14 | 0,0270 |
| 8 | 0 | 0,0039 |   | 2 | 0,0161 |    | 6 | 0,1527 | 18 | 0 | 0,0000 |    | 15 | 0,0148 |
|   | 1 | 0,0312 |   | 3 | 0,0537 |    | 7 | 0,1964 |    | 1 | 0,0001 |    | 16 | 0,0046 |
|   | 2 | 0,1094 |   | 4 | 0,1208 |    | 8 | 0,1964 |    | 2 | 0,0006 |    | 17 | 0,0011 |
|   | 3 | 0,2188 |   | 5 | 0,1934 |    | 9 | 0,1527 |    | 3 | 0,0031 |    | 18 | 0,0002 |
|   | 4 | 0,2734 |   | 6 | 0,2256 |    | 10 | 0,0916 |   | 4 | 0,0117 |    | 19 | 0,0000 |
|   | 5 | 0,2188 |   | 7 | 0,1934 |    | 11 | 0,0417 |   | 5 | 0,0327 |    | 20 | 0,0000 |
|   | 6 | 0,1094 |   | 8 | 0,1208 |    | 12 | 0,0139 |   | 6 | 0,0708 |    |    |        |
|   | 7 | 0,0312 |   | 9 | 0,0537 |    | 13 | 0,0032 |   | 7 | 0,1214 |    |    |        |
|   | 8 | 0,0039 |   | 10 | 0,0161 |   | 14 | 0,0005 |   | 8 | 0,1669 |    |    |        |
|   |   |        |   | 11 | 0,0029 |   | 15 | 0,0000 |   | 9 | 0,1855 |    |    |        |
|   |   |        |   | 12 | 0,0002 |   |    |        |   | 10 | 0,1669 |   |    |        |
|   |   |        |   |    |        |   |    |        |   | 11 | 0,1214 |   |    |        |
|   |   |        |   |    |        |   |    |        |   | 12 | 0,0708 |   |    |        |
|   |   |        |   |    |        |   |    |        |   | 13 | 0,0327 |   |    |        |
|   |   |        |   |    |        |   |    |        |   | 14 | 0,0117 |   |    |        |
|   |   |        |   |    |        |   |    |        |   | 15 | 0,0031 |   |    |        |
|   |   |        |   |    |        |   |    |        |   | 16 | 0,0006 |   |    |        |
|   |   |        |   |    |        |   |    |        |   | 17 | 0,0001 |   |    |        |
|   |   |        |   |    |        |   |    |        |   | 18 | 0,0000 |   |    |        |

## 6.4 Arbeitsanleitung für SPSS/PC+ (6.1.3) für Windows (3.x)

Seit dem Erscheinen der ersten Auflage dieses Buches haben sich die Möglichkeiten der elektronischen Datenverarbeitung explosionsartig weiterentwickelt. War damals noch ein elektronischer Taschenrechner eine begehrte Vereinfachung, so wurde er bald durch die Personalcomputer (PC) verdrängt, für die ein unübersichtliches Angebot an Softwareprogrammen entwickelt wurde. Diese Programme sind heute in der Regel so ausdifferenziert und bieten so viele Anwendungsmöglichkeiten, daß sie vom „normalen" Benutzer nicht ausgeschöpft werden können. Dennoch geht die Entwicklung dieser Programme unaufhaltsam weiter, so daß jedes beschriebene Programm sehr schnell veraltet und museumsreif ist. Wer allerdings die Grundzüge einmal verstanden hat, der findet sich meistens in den aktualisierten Programmversionen schnell zurecht.

Das hier beschriebene Softwarepaket **SPSS/PC+** hat ebenfalls eine fortlaufende Entwicklung erfahren. Ursprünglich wurde die Software SPSS (Abkürzung damals für „Statistical Package for the Social Sciences"; heute steht die Abkürzung für „Superior Performing Statistical Software") für Großrechenanlagen entwickelt; seit 1983 gibt es für Personalcomputer eine MS-DOS-Version. In Deutschland hat sich 1986 mit der Gründung einer Niederlassung in München dieses System hochschulweit durchgesetzt und wurde auch bald für Windows 3.1 weiterentwickelt und ist demnächst – sicher beim Erscheinen dieses Buches – auch für Windows 95 in einer weiterentwickelten Version erhältlich.

Im folgenden wird dargestellt, wie die beschriebenen statistischen Techniken (Kapitel 3) mit Hilfe von SPSS/PC+ (Version 6.1.3) durchgeführt werden.

### 6.4.1 Wie arbeite ich mit SPSS/PC+?

Um mit diesem Programm arbeiten zu können müssen wir am Computer zuerst die Benutzeroberfläche „Windows (3.1 oder höhere Version)" laden. Die Kenntnisse im Umgang mit Windows setze ich bei der weiteren Beschreibung voraus. Sollten Sie keine Windows-Erfahrungen haben, dann laden Sie Windows (vielleicht mit Hilfe eines computererfahrenen Bekannten), „klicken" dann mit der Maus die „HILFE"-Taste an und arbeiten anschließend das Windows-Lernprogramm („Trainer") durch.

6.4 Arbeitsanleitung für SPSS/PC+ (6.1.3) für Windows (3.x)     183

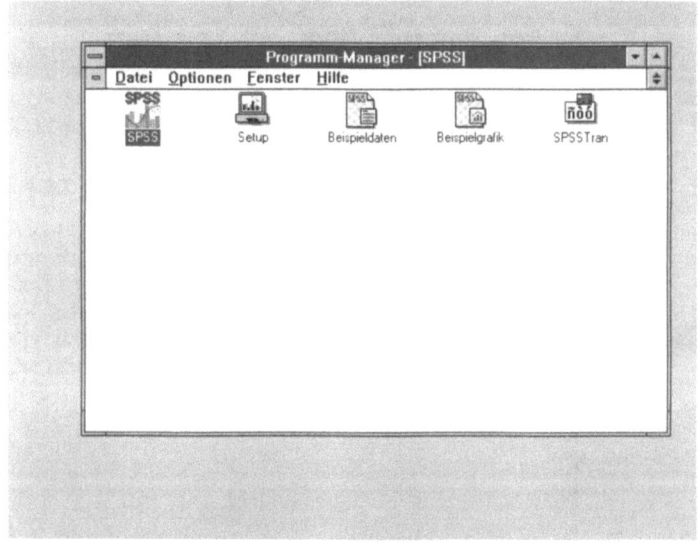

**Abb. 26** Programm-Manager zum Aktivieren von SPSS/PC+.

Mit diesem Basiswissen können Sie dann im „Programm-Manager" von Windows den Schalter FENSTER anklicken. Wenn Sie dann 2 x kurz hintereinander (Doppelklick) das SPSS-Zeichen („Ikon") anklikken, erscheint Abb. 26, der **Programm-Manager** von SPSS/PC+.

Im Programm-Manager können wir mit einem Doppelklick sofort das SPSS-Programm aufrufen. Empfehlenswert ist aber auch hier zuerst der Doppelklick auf das **SPSS-Tutorial**. Sie können dann im Dialog mit dem Computer sich die wesentlichen Bedienungsanweisungen ansehen, um sie dann später bei den folgenden Beschreibungen nutzen zu können. Also meine Empfehlung: Arbeiten Sie zuerst das Tutorial durch.

Wenn Sie das Tutorial durchgearbeitet haben, dann sind Sie gut vorbereitet und und werden die folgenden Anweisungen ohne Schwierigkeiten nachvollziehen können: Laden Sie nun das zentrale SPSS-Programm mit dem Doppelklick auf das SPSS-Ikon (im Programm-Manager). Es erscheint das „SPSS-Menü" mit dem noch leeren Fenster **NEUDATEN** (Abb. 27).

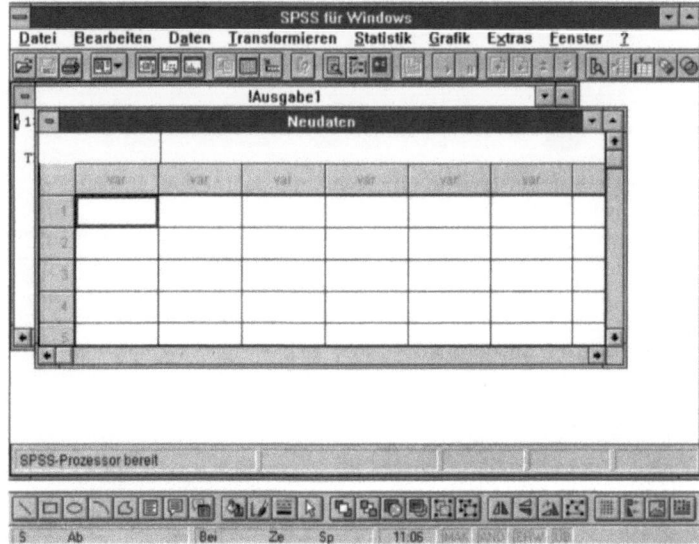

**Abb. 27** Aktives Fenster zur Eingabe von NEUDATEN.

### 6.4.2 Eingabe eines Übungsbeispiels

Beginnen wir mit einem einfachen Beispiel. Nehmen Sie an, daß wir bei einer Untersuchung der Leistungsmotivation die folgenden Merkmale (Variablen) erhoben haben:

**Geschlecht** – weiblich     (Kodierung mit 1)
              – männlich     (Kodierung mit 2)

**Rangreihe Lebensbereiche** (1 am meisten bevorzugt, 7 am wenigsten bevorzugt)

    ( ) Politik     ( ) Familie
    ( ) Religion     ( ) Sport
    ( ) Kunst     ( ) Beruf
    ( ) Unterhaltung

**Gesamtmeßwert Leistungsmotivation** (0 bis 48)

Die Daten des ersten Fragebogens könnten folgendermaßen lauten:

(x) weiblich, (2) Politik, (5) Religion, (6) Kunst, (3) Unterhaltung, (4) Familie, (7) Sport, (1) Beruf, Leistungsmotivation 37 Punkte.

Insgesamt haben wir bei unserem ersten Fall 9 Variablen erfaßt, die wir nun in die SPSS-Daten-Tabelle (NEUDATEN, Abb. 27) eintragen können. Diese Tabelle ist so aufgebaut, daß jede Zeile für einen Untersuchungsfall (z. B. Fragebogen) steht. Die senkrechten Spalten entsprechen den einzelnen Variablen.

### 6.4.2.1 Dateneingabe

Wir tragen unseren 1. Fall wie folgt ein: Spalte **var00001 die 1**, mit dem Richtungszeiger (→) gehen wir in das zweite Feld – dabei wird die 1 in das erste Feld eingetragen. Für var00002 tippen wir die 2 ein und gehen mit dem Richtungszeiger in das nächste Feld, tippen die 5 ein, usw. bis wir alle Variablen des ersten Falles eingetragen haben. Die erste Zeile hat jetzt folgendes Aussehen (Abb. 28):

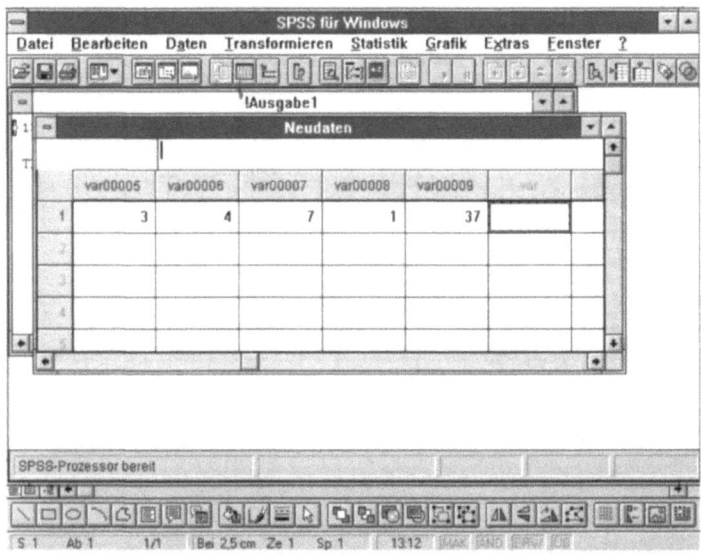

**Abb. 28** Datentabelle nach Eingabe der 9 Variablen des ersten Fragebogens.

Mit den Richtungspfeilen können wir die einzelnen Felder ansteuern (hervorheben), um fehlerhafte Eintragungen auszubessern (einfach überschreiben). Mit der Return(↵)-Taste kommen wir in das darunterliegende Feld, mit den Strg + ←Tasten zum Anfang der Zeile (nächster Fragebogen).

Tragen Sie jetzt die vorhandenen Fragebogendaten in die SPSS-Tabelle ein. Falls Sie keine Fragebogen haben, dann üben Sie mit der folgenden Liste, die Sie in die Tabelle übertragen:

```
1  3  6  5  2  1  7  4  34
2  5  1  2  3  4  6  7  28
1  3  4  5  1  2  7  6  24
1  2  3  5  4  1  6  7  32
2  2  6  7  3  4  5  1  28
2  2  7  6  4  5  3  1  32
1  4  3  6  7  2  5  1  22
1  2  4  5  3  1  7  6  38
1  2  1  7  3  5  6  1  36
```

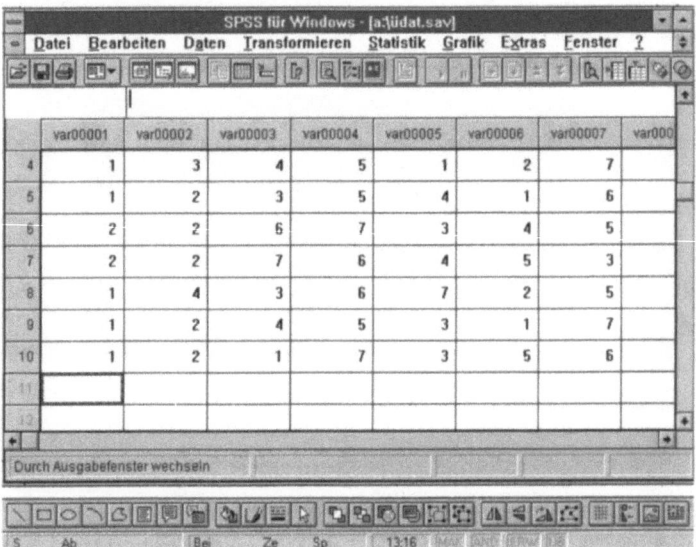

**Abb. 29** Datentabelle der 10 Fragebogen zum Thema „Leistungsmotivation".

Damit haben Sie 10 Fälle in die SPSS-Datentabelle übertragen (siehe Abb. 29) und können damit schon experimentieren und (hoffentlich) die ersten Erfolgserlebnisse haben.

### 6.4.2.2 Erste statistische Bearbeitung

Klicken Sie einfach in der Programmzeile (durchlaufende obere Zeile) auf **STATISTIK**, was soviel bedeutet, daß Sie die eingegebenen Daten statistisch bearbeiten wollen. SPSS bietet Ihnen jetzt die verschiedensten Auswertungsmöglichkeiten an:

Das Feld **DESKRIPTIVE STATISTIK** enthält die Auswertungsmöglichkeiten, die wir in der Lehrveranstaltung im Zusammenhang mit der „Beschreibenden Statistik" kennengelernt haben (allerdings auch noch vieles andere mehr).

Wenn Sie DESKRIPTIVE STATISTIK anklicken, dann sehen Sie die entsprechenden Möglichkeiten, z. B. **HÄUFIGKEITEN** bilden (Abb. 30).

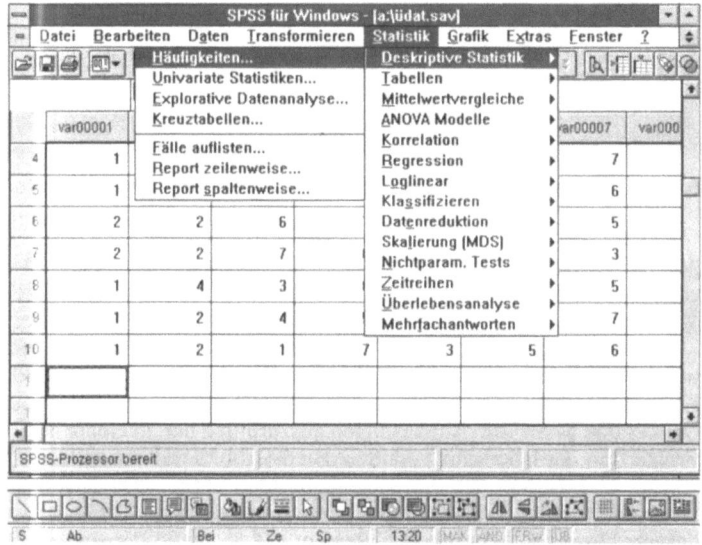

**Abb. 30** Fenster für die Auswahl STATISTIK / DESKRIPTIVE STATISTIK / HÄUFIGKEITEN.

Wenn Sie das Feld HÄUFIGKEITEN anklicken erhalten Sie ein Bild mit zwei Feldern. Im linken Feld sehen Sie die Variablensymbole (var00001 bis var00009 bei unserer Abb. 31). Sie können jetzt die entsprechenden Variablen, die Sie bearbeiten wollen auswählen: Klicken Sie einfach auf die entsprechende Variable oder ziehen Sie mit

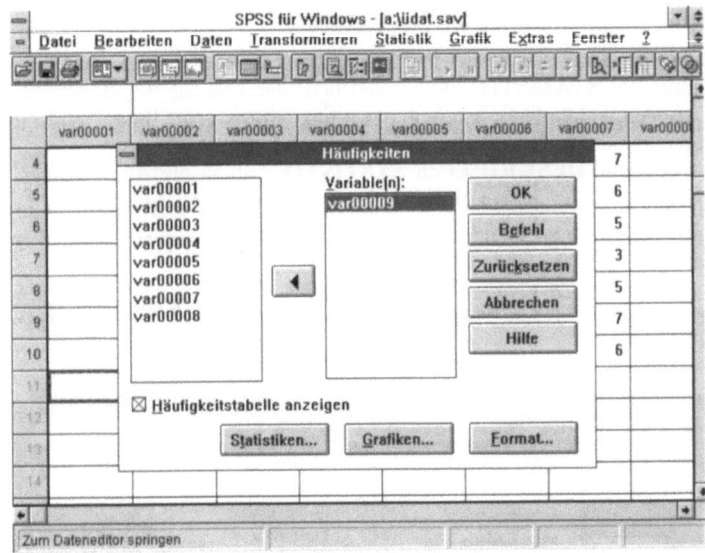

**Abb. 31** Auswahl einer Variablen zur weiteren statistischen Bearbeitung.

gedrückter Maustaste über mehrere Variable hinweg. Klicken Sie anschließend auf den Pfeil (➤) und schon haben Sie die markierten Variablen in das bisher leere Feld transportiert.

Sie können jetzt über STATISTIKEN auswählen, welche Kennwerte (z. B. Median, Quartile, anklicken) berechnet und ob GRAFIKEN hergestellt werden sollen. Mit dem anschließenden Klick auf OK beginnt SPSS Ihre Anweisungen auszuführen und in einem neuen Fenster mit der Überschrift AUSGABE 1 (Abb. 32) darzustellen.

Zum Verständnis der Ausgabetabelle sind einige Übersetzungen vielleicht hilfreich: Value entspricht unserem Meßwert X, Frequency unserer absoluten Häufigkeit f, Percent = f %, Valid Percent = f % unter Berücksichtigung fehlender Werte (missing cases), Percentile 25,00 = Q1 und Percentile 75,00 entspricht Q3.

Wenn Sie **Grafiken** erstellen wollen müssen Sie bei Abb. 31 Grafiken und dann die gewünschte Grafik (z. B. Balkendiagramm) anklicken; anschließend WEITER und OK. Es erscheint dann im unteren linken Eck des Ausgabefensters das GRAFIK-KARUSSELL-Ikon (Abb. 33); sollten Sie dieses Zeichen nicht auf dem Bildschirm sehen, dann ist das Ausgabefenster zu groß eingestellt und Sie müssen es verkleinern. Dazu klicken Sie in der Menüzeile ganz rechts auf die beiden

## 6.4 Arbeitsanleitung für SPSS/PC+ (6.1.3) für Windows (3.x)

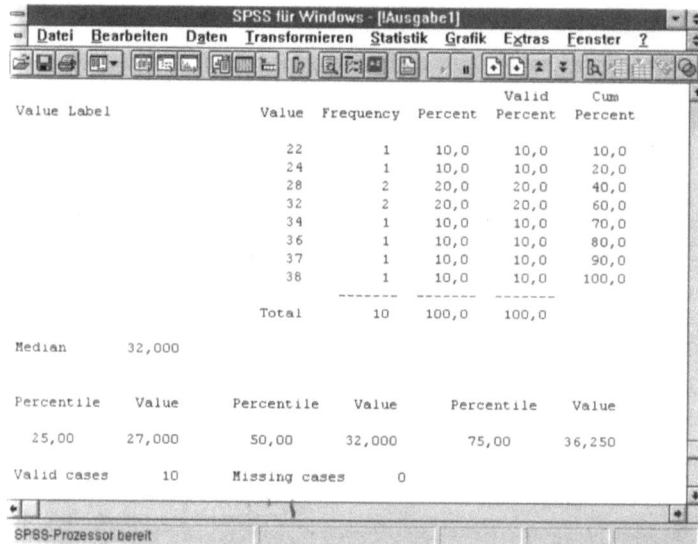

**Abb. 32** Beispiel eines Ausgabefensters für var00009 (Häufigkeiten, Median und Quartile).

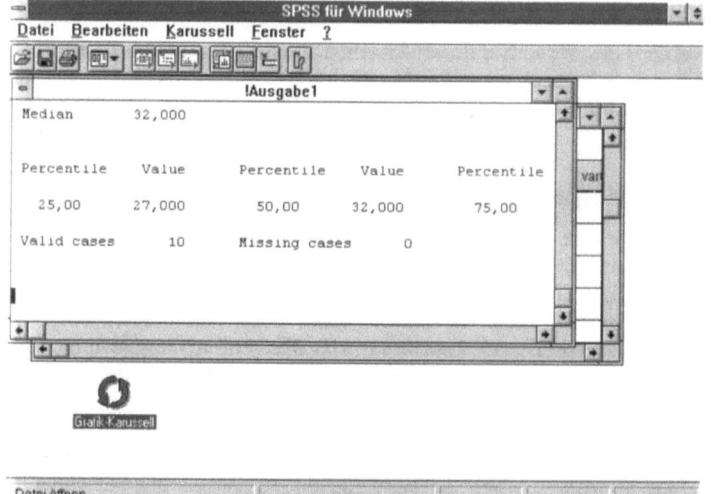

**Abb. 33** Fenster zum Abruf der Grafik-Darstellungen.

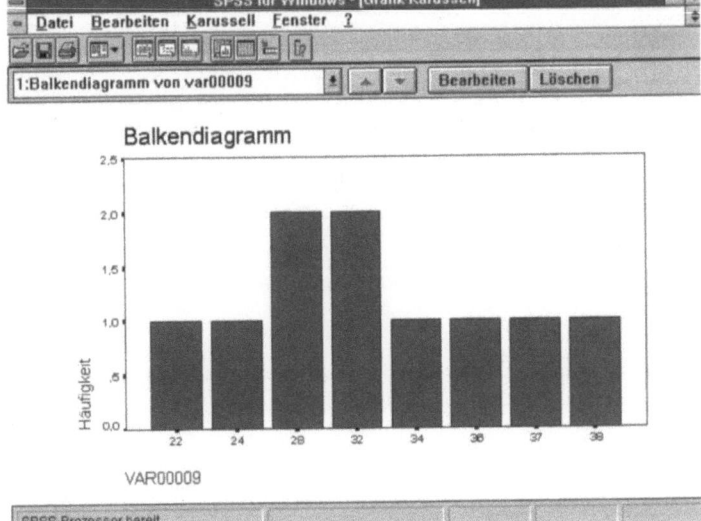

**Abb. 34** Beispiel eines Balkendiagramms für die var00009.

(spiegelbildlichen) Dreieckssymbole und das Ausgabefenster wird verkleinert. Wenn Sie dieses Grafik-Karussell-Ikon dann doppelklikken erscheint nach einiger Zeit – Graphiken dauern etwas länger – das gewünschte Bild. Spielen Sie ruhig die verschiedenen Möglichkeiten durch.

### 6.4.2.3 Abspeichern, Drucken, Programm beenden

Wenn Sie Ihre Arbeit mit SPSS beenden wollen, dann klicken Sie auf DATEI und anschließend auf BEENDEN. SPSS fragt Sie dann, ob Sie das NEUDATEN-, das AUSGABEN- und/oder das SYNTAX-Fenster **abspeichern** wollen. Sie müssen dann einen Dateinamen eingeben und das entsprechende Laufwerk (z. B. Diskette **a:**) angeben und OK klicken. Dann haben Sie die entsprechenden Daten abgespeichert und können sie beim nächsten Mal über DATEI und ÖFFNEN einlesen. Weiteres Beenden: Programmmanager, SCHLIESSEN und anschließend OK klicken.

Sie können sich aber die berechneten Ergebnisse des Ausgabefensters oder markierte Teile davon auch **ausdrucken** lassen: Klicken Sie auf DATEI und dann auf DRUCKEN

### 6.4.2.4 Ändern der vorgegebenen Variablenbezeichnung

Bei diesen ersten, hoffentlich erfolgreichen Versuchen ist Ihnen wahrscheinlich aufgefallen, daß die Tabellen, Kennwerte und Graphiken mit den Variablennamen var00001 usw. nicht sehr anschaulich und informativ sind. Deshalb ist es sinnvoll – vor allem bei Untersuchungen mit vielen Variablen – die Ausgabe/Darstellung der Ergebnisse zu verbessern. Dazu müssen wir die automatisch erstellten Variablennamen ändern: Wir klicken in der Programmzeile zuerst **DATEN** und dann **VARIABLE DEFINIEREN** an (Abb. 35).

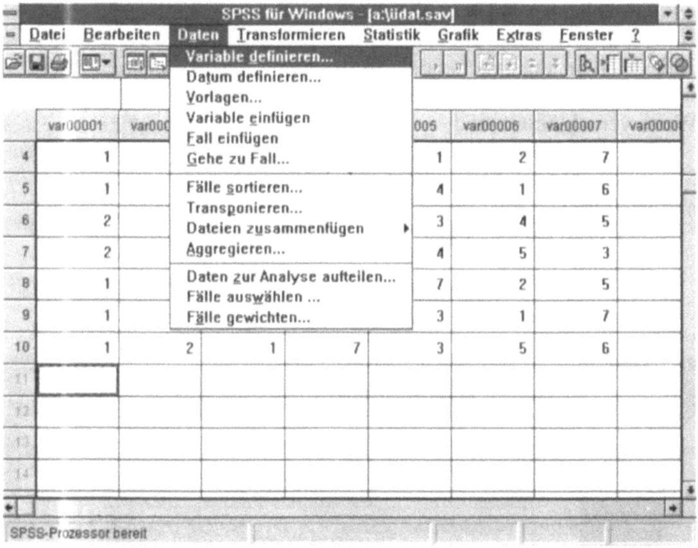

**Abb. 35** Variablenbezeichnung ändern.

Jetzt können wir die vorgegebenen Bezeichnungen durch neue, informativere Bezeichnungen/Abkürzungen mit höchstens 8 Buchstaben/Zeichen ersetzen. Nach dem Klick auf OK wird der neue Name in die SPSS-Datentabelle übernommen.

**Einschränkung:** Die Abkürzungen ALL, AND, BY, EQ, GE, GT, LE, LT, NE, NOT, OR, THRU, TO und WITH sowie Umlaute (ä, ö, ü usw.,) dürfen nicht gewählt werden, weil sie als Schlüsselwörter für das SPSS-System dienen.

## 6.4.2.5 Variablen und Werte-Labels

Um die Analyseergebnisse noch informativer zu gestalten ist es sinnvoll, die Bedeutung der einzelnen Variablenabkürzungen und der einzelnen verschlüsselten Werte zu „übersetzen". So könnten wir bei unserem Beispiel var00001 als GESCHL in die Datentabelle definieren. Außerdem ist es sinnvoll anzugeben, was die eingegebene Kodezahl 1 (weiblich) bzw. 2 (männlich) bedeutet. Dazu muß das Datenfenster aktiv sein und der Cursor in der entsprechenden Spalte (var00001) stehen; wir wählen zuerst DATEN, dann VARIABLE DEFINIEREN und LABELS. Dann tragen wir bei VARIABLEN-LABEL die ausführliche Variablenbezeichnung (GESCHLECHT), anschließend bei WERT die 1 und bei WERTE-LABEL „weiblich" ein (Abb. 36); dann klicken wir auf HINZUFÜGEN und definieren „männlich"in entsprechender Weise (HINZUFÜGEN nicht vergessen). Dies ist natürlich nur bei Variablen erforderlich, bei denen die Werte verschlüsselt sind.

Wir können nun noch angeben, wieviel Platz die einzelnen Variablen in der Datentabelle einnehmen werden: DATEN / Variable definieren / Typ /

(z. B. Breite „1" bzw. für Meßwert Leistungsmotivation „2" / Dezimalstelle 0

WEITER – Doppelklick auf entsprechende nächste Variable.")
Dann OK und die Variablenbezeichnung ist definiert.

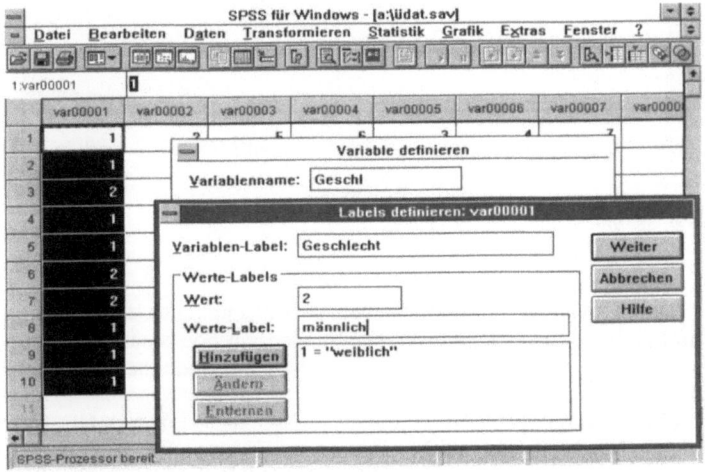

**Abb. 36** Variablenbezeichnung definieren.

### 6.4.3 Statistische Auswertung mit SPSS/PC+

Wir haben die Datentabelle erstellt, auf Diskette abgespeichert, haben die Arbeit mit SPSS beendet, und wollen wieder damit arbeiten. Wir laden über WINDOWS wieder SPSS, klicken DATEI, dann ÖFFNEN und anschließend DATEN (Laufwerk?, „alle Dateien"), entsprechenden Dateinamen doppelklicken oder OK; die gewählte Datei wird nun geladen und kann weiter statistisch bearbeitet werden.

Im folgenden wird die SPSS-Durchführung der Verfahren beschrieben, die im 3. Kapitel vorgestellt wurden. SPSS bietet darüber hinaus noch viele statistisch interessante Möglichkeiten, die für eine einführende Darstellung weniger bedeutend sind (siehe z. B. *Bühl & Zöfel* 1995).

#### 6.4.3.1 Nominalskala

#### 6.4.3.1.1 Beschreibende Statistik

Um die Untersuchungsdaten zu beschreiben, klicken wir in der Menüzeile zuerst STATISTIK und dann DESKRIPTIVE STATISTIK an. Je nachdem ob wir Häufigkeitstabellen, Kreuztabellen, Grafiken oder Kennwerte zur Beschreibung verwenden wollen müssen wir die entsprechenden Tasten klicken.

Zuerst wählen wir die entsprechenden Befehle, also HÄUFIGKEITEN oder KREUZTABELLE. Dann wählen wir durch Klick (oder „Ziehen" mit der Maus) die Variable(n) aus, die wir beschreiben wollen und transportieren Sie durch Klick auf den Pfeil (➤) ins „Transportfeld". Nach OK erscheinen die entsprechenden Ergebnisse dann im „Ausgabefenster" (!Ausgabe1). Das Fenster kann durch Klick auf ▲-Zeichen (ganz oben rechts) vergrößert werden.

Wollen wir den Vierfelder-(Phi-)Korrelationskoeffizienten berechnen, dann müssen wir zuerst KREUZTABELLEN klicken, anschließend die Variablen (für Zeile / Spalte) ins Transportfeld bringen, STATISTIKEN aufrufen und dort die Fläche mit PHI UND CRAMERS V anklicken, dann WEITER und OK. Das Ergebnis erscheint im Ausgabefenster.

Wollen wir eine Grafik erstellen, dann klicken wir zuerst nach HÄUFIGKEITEN, Taste GRAFIKEN, dann BALKENDIAGRAMM, WEITER und anschließend OK. Es erscheint das Ikon GRAFIKKARUSSELL, das wir doppeltklicken; nach einiger Zeit – Grafiken brauchen etwas länger – erscheint das Ikon GRAFIK-KARUSSELL, das uns nach Klick und VOLLBILD das gewünschte Balkendiagramm liefert, das wir anschließend BEARBEITEN können. Wir können über GALERIE auch ein KREISdiagramm erstellen lassen.

Zwischen den einzelnen Fenstern können wir schnell über FENSTER wechseln.

### 6.4.3.1.2 Prüfstatistik auf Nominalskalenniveau

**– Univariable Verteilungen:**
Wollen wir die Häufigkeitsverteilung überprüfen, ob sie als zufällig angesehen werden muß (Nullhypothese), dann führen wir den Chi-Quadrat-Test durch. Dazu klicken wir zuerst STATISTIK, dann NICHTPARAM. TESTS, anschließend CHI-QUADRAT, transportieren die Testvariable(n) (z. B. var00001) ins entsprechende Feld und klicken OK (Abb. 37)). Das Ergebnisfenster zum Chiquadrat-Test zeigt Abb. 38.

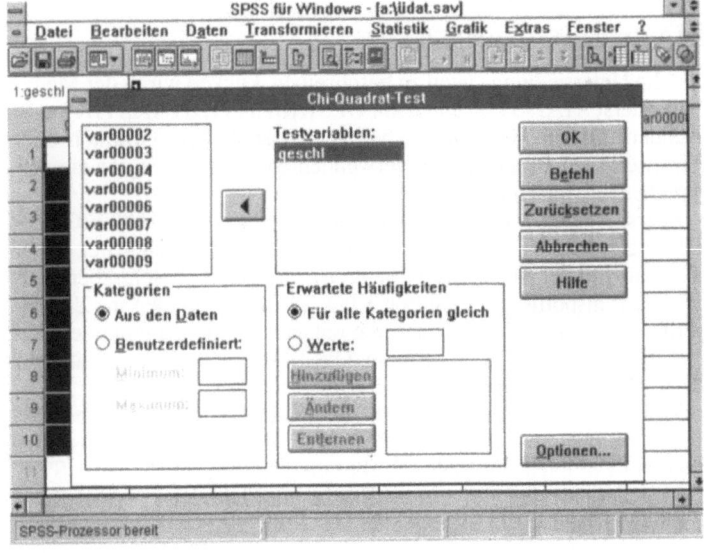

**Abb. 37** Fenster für die Wahl der Variablen beim Chiquadrat-Test.

Dem Ausgabefenster können wir die untersuchte Variable, die Kategorien (category), die beobachtete Häufigkeit (cases observed), die erwartete Häufigkeit (Expected), die Differenz fb – fe (Residual), den Chiquadrat-Wert (Chi-Square), die Anzahl der Freiheitsgrade (D.F.) und die Eintrittswahrscheinlichkeit (Significance) entnehmen.

### 6.4 Arbeitsanleitung für SPSS/PC+ (6.1.3) für Windows (3.x)

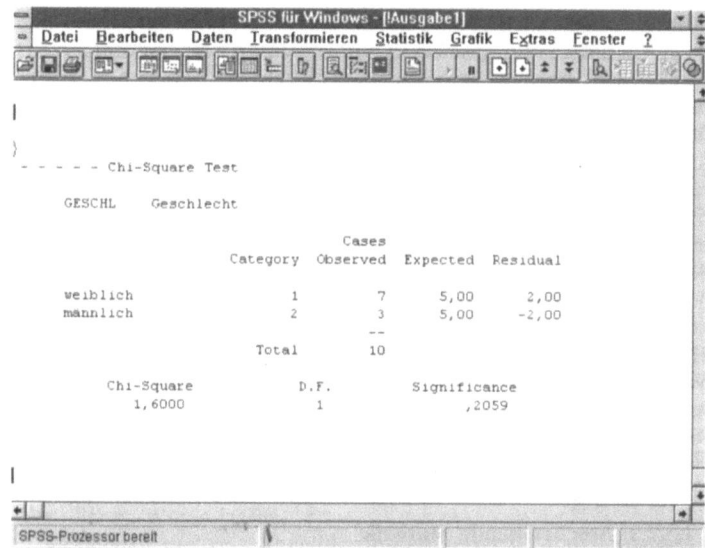

**Abb. 38** Ergebnisfenster für den Chiquadrat-Test.

Ist der Wert unter „Significance" kleiner als ‚05, dann unterscheidet sich die beobachtete Verteilung signifikant von der zufällig zu erwartenden, d. h. die Nullhypothese wird abgelehnt (5%-Niveau). In unserem Beispiel wird sie aber beibehalten.

**– Tabellen:**

**Unabhängige Stichproben:**
Bei Vierfeldertabellen klicken wir nach KREUZTABELLEN, STATISTIKEN, neben PHI noch CHI-QUADRAT, dann WEITER und OK an, um die Nullhypothese zu prüfen. Bei Mehrfeldertabellen gehen wir in gleicher Weise vor.

**Abhängige (verbundene) Stichproben:**
Bei Vierfeldertabellen wird mit dem Chi-Quadrattest nach McNemar untersucht, ob die Veränderungen (+/-) zwischen den Bedingungen (meist vorher/nachher) als zufällig zu betrachten sind. Wir klicken dazu NICHTPARAM. TESTS, dann 2 VERB. STICHPROBEN, wählen die Variablen ins Transportfeld, aktivieren McNEMAR und OK. Wir könnten auch den VORZEICHEN-Test wählen (ist nicht so genau).

Beim **Chi-Quadrat-Test** müssen wir allerdings darauf achten, daß die **erwarteten Häufigkeiten in den einzelnen Feldern mindestens 5** (cells with expected frequencies < 5) betragen; ist dies nicht der Fall, dann müssen wir die Anzahl der Spalten oder Zeilen verringern. Dies können wir mit **TRANSFORMIEREN** und **UMKODIEREN** durchführen. Wir übertragen die alte Variable in das Transportfeld, tragen den Namen der neuen Variable (Ausgabevariable) ein, klicken die Fläche ALTE UND NEUE WERTE an, tragen die alten (z. B. 2) und neuen Werte (z. B. 1) (oder den Wertebereich) ein, klicken auf HINZUFügen geben den nächsten alten und neuen Wert ein.

Wenn nicht alle Werte neu kodiert werden sollen, müssen wir die Angaben ALLE ANDEREN WERTE und ALTEN WERT(EBEREICH) ÜBERNEHMEN aktivieren (Klick) und HINZUF. betätigen. Wenn wir dann WEITER und OK klicken wird die neue Kodierung durchgeführt.

### 6.4.3.2 Rangskala

#### 6.4.3.2.1 Beschreibende Statistik

**Häufigkeitstabellen** werden wie bei der Nominalskala beschrieben erstellt.

Die sinnvollen statistischen Kennwerte sind für die zentrale Tendenz der **Median** und für die Variationsweite der **mittlere Quartilabstand**, der von SPSS aber nur indirekt angegeben wird (Quartile) oder die **Spannweite** (Streubreite, Range).

Vorgehen bei der Berechnung der statistischen Kennwerte:
Zuerst klicken: STATISTIK, DESKRIPTIVE STATISTIK, HÄUFIGKEITEN,
 zu bearbeitende Variable(n) transportieren, STATISTIKEN,
 dann MEDIAN QUARTILE (25%=$Q_1$ / 75%=$Q_3$) (und SPANNWEITE) anklicken, zur **exakten** Berechnung klicken wir WERTE SIND GRUPPENMITTELPUNKTE an. Anschließend WEITER / BEFEHL klicken (Syntaxfenster) und die Klassengrenzen eintragen; dazu müssen wir die letzte Zeile ergänzen (z. B.):

/grouped=*Var* (–0.5, 0.5, 1.5, 2.5, 3.5, 4.5, usw).

Wir müssen dazu die **wirklichen Klassengrenzen** der entsprechenden Variable (*Var*) eintragen. Anschließend klicken wir auf das Symbol ▶ (Syntax-Start) in der oberen Zeile.

Im Ausgabefenster erscheinen Median, die Quartile und die Spannweite (Range); der mittlere Quartilabstand muß manuell berechnet werden: mQ = ($Q_3$ – $Q_1$):2

Wenn wir die **Rangkorrelation** berechnen wollen, dann müssen wir KORRELATIONEN / BIVARIAT klicken, die entsprechenden Variablen transportieren, SPEARMAN aktivieren und anschließend OK.

Für die **grafischen Darstellungen** stehen uns der Polygonzug (Liniendiagramm) und das Histogramm zu Verfügung.

Wir erstellen den **Polygonzug**, indem wir GRAFIK, dann LINIEN anklicken. Dann müssen wir das Liniendiagramm definieren (EINFACH ist voreingestellt), die Skalenwerte festlegen (Linie entspricht: f%, f,...) die entsprechende(n) Variable(n) transportieren (Kategorienachse), gegebenenfalls TITEL eingeben und mit OK ausführen lassen.

Wenn wir anstelle LINIEN / HISTOGRAMM anklicken und wie geschildert vorgehen erhalten wir ein **Histogramm**, in das wir auch die geschätzte Normalverteilung eintragen lassen können.

Wollen wir bei **einer Variablen Untergruppen mit dem Polygonzug vergleichen**, dann müssen wir bei LINIENDIAGRAMM MEHRFACH aktivieren, die Variable und die Gruppen transportieren und über OK ausführen lassen.

Wollen wir **mehrere Variablen miteinander im Polygonzug vergleichen,** dann müssen wir bei LINIENDIAGRAMM / VERSCHIEDENE VARIABLEN aktivieren, die Variablen transportieren, die FUNKTIONEN wählen (z.B. Median), KATEGORIENACHSEN bestimmen (z. B. Jahrgang) und mit OK durchführen. Wir können das Ganze natürlich auch mit **Histogrammen** machen.

### 6.4.3.2.2 Prüfstatistik auf Rangskalenniveau

Zuerst immer: STATISTIK / NICHTPARAM. TESTS, dann müssen wir die zu überprüfenden Variablen transportieren.

**Unabhängige Variablen:**
Anklicken: 2 UNABH.VARIABLEN und dann MANN-WHITNEY-U-TEST markieren, die Testvariablen eingeben anschließend OK. Dieser Test entspricht weitgehend dem einfacheren Wilcoxon-White-Test und wird genauso interpretiert: Ist der Wert unter „2-Tailed P" kleiner als .05, dann sind die Unterschiede signifikant ($p < 0.05$).

**Abhängige Stichproben:**
Wir müssen jetzt 2 VERBUNDENE STICHPROBEN anklicken, die Testvariablen transportieren, dann den VORZEICHENTEST oder den genaueren WILCOXON (Test für Paardifferenzen) markieren und mit OK ausführen.

## 6.4.3.3 Intervallskala

Da sich die einschlägigen statistischen Verfahren auf diesem sehr informationsstarken Meßniveau an der **GAUSSschen Normalverteilung** orientieren, müssen wir zuerst überprüfen, ob unsere Variable als normalverteilt angesehen werden kann. Dies überprüfen wir am einfachsten mit dem Kolmogorow-Smirnow-Test. Wir klicken NICHTPARAM.TEST und 1-STICHPROBE K-S an, transportieren die zu prüfenden Variablen in das „Untersuchungsfeld", dann OK. Dem Anzeigefenster entnehmen wir, ob ein signifikanter Unterschied zwischen der beobachteten Verteilung und der theoretisch zu erwartenden Normalverteilung besteht. Ist der Unterschied signifikant („2-TAILED P"), dann müssen wir die Variablen mit den Verfahren für das Rangskalenniveau bearbeiten.

**Besteht kein signifikanter Unterschied, dann können die folgenden statistischen Techniken angewandt werden:**

### 6.4.3.3.1 Beschreibende Statistik

Wir gehen in der gleichen Weise wie bei der Rangskala vor, klicken bei STATISTIKEN jetzt allerdings (arithmetischen) MITTELWERT und STANDARDABWEICHUNG an, dann OK, um den Befehl auszuführen.

Mittelwerte und Standardabweichungen können in Untergruppen vergleichend dargestellt werden: STATISTIK / MITTELWERTVERGLEICH, MITTELWERTE, dann die abhängige Variable ins Transportfeld und die unabhängige ins Textfeld (maximal 5 Ebenen möglich), WEITER, OK.

Wollen wir die Variablenverteilungen standardisieren, dann müssen wir sie auf **z-Werte** übertragen, die als neue Variable abgespeichert wird. Dazu gehen wir wie folgt vor:

STATISTIK / DESKRIPTIVE ST., Dialogfeld UNIVARIATE STATISTIKEN und aktivieren des Feldes STANDARDISIERTE WERTE IN VARIABLEN SPEICHERN, OK. Damit ist eine neue Variable (Z...) erstellt (siehe Fenster Neudaten).

Die grafischen Darstellungen laufen wie für die Rangskala beschrieben ab.

Die **Maßkorrelation** berechnen wir, indem wir bei KORRELATIONEN / PEARSON anklicken und ausführen lassen (OK).

### 6.4.3.3.2 Prüfstatistik auf Intervallskalenniveau

Die vorbereitenden „Klicks" folgen der schon beschriebenen Logik.

**Unabhängige Stichproben:**
MITTELWERTVERGL. / T-TEST BEI UNABHÄNGIGEN STICHPR. klicken, Variable transportieren und OK.

**Abhängige Stichproben:**
MITTELWERTVERGL. / T-TEST BEI GEPAARTEN STICHPROBEN klicken, Testvariablen eintragen und OK.

Im folgenden finden Sie einige Tips, die bei der Arbeit mit SPSS/PC+ hilfreich sein können; wenn Sie mit SPSS/PC+ arbeiten werden Sie ebenfalls zwischendurch neue Erfahrungen und Entdeckungen machen, die Sie festhalten sollten.

### 6.4.4 Was tun, wenn ....?

- bei einer Variablen **Mehrfachantworten** möglich sind?
Können Kategorien einer Variablen (Nominalskala) mehrfach angekreuzt werden, dann müssen Sie in der Datentabelle jeweils als eigene Variable (angekreuzt / nicht angekreuzt) verschlüsselt werden. Um die Ergebnisse übersichtlich gestalten zu können, müssen wir Sie in einem „Multiple-Response-Set" zusammenfassen. Wir gehen wie folgt vor:
STATISTIK / MEHRFACHANTWORTEN / SETS DEFINIEREN

  Die entsprechenden Variablen werden ins SET transportiert, der neue SETNAME wird mit maximal 7 Zeichen eingegeben, DICHOTOM (ja/nein) oder KATEGORIAL (mehr als 2 Antwortmöglichkeiten) wird aktiviert und über HINZUF. wird das Set eingerichtet.
STATIST / MEHRFACHANTWORTEN / HÄUFIGKEITEN SET transportieren / OK.

- Wenn wir **SET-Kreuztabellen** erstellen wollen:
STATISTIK / MEHRFACHANTWORTEN / KREUZTABELLEN / Zeilen (> Set), Spalten (z. B. Sex), Bereich definieren (z. B. 1 2) OK.

- ich mir meine **definierten Variablen in Erinnerung** bringen will?
→ EXTRAS / VARIABLENLISTE

- ich mich über **aktuelle Anweisungen informieren** will?
?-Taste klicken und weitere Infos anfordern.

- ich einzelne **Variablenwerte zusammenfassen** möchte / muß?
Siehe Abschnitt 6.4.1.2

ich **verschiedene Variablen zu einer Neuen addieren** (+), subtrahieren(-), multiplizieren(*) oder dividieren(/) möchte?

Wenn aus den vorhandenen Werten eine neue Ergebnisvariable berechnet werden soll, wählen wir TRANSFORMIEREN / BERECHNEN; es erscheint das Dialogfeld „Variable berechnen". Wir wählen einen Namen für die ZIELVARIABLE (z. B. Ges), präzisieren diese Abkürzung durch TYP & LABEL, tragen bei LABEL die ausführliche Bezeichnung ein (z. B. Gesamtmeßwert) und markieren „Ausdruck als Label einsetzen", WEITER.

Im Textfeld NUMERISCHER AUSDRUCK schreiben (oder klicken) wir die entsprechenden Variablen und die mathematischen Symbole ein (z. B. V1 + V2 + V4 + ...) und OK. Damit ist die Ergebnisvariable erstellt (siehe Fenster „Neudaten").

Die Berechnungen folgen den mathematischen Grundregeln: Punktrechnung (*, /) geht vor Strichrechnung (+,-); Klammern gehen vor.

- ich **Tabellenausschnitte markieren** und z. B. löschen möchte:
Beginn mit der linken Maustaste anklicken und bis zum Ende ziehen; mit rechter Maustaste beenden.

- ich **Grafiken/Tabellen von SPSS in WordPerfect** oder **Word** einbinden möchte?
Die entsprechenden Tabellen und Graphiken werden markiert und mit BEARBEITEN / KOPIEREN in die Zwischenablage kopiert. Von dort aus können Sie in Word oder WordPerfect über BEARBEITEN / EINFÜGEN eingebaut und auch noch in der Größe verändert werden.

- ich bestimmte **Fälle gezielt auswählen** und bearbeiten will?
Dialogfeld FÄLLE AUSWÄHLEN / FILTERVARIABLE wählen. Aktiviere ich FILTERN, dann bleiben die auszuschließenden Fälle in der Neudatentabelle erhalten und können für spätere Analysen wieder verwendet werden. Aktiviere ich LÖSCHEN, dann werden die auszuschließenden Fälle entfernt. Sie bleiben auf der Diskette erhalten, wenn Sie nicht am Ende der Arbeit durch „Speichern" überschrieben werden!!!

Die Datenauswahl kann auch über den Schalter FALLS BEDINGUNG ZUTRIFFT ablaufen. Mit OK wird die Auswahl für die folgende Analyse durchgeführt.

- ich **verschiedene Dateien mit gleicher Struktur** zusammenfassen möchte?
DATEI / ÖFFNEN / DATEN der ersten Datei einlesen

DATEN / DATEIEN ZUSAMMENFÜGEN / FÄLLE HINZUFÜGEN
entsprechende Datei markieren / WEITER / OK usw.
Erweiterte Datei dann unter neuem Namen abspeichern
– ich **schon bestehende Tabellen** bearbeiten möchte?
Z.B. Eingabe einer 2 x 3 Feldertabelle in die Datenmatrix.
DATEN / VARIABLEN DEFINIEREN, z. B. Alter (1 = jung, 2 = mittel, 3 = älter), Aktivität (1 = gering, 2 = hoch) und f (Häufigkeiten)
In die Matrix eintragen:
1  1 (Spalte Alter)  1 (Spalte Aktivität)  12 (Spalte Häufigkeiten)
2  1                 2                     1
3  2                 1                     7
4  2                 2                     4
5  3                 1                     0
6  3                 2                     7

Damit SPSS die eingegebenen Daten als Daten einer Tabelle interpretiert sind sie zu gewichten
(mit Variablen f):
DATEN / FÄLLE GEWICHTEN / Anweisung o Fälle gewichten mit .... anklicken
Und „f" ins offene Feld übertragen. OK
Anschließend die weitere statistische Verarbeitung eingeben.
Dieses Vorgehen ist auch bei Rangskalenniveau möglich.

❏ . . . . . . . . . . . . . . . .
❏ . . . . . . . . . . . . . . . .
❏ . . . . . . . . . . . . . . . .

## 6.5 Literaturverzeichnis

*Adorno, T.W.* (1957): Soziologie und empirische Forschung. In: *T.W. Adorno* (Hrsg.) (1980), S. 81–102
*Adorno, T.W.* u.a. (Hrsg.) (1980): Der Positivismusstreit in der deutschen Soziologie, 8. Aufl. Darmstadt: Luchterhand
*Albert, H.* (1971): Plädoyer für den kritischen Rationalismus. München: Piper
*Albrecht, G.* (1975): Nichtreaktive Messung und Anwendung historischer Methoden. In: *J. v. Koolwijk, M. Wieken-Mayser* (Hrsg.) (1975), Bd. 2, 9–18
*Alemann, H. v., P. Ortlieb* (1975): Die Einzelfallstudie. In: *J. v. Koolwijk, M. Wieken-Mayser* (Hrsg.) (1975), Bd. 2, 157–177
*Antons, K.* (1992): Praxis der Gruppendynamik, 5. Aufl. Göttingen: Hogrefe
*Atteslander, P.* (1975) Methoden der empirischen Sozialforschung, 4. Aufl. Berlin, New York: W. de Gruyter
*Bales, R.F.* (1972): Die Interaktionsanalyse: Ein Beobachtungsverfahren zur Untersuchung kleiner Gruppen. In: *R. König* (Hrsg.) (1972): Praktische Sozialforschung II: Beobachtung und Experiment in der Sozialforschung, S. 148–170. Köln, Berlin: Kiepenheuer & Witsch
*Barlow, D.H., M. Hersen* (1977): Designs für Einzelfallexperimente. In: *F. Petermann* (Hrsg.): Methodische Grundlagen Klinischer Psychologie, S. 64–83. Weinheim: Beltz
*Bartel, H.* (1971): Statistik I. Stuttgart: Fischer (UTB 3)
*Bartel, H.* (1972): Statistik II. Stuttgart: Fischer (UTB 30)
*Berelson, B.* (1952): Content Analysis in Communication Research. Glencoe, Ill.: Free Press
*Bergler, R.* (Hrsg.) (1975): Das Eindrucksdifferential. Theorie und Praxis. Bern: Huber
*Bortz J.* (1993): Statistik für Sozialwissenschaftler. 4. Aufl. Berlin, Heidelberg, New York: Springer
*Brickenkamp, R.* (1975): Handbuch psychologischer und pädagogischer Tests. Göttingen: Hogrefe
*Busemann, A.* (1925): Die Sprache der Jugend als Ausdruck von Entwicklungsrhythmik. Sprachstatistische Untersuchungen. Jena: Fischer.
*Busemann, A.* (1948): Stil und Charakter. Meisenheim: Glan
*Chotlos, J.W.* (1944): Studies in Language Behavior. IV: A Statistical and Comparative Analysis of Individual Written Language Samples. Psychological Monographs, 56, 75–111
*Clauss, G., H. Ebner* (1967): Grundlagen der Statistik für Psychologen, Pädagogen und Soziologen. Frankfurt: Deutsch
*Cranach, M. v., H. G. Frenz* (1969): Systematische Beobachtung. In: *C.F. Graumann* (Hrsg.): Handbuch der Psychologie, Bd. 7,1: Sozialpsychologie. Theorien und Methoden, S. 267–331. Göttingen: Hogrefe
*Dollard, J.O., O.H. Mowrer* (1947): A Method of Measuring Tension in Written Documents. Journal of Abnormal and Social Psychology, 42, 3–32
*Eberhard, K.* (1977): Einführung in die Wissenschaftstheorie und Forschungsstatistik für soziale Berufe, 2. Aufl. Darmstadt: Luchterhand
*Eberhard, K.* (1988): Einführung in die Erkenntnis- und Wissenschaftstheorie. Stuttgart: Kohlhammer

*Ermann, G., S.P. Lermer* (1976a): Der Stuttgart Bogen zur Erfassung des Erlebens in der Gruppe. Gruppendynamik, 7, 133–140
*Ermann, G., S.P. Lermer* (1976b): Erlebnisdimensionen in Gruppen. Gruppentherapie und Gruppendynamik, 11, 106–121
*Ertel, S.* (1972): Erkenntnis und Dogmatismus. Psychologische Rundschau, 23, 241–269
*Fahrenberg, J.* (1968): Aufgaben und Methoden der psychologischen Verlaufsanalyse. In: *K.J. Groffmann* u.a. (Hrsg.): Person als Prozeß. Bern: Huber
*Fahrenberg, J.* (1974): Erfahrungen mit psychophysiologischen Zeitreihenstudien. In: *L.H. Eckensberger, U.S. Eckensberger* (Hrsg.): Bericht über den 28. Kongreß der DGP in Saarbrücken 1972. Bd. 4: Klinische Psychologie, S. 3–9. Göttingen: Hogrefe
*Fahrenberg, J., H. Selg, R. Hampel* (1994): Das Freiburger Persönlichkeitsinventar, 6. Aufl. Göttingen: Hogrefe
*Feger, H., J. Bredenkamp* (Hrsg.) (1983): Enzyklopädie der Psychologie. Themenbereich B, Serie I: Forschungsmethoden der Psychologie. 5 Bde. Göttingen: Hogrefe
*Friedrich, W., W. Hennig* (1980): Der sozialwissenschaftliche Forschungsprozeß. Zur Methodologie, Methodik und Organisation der marxistisch-leninistischen Sozialforschung, 2. Aufl. Berlin: VEB Deutscher Verlag der Wissenschaften
*Friedrichs, J.* (1990): Methoden der empirischen Sozialforschung. Reinbek: Rowohlt studium (28)
*Friedrichs, J., H. Lüdtke* (1973): Teilnehmende Beobachtung. Einführung in die Feldforschung. Weinheim: Beltz
*Fröhlich, W.D., J. Becker* (1972): Forschungsstatistik, 6. Aufl. Bonn: Bouvier
*Frohburg, I.* (1970): Zur psychodiagnostischen Erfassung von Persönlichkeitsveränderungen mit Hilfe der Q-Sortierungstechnik. In: *H.D. Rösler* u.a. (Hrsg.): Persönlichkeitsdiagnostik. Berlin: VEB Deutscher Verlag der Wissenschaften
*Frohburg, I.* (1972): Die Verwendbarkeit psychodiagnostischer Methoden zur Veränderungsmessung in der Psychotherapie. In: *J. Helm* (Hrsg.): Psychotherapieforschung: Fragen, Versuche, Fakten. Berlin: VEB Deutscher Verlag der Wissenschaften
*Graumann, C.F.* (1965): Methoden der Motivationsforschung. In: *H. Thomae* (Hrsg.): Handbuch der Psychologie, Bd. 2, S. 123–205. Göttingen: Hogrefe
*Graumann, C.F.* (Hrsg.): (1969): Handbuch der Psychologie. Bd. 7: Sozialpsychologie. 1. Halbbd.: Theorien und Methoden. Göttingen: Hogrefe
*Graumann, C.F., H. Heckhausen* (Hrsg.) (1973): Pädagogische Psychologie. 2 Bde. Frankfurt: Fischer TB
*Groffmann, K.J., L. Michel* (Hrsg.) (1982, 1983): Enzyklopädie der Psychologie. Themenbereich B, Serie II: Psychologische Diagnostik. 4 Bde. Göttingen: Hogrefe
*Güttler, P.O.* (1996): Statistik mit SPSS/PC+. München: Oldenbourg
*Gutjahr, W.* (1971): Die Messung psychischer Eigenschaften. Berlin: VEB Deutscher Verlag der Wissenschaften
*Haag, F., H. Krüger, W. Schwärzel, J. Wildt* (Hrsg.) (1972): Aktionsforschung. München: Juventa
*Haase, H.* (1978): Tests im Bildungswesen. Urteile und Vorurteile. Göttingen: Hogrefe

*Häcker, H., L.R. Schmidt* u.a. (1975): Objektive Testbatterie OA TB 75. Testmappe und Manual. Weinheim: Beltz

*Häcker, H., L.R. Schmidt* u.a. (1976): Entwicklungsstand einer deutschsprachigen objektiven Testbatterie nach Cattell. Diagnostica, 1, 3–8

*Hallich, M.* (1960): Selbstmord und Selbstmordversuch in Hamburg. Hamburg: Med. Fak. Diss.

*Hartmann, K., H. Henseler, G. Tuschy* (1969): Tätigkeitsbericht der Jugendpsychiatrischen Universitätsklinik Berlin-West 1966–1969. Praxis der Kinderpsychologie und Kinderpsychiatrie, 18, 168–172

*Heckmann, F., K.G. Specht, W. Wüstendörfer, G. Wurzbacher* (Hrsg.) (1981). Städtische Integration ausländischer Minderheiten. Endbericht des EG-Modellprojekts „Amberg – Am Bergsteig". Nürnberg, Amberg: Sozialwissenschaftliches Forschungszentrum der Universität Erlangen/Nürnberg

*Heiner, Maja* (Hrsg.) (1996): Qualitätsentwicklung und Evaluation. Freiburg: Lambertus

*Heinert, K.* (Hrsg.) (1979): Einstellungs- und Verhaltensänderung. München: Reinhardt (UTB 945)

*Heller, K., B. Rosemann* (1974): Planung und Auswertung empirischer Untersuchungen. Stuttgart: Klett

*Helm, J.* u.a. (Hrsg.) (1981): Klinische Psychologie. Theoretische und ideologische Probleme. Psychologie und Gesellschaft, Bd. 11. Darmstadt: Steinkopff

*Herkner, W.* (1974): Inhaltsanalyse. In: *J. v. Koolwijk* u.a. (Hrsg.), Bd. 3, 158–191

*Hiltmann, H.* (1977): Kompendium der psychodiagnostischen Tests, 3. Aufl. Bern: Huber

*Höhn, E., G. Seidel* (1969): Soziometrie. In: *C.F. Graumann* (Hrsg.), 37–397

*Hofstätter, P.R.* (1963): Einführung in die Sozialpsychologie. Stuttgart: Kröner

*Hofstätter, P.R.* (1964): Sozialpsychologie. Berlin: De Gruyter

*Hofstätter, P.R.* (1986): Gruppendynamik. Kritik der Massenpsychologie. Überarb. Aufl. Reinbek: Rowohlt (rde 430)

*Holm, K.* (Hrsg.) (1975–1979): Die Befragung. 6 Bde. München: Francke

*Holsti, O.R.* (1969): Content Analysis for the Social Sciences and Humanities. Mass.: Readling

*Homans, G.C.* (1972): Theorie der sozialen Gruppe, 2. Aufl. Köln, Opladen: Westdeutscher Verlag

*Horkheimer, M.* (1970): Traditionelle und kritische Theorie. Frankfurt: Fischer

*Horn, K.* (Hrsg.) (1979): Aktionsforschung. Balanceakt ohne Netz? Frankfurt: Syndikat

*Huber, H.P.* (1973): Psychometrische Einzelfalldiagnostik. Weinheim: Beltz

*Huber, H.P.* (1978): Kontrollierte Fallstudie. In: *L.J. Pongratz* (Hrsg.): Handbuch der Psychologie. Bd. 8, 2. Halbbd.: Klinische Psychologie, S. 1153–1199. Göttingen: Hogrefe

*Jäger, A.O.* (1967): Dimensionen der Intelligenz. Göttingen: Hogrefe

*Kellerer, H.* (1963): Statistik im modernen Wirtschafts- und Sozialleben. Reinbek: Rowohlt (rde 103/104)

*Kinsey, A.C.* u.a. (1954): Das sexuelle Verhalten des Mannes. Frankfurt: Fischer

*Kinsey, A.C.* u.a. (1954): Das sexuelle Verhalten der Frau. Frankfurt: Fischer

*Klapprott, J.* (1975): Einführung in die psychologische Methodik. Stuttgart: Kohlhammer
*Kliemann, H.* (1973): Anleitungen zum wissenschaftlichen Arbeiten. Eine Einführung in die Praxis. 8. Aufl. Freiburg: Rombach
König, R. (Hrsg.) (1962): Beobachtung und Experiment in der Sozialforschung. Köln, Berlin: Kiepenheuer & Witsch
*König, R.* (Hrsg. (1973): Handbuch der empirischen Sozialforschung. Bd. 2: Grundlegende Methoden und Techniken, 1. Teil, 3. Aufl. Stuttgart: Enke
*König, R.* (Hrsg.) (1974a) Handbuch der empirischen Sozialforschung. Bd. 3a: Grundlegende Methoden und Techniken, 2. Teil, 3. Aufl. Stuttgart: Enke
*König, R.* (Hrsg.) (1974b): Handbuch der empirischen Sozialforschung. Bd. 3b: Grundlegende Methoden und Techniken, 3. Teil, 3. Aufl. Stuttgart: Enke
*König, R.* (Hrsg.) (1974c): Handbuch der empirischen Sozialforschung. Bd. 4: Komplexere Forschungsansätze, 4. Aufl. Stuttgart: Enke
*Koolwijk, J. van, M. Wieken-Mayser* (Hrsg.) (1975): Techniken der empirischen Sozialforschung. Ein Lehrbuch in 8 Bänden. München: Oldenbourg
*Kreutz, H., R. Landwehr, U. Wuggenig* (Hrsg.) (1978): Empirische Sozialarbeitsforschung. Heidelberg: Schindele
*Kriz, J.* (1973): Statistik in den Sozialwissenschaften. Reinbek: Rowohlt
*Kromrey, H.* (1980): Empirische Sozialforschung. Opladen: Leske (UTB 1040)
*Leitenberg, H.* (1977): Einzelfallmethodologie in der Psychotherapieforschung. In: *F. Petermann, C. Schmoog* (Hrsg.): Grundlagentexte der Klinischen Psychologie. Bd. 1: Forschungsfragen in der Klinischen Psychologie, S. 167–190. Bern: Huber
*Lermer, S.* (1981): Methoden zur Evaluation von Selbsthilfegruppen. Gruppendynamik, 7, 157–169
*Lewin, K.* (1953): Die Lösung sozialer Konflikte. Bad Nauheim: Christian
*Lienert, G.A.* (1973): Verteilungsfreie Methoden in der Biostatistik, Teil I, 2. Aufl. Meisenheim: Glan
*Lienert, G.A.* (1978): Verteilungsfreie Methoden in der Biostatistik, Teil II. Meisenheim: Glan
*Lippitt, R.* (1979): Kurt Lewin und die Aktionsforschung. In: *A. Heigl-Evers* (Hrsg.): Die Psychologie des 20. Jahrhunderts. Bd. VIII: Lewin und die Folgen, S. 106–109. Zürich: Kindler
*Lisch, R., J. Kriz* (1978): Grundlagen und Modelle der Inhaltsanalyse. Reinbek: Rowohlt
*Manz, W.* (1974): Beobachtung verbaler Kommunikation in Laboratorien. In: *J. van Koolwijk* u.a. (Hrsg.): Bd. 3: Erhebungsmethoden, S. 27–65
*Masters, W.H., V.E. Johnson* (1970): Die sexuelle Reaktion. Reinbek: Rowohlt
*Mayntz, R., K. Holm, P. Hübner* (1974): Einführung in die Methoden der empirischen Sozialforschung, 4. Aufl. Opladen: Westdeutscher Verlag
*Meili, R., H.J. Steingrüber* (1978): Lehrbuch der psychologischen Diagnostik, 6. Aufl. Bern: Huber
*Minsel, W.R., M. Heinz* (1983): Das Q-Sort-Verfahren. In: *H. Feger, J. Bredenkamp* (Hrsg.): Bd. 2: Datenerhebung, S. 135–153
*Mittenecker, E.* (1970): Planung und statistische Auswertung von Experimenten, 8. Aufl. Wien: Deiticke

*Moreno, J.L.* (1934): Who shall survive? Washington; deutsche Übersetzung 1967: Die Grundlagen der Soziometrie, 2. Aufl. Köln, Opladen: Westdeutscher Verlag
*Moser, H.* (1977a): Methoden der Aktionsforschung. Eine Einführung. München: Kösel
*Moser, H.* (1977b): Praxis der Aktionsforschung. Ein Arbeitsbuch. München: Kösel
*Moser, H.* (1978): Aktionsforschung als kritische Theorie der Sozialwissenschaft. München: Kösel
*Moser, H.* (1995): Grundlagen der Praxisforschung. Freiburg: Lambertus
*Nehnevaja, J.* (1955): Soziometrische Analyse von Gruppen. Kölner Zeitschrift für Soziologie und Sozialpsychologie, 7, 119–157 und 187–302
*Nehnevaja, J.* (1973): Soziometrie. In: R. König (Hrsg.): Bd. 2, 260–299
Noelle, E. (1963): Umfragen in der Massengesellschaft. Reinbek: Rowohlt (rde 177/178)
*Opp, D.* (1976): Methodologie der Sozialwissenschaften. Reinbek: Rowohlt (TB)
*Osgood, C.E., S. Saporta, J.C. Nunnally* (1965): Evaluative Assertion Analysis. Litera, 3, 47–102
*Osgood, C.E., G.J. Suci, P.H. Tannenbaum* (1957): The Measurement of Meaning. Urbana: University of Illinois Press
*Petermann, F.* (1978): Veränderungsmessung. Stuttgart: Kohlhammer
*Petermann, F.* (1981): Möglichkeiten der Einzelfallanalyse in der Psychologie. Psychologische Rundschau, 1, 31–48
*Petermann, F.* (1982): Einzelfalldiagnose und klinische Praxis. Stuttgart: Kohlhammer
*Petermann, F., F.J. Hehl* (Hrsg.) (1979): Einzelfallanalyse. München: Urban & Schwarzenberg
*Petermann, F., U. Petermann* (1980): Erfassungsbogen für aggressives Verhalten in konkreten Situationen (EAS-J; EAS-M): Braunschweig: Westermann
*Petermann, F., H. Noack* (1995): Nicht-reaktive Meßverfahren. In: E. Roth (Hrsg.): S. 440–460
*Popper, K.R.* (1971): Logik der Forschung, 4. Aufl. Tübingen: Mohr/Siebeck
*Popper, K.R.* (1980): Die Logik der Sozialwissenschaften. In: T.W. Adorno u.a. (Hrsg.): 103–124
*Prim, R., H. Tilman* (1975): Grundlagen einer kritisch-rationalen Sozialwissenschaft. Heidelberg: Quelle & Meyer
*Rogers, C.R.* (1954): The Case of Mrs. Oak. In: C.R. Rogers, R.F. Dymond (Hrsg.): Psychotherapy and Personality Change, S. 259–348. Chicago: University of Chicago Press
*Rogers, C.R.* (1978): Die klientenzentrierte Gesprächspsychotherapie, 2. Aufl. München: Kindler
*Roshal, J.G.* (1953): The Type-Token Ratio as a Measure of Changes in Behavior Variability during Psychotherapy. In: W.U. Snyder (Hrsg.): Group Report of a Program of Research in Psychotherapy, S. 94–104. Pennsylvania: Stage College
*Roth, E.* (Hrsg.) (1995): Sozialwissenschaftliche Methoden. 4. Aufl. München: Oldenbourg
*Sachs, L.* (1974): Angewandte Staitistik, 4. Aufl. Berlin, Heidelberg, New York: Springer
*Scheuch, E.K.* (1974): Auswahlverfahren in der Sozialforschung. In: *R. König* (Hrsg.): Bd. 3a, 1–96

*Schmidtchen, S.* (1975): Psychologische Tests für Kinder und Jugendliche. Göttingen: Hogrefe
*Selg, H.* (1975): Einführung in die experimentelle Psychologie, 4. Aufl. Stuttgart: Kohlhammer
*Selg, H., W. Bauer* (1973): Forschungsmethoden der Psychologie, 2. Aufl. Stuttgart: Kohlhammer
*Siegel, S.* (1956): Nonparametric Statistics for the Behavioral Sciences. New York: McGraw-Hill
*Silbermann, A.* (1974): Systematische Inhaltsanalyse. In: R. *König* (Hrsg.): Bd. 4, 253–339
*Stern, W.* (1911): Die differentielle Psychologie in ihren methodischen Grundlagen. Nachdruck 1921. Leipzig: Barth
*Sumaski, W.* (1977): Systematische Beobachtung. Hildesheim: Olms
*Stromberger, P., W. Teichert* (1978): Einführung in soziologisches Denken. Weinheim: Beltz
*Tausch, R., A. Tausch* (1979): Gesprächspsychotherapie, 7. Aufl. Göttingen: Hogrefe
*Topitsch, E.* (Hrsg.) (1972): Logik der Sozialwissenschaften. Köln, Kiepenheuer & Witsch
*Traxel, W.* (1974): Grundlagen und Methoden der Psychologie. Bern: Huber
*Webb, E., D. Campell, R. Schwartz, L. Sechrest* (1975): Nichtreaktive Meßverfahren. Weinheim: Beltz
*Wellhöfer, P.R.* (1975): Einstellungen zum Selbstmord. Eine sozialpsychologische Leitstudie. Das öffentliche Gesundheitswesen, 7, 379–391
*Wellhöfer, P.R.* (1976a): Statistik für Sozialarbeiter und Sozialpädagogen. Freiburg: Lambertus
*Wellhöfer, P.R.* (1976b): Das suizidale Klima. Eine Untersuchung der Einstellungen zum Selbstmord. Das öffentliche Gesundheitswesen, 8, 473–482
*Wellhöfer, P.R.* (1977): Grundstudium Persönlichkeitspsychologie. Stuttgart: Enke-dtv
*Wellhöfer, P.R.* (1981): Selbstmord und Selbstmordversuch. Stuttgart: Fischer (UTB 1078)
*Wellhöfer, P.R.* (1988a): Grundstudium Sozialpsychologie. 2. Aufl., Stuttgart: Enke
*Wellhöfer, P.R.* (1988b): Und immer noch – das Helfersyndrom. In: sozialmagazin, 13(12), 32–35
*Wellhöfer, P.R.* (1990): Grundstudium Allgemeine Psychologie. 2. Aufl., Stuttgart: Enke
*Wellhöfer, P.R.* (1993): Gruppendynamik und soziales Lernen. Stuttgart: Enke
*Wellhöfer, P.R.* (1995): Soziale Trainingskurse und Jugendarrest. Versuch einer vergleichenden Erfolgskontrolle. In: MschKrim, 78(1), 42–46
ZUMA (1983): Handbuch sozialwissenschaftlicher Skalen. 3 Bde., 2. Aufl., Bonn: Zentrum für Umfragen, Methoden und Analysen

## 6.6 Namenregister

Adler 2, 6, 12, 13
Adorno 2, 13
Albert 8
Antons 113

Bales 113, 114, 116, 120, 152
Bartel 25
Becker 26, 31ff
Berelson 119
Bogotta 114
Bortz 31, 92, 97
Bravais-Pearson 60
Bühl 193
Busemann 119, 120, 153

Campell 150
Chotlos 120
Comte 13

Dollard 120
Durkheim 8

Eberhard 5, 7
Ermann 143
Ertel 121, 153

Fahrenberg 145, 148
Fisher 164
Freud 6, 110
Friedman 87, 122
Friedrich 13
Friedrichs 5, 21, 22, 109, 130
Frohburg 144, 145
Fröhlich 26, 31

Galilei 25
Gauß 50–55, 93, 88, 162, 170
Glueck 7
Güttler 92, 97

Hallich 7
Hampel 145, 148
Heckmann 15
Heiner 16
Henning 13
Heraklit 4
Hofstätter 135, 140
Höhn 134, 139
Holsti 120
Homans 56
Huber 92
Hyman 133

Jäger 63, 64
Johnson 7, 110
Jung 6

Kellerer 109
Kinsey 7
Kriz 120
Kromrey 5, 13, 128

Lenin 9
Lermer 143
Lewin 14
Lienert 31, 92
Lippitt 14
Lisch 120

Manz 114
Marx 9, 13
Masters 7, 110
Mayntz 133

McNemar 75, 78, 164
Mittenecker 90, 165
Moreno 134, 135
Moser 15
Mowrer 120

Nehnevaja 138
Noelle 24, 109
Nunally 121

Osgood 121, 140, 143, 154

Petermann 92, 97
Popper 8, 9, 11, 13

Rogers 125, 144
Roshal 120
Roth 2

Sachs 31, 97
Saporta 121
Schmoog 92
Schwartz 150
Sechrest 150
Seidel 134, 139
Selg 145, 148
Spearman 59, 96
Stern 91
Suci 140

Tannenbaum 140
Tausch 125

Webb 7, 53, 150
Wellhöfer 7, 53

Zöfel 193

# 6.7 Sachregister

abhängige Stichproben 67, 77, 84, 90, 199
Ablaufschema 17, 21
absolute Skala 29
Aktionsforschung 14–17
Aktionsquotienten 119, 120
$\alpha$-Fehler 66
Alternativfragen 131
Alternativhypothese 66
Ankerwirkung 129
Arbeitshypothese 19, 20, 65, 69, 72, 75
arithmetischer Mittelwert 26, 29, 43, 45, 46, 51, 55
A-Test 90, 175
Ausblendungsdesign 94
Auswahllisten 139
Auswahlverfahren, bewußte 109

Balkendiagramm 188
base-line 93
Befragung 123–134
Bejahungstendenz 134
beobachtete Häufigkeit 68, 74
Beobachtung 110–115, 147, 148
Beobachtungskategorien 112
Beobachtungsschema 112, 113
beschreibende Fragestellung 7
beschreibende Statistik 19, 31–63, 187, 193, 196, 198
$\beta$-Fehler 66
Binominalverteilung 79, 84, 181
bivariable Häufigkeitsverteilungen 55
Bravais-Pearsonsche Korrelation 60

Chi-Quadrat-Tabelle 69, 172
Chi-Quadrat-Test 67–79, 194
Chi-Quadrat-Test bei 2 Variablen und mehreren Kategorien 73
Chi-Quadrat-Test bei einer Vierfelderverteilung 70
Chi-Quadrat-Test nach McNemar 77
Chi-Quadrat-Verteilung 172

Deduktion 5
demographische Daten 132
dialektisch-materialistischer Erkenntnisweg 13, 14

Dichtemittel 37
Diskurs 15
Distanzmaß D 143
D-Maß (Dogmatismus-Maß) 121
dogmatischer Erkenntnisweg 16
DRQ-Wert 120
durchschnittliche Abweichung 48

Ebenen des Messens
s. Meßebenen
Eindimensionalität 119
Eindrucksdifferential 140
Einheitsnormalverteilung 51
Einheitsskala 28
einseitige Fragestellung 77, 79
Einstellungsforschung 125
Einzelfallanalyse 92, 99
Einzelfallstatistik 91, 92
emotionales Ausdehnungsvermögen 138
empirische Theorie 5
Erfolgsforschung 96
Erhebungsmethoden 104
Erkenntnisweg, dogmatischer 5, 6
–, induktiver, empirischer 6–8
erwartende Häufigkeit 68, 72
Exploration 123–127

Faktorenanalyse 63–64, 143
Fehler der zentralen Tendenz 140
Fehler vom Typ I 66
Fehler vom Typ II 66
Fehlerquellen 111, 117
Filterfragen 132
Fisher-Yates-Test 75
Formelsammlung 167–169
Formen der Befragung 110, 123
Forschungspläne (experimentelle Designs) 93
Frageformen 131
Frageformulierung 130
Frankfurter Schule 12
Freiburger-Persönlichkeits-Inventar 148
Freiheitsgrade 69, 72, 74, 88, 90, 194
Friedman-Test 87, 122, 178, 179

F-Test 88
F-Verteilung 174, 175

Gaußsche Normalverteilung 50–55, 83, 170, 198,
geschichtete Zufallsstichprobe 108
graphische Darstellung 34, 38, 45, 92, 96, 115
Grunddesign 93, 94
Grundgesamtheit (Population) 65, 106
Grundrate 93, 95
Gruppenkohäsionsindex 138
Gültigkeit 104, 105, 122, 123, 133, 147
Gütekriterien 63, 104, 127, 133, 151

Häufigkeiten 26
–, absolute 34, 74
–, kumulierte 37, 39
–, prozentuale 34
–, prozentuale, kumulierte 38
Häufigkeitstabelle 33, 37, 44, 46, 49
heterogene Varianz 89
Histogramm 38, 45, 197
Hof-Effekt 140
homogene Varianz 89
Hypothesen 4, 9, 17, 96, 123
Hypothesengenerierung 96

ideographische Methode 92
Induktion 5
Inhaltsanalyse 115–124, 147, 148
Inhaltsvalidität 105
Intelligenzfaktoren 64
Intelligenzquotienten-(IQ-)Skala 53
Interaktionsmatrix 112
Interaktionsprozeßanalyse 113, 120
Interquartilbereich 41, 42
Intervallgröße 45
Intervallskala 28, 43–54, 60, 88, 198
Irrtumswahrscheinlichkeit 66, 68, 69

Katamnesen 96
Kategoriensystem 118,119
kausale Fragestellung 8
Kennwertberechnung 137
Klassengrenzen 196
Klassenmitten 47
Klumpenstichprobe 108

Kolmogorow-Smirnow-Test 198
Kommunikationsforschung 116
Kommunikationsprozeß 117, 128
Konstruktion eines Fragebogens 129
Konstruktvalidität 105, 123
Kontingenzkoeffizienten 57, 74, 96
Korrelationsstatistik 55–64
Kreisdiagramm 35, 36
Kreuztabelle 34
kritischer Rationalismus 8–12
kritische Theorie 12,13

Liniendiagramm, s. Polygonzug
Literaturstudium 18

Maßkorrelationskoeffizient 60, 91,145, 177,198
Median, Medianwert 29, 40, 41, 51, 54, 46, 196
Mehrstufen- oder Klumpenauswahl 108
Meßebenen 25, 26
„messen" 26
Mildefehler 139
mittlerer Quartilabstand 40–42, 46, 54, 196
Modus 37, 51, 54

Neopositivismus 11
Netzsoziogramm 136
nichtreaktive Meßverfahren 150, 151
Nominalskala, Nominalskalenniveau 26, 27, 30, 33–37, 57, 67–80, 115, 193
nomothetische Methode 92
Nullhypothese 20, 31, 65, 68, 69, 71, 72, 74, 75, 82, 84, 85, 88, 89, 91, 195

Objektivität 104, 120, 131, 133, 147
Ordinalskala, s. Rangskala

Phi-Korrelationskoeffizient 57, 70, 73
Planungsphase 18
Polaritätsprofil 127, 140–143'
Polygonzug 38, 45, 197
Population 65, 70, 88,
Positivisten 6
Pretest 18, 21

# 6.7 Sachregister

Prozentrang 38
Prozentwerte 26
Prozeßforschung 96
Prüfstatistik 19, 31, 64–91, 194, 197, 198
Psychoanalyse 6, 10
psychologische Testverfahren 52–54, 147–150
Punktwolke 62

Q-Maß 142, 142
Q-Sort-Technik 144, 147
qualitative Ereignisse 25
qualitative Sozialforschung 92
qualitative Verfahren 127
Qualitätssicherung 16
Quoten-Verfahren 108

Range 40, 196
Rangkorrelation 29, 59, 60, 62, 91, 177, 197
Rangkorrelationskoeffizient 59, 96
Rangskalenniveau 27, 37, 59, 80, 196, 197
Rangvarianzanalyse Friedmans 122, 178
Ratioskala 29
Regressionsstatistik 57
Reliabilität s. Zuverlässigkeit
repräsentative Stichprobe 65, 106
Rücklaufquote 124

Säulen- oder Streifendiagramm 35
semantisches Differential 140
sequentielle Signifikanzprüfung 97, 98
seriale Abhängigkeit 97
signifikantes Ergebnis 20, 65
Signifikanzniveau 66
Skalierungsverfahren 139–147
soziale Erwünschtheit 134
Soziogramm 134–138
Soziometrie 134–139
soziometrischer Status 138
Spearmanscher Rangkorrelationskoeffizient 96, 177
SPSS/PC+ 33, 182–201
SPSS-Tutorial 183
Standardabweichung 29, 48, 49, 55, 61, 83, 87, 89

standardisiertes Interview 124
statistische Kennwerte 37, 40, 46
– –, Vergleich 54
statistische Tafeln 170–181
Stichprobe 64
Stichprobenfehler 89, 91
strategische Fragestellung 8
Strengefehler 139
Streubreite 41, 196
Strichliste 32, 33, 126, 127
strukturierter Fragebogen 123
Suggestivfragen 131
Summenverteilung 37
systematische Beobachtung 116, 119

Teilrangsummen 81, 86
teilstrukturiertes Interview 124
Testskalen 53
Testzentrale des Berufsverbandes Deutscher Psychologen 150
Trichterfragen 132
t-Test 89, 199
TTR-Wert 120
t-Verteilung 176

Umkehr-Design 94
unabhängige Stichproben 20, 66, 67, 80, 88, 109, 195, 199
univariable Verteilungen 31, 194
Untersuchungsbericht 155
Untersuchungsplanung 155
Untersuchungsstichprobe 106
Urliste 33, 46, 49, 62

Validität s. Gültigkeit
Variable, abhängige 20, 130
–, unabhängige 20, 130
Varianz 48, 88
Varianzanalysen 91
Variationsweite 40, 41, 54
Verhältnisskala 29
Vierfelderkorrelationskoeffizient 57, 72, 91
Vierfeldertabelle 58
vollstrukturierte, standardisierte Befragung 127
Vorbereitungsphase 17
Vorzeichentest 84, 85, 173

Wilcoxon-Test für Paardifferenzen
 (abhängige Stichproben) 85, 86,
 173
Wilcoxon-White-Test 80, 172, 197
willkürliche Auswahl 109

Zitierweise 157
Zufallsfolge von Ziffern 180

Zufallsstichprobe 107
Zuverlässigkeit 105, 120, 131, 133,
 147
zweiseitige Fragestellung 71, 77, 79,
 86, 91
z-Wert 51, 84, 87, 171, 172, 198

Bei Fragen zur Produktsicherheit wenden Sie sich bitte an:
If you have any questions regarding product safety,
please contact:

Walter de Gruyter GmbH
Genthiner Straße 13
10785 Berlin
productsafety@degruyterbrill.com